DM

12€

MW01365900

CHARTRES
ou les cathédrales
du Nombre

Dans la même collection :
- **Dictionnaire Énergétique et Symbolique de l'Art Roman**
Ed. Mosaïque, 1996.
- **Église Romane Chemin de Lumière**
Ed. Mosaïque, 2002.

Crédits photographiques :
Archives Mosaïque et X (droits réservés).
Dessins et plans de l'auteur.
Maquette de la couverture : Birdy, François Gardette.
© Mosaïque 2003
Tous droits de traduction, reproduction
et adaptation réservés pour tous pays.

ISBN 2 909507-17-3

Jean-François Bougard

Chartres
ou les cathédrales
du Nombre

Préface Raymond Montercy
Postface de Charles Stegeman

B.P. 310 - F 42314 Roanne Cedex
site web : www.mosaique.tm.fr

SOMMAIRE

Préface par Raymond Montercy .... page 9
Préambule .... page 13

PREMIERE PARTIE :
Le secret retrouvé des Maîtres

Chapitre I.   Le Nombre ou la quête de Dieu .... page 23
Chapitre II.   La figure originelle
                instrument de réalisation des tracés .... page 37
Chapitre III.   Les mesures et le Lieu .... page 51
Chapitre IV.   Aperçu historique .... page 59
Chapitre V.   Le puits des Saints-Forts et l'orientation
                des cathédrales .... page 69

DEUXIEME PARTIE :
Le puits des Saints-Forts et les quatre premières cathédrales

Chapitre VI.   La cathédrale paléochrétienne .... page 81
Chapitre VII.   La cathédrale mérovingienne .... page 91
Chapitre VIII. La figure « mère » .... page 101
Chapitre IX.   La cathédrale carolingienne .... page 107
Chapitre X.   La cathédrale de Fulbert .... page 117

TROISIEME PARTIE :
Notre-Dame de Chartres

Chapitre XI.   Les temps changent .... page 135
Chapitre XII.   Le plan général .... page 163
Chapitre XIII. Les tours et le Portail royal .... page 185
Chapitre XIV.   Le transept et les porches .... page 201
Chapitre XV.   La nef .... page 219
Chapitre XVI.   Le labyrinthe .... page 231
Chapitre XVII. Le chœur et l'abside .... page 247

CONCLUSION :

Conclusion .... page 259
Postface par Charles Stegeman .... page 263
Bibliographie .... page 265

PRÉFACE

Il semble bien que l'activité géométrique a toujours contribué à structurer la création artistique des constructeurs, quelle que soit leur place dans l'échelle du temps et dans les différentes civilisations. L'intuition des premiers balbutiements s'est progressivement transformée pour laisser place à une création de plus en plus consciente en fonction de l'évolution de l'outil géométrique, somme toute pour tendre actuellement vers une démarche heuristique.

En ce sens l'ouvrage de Jean-François Bougard apporte réellement une ouverture sur les savoir faire et les concepts de ce monde des constructeurs de cathédrales que tout compte fait nous connaissons très mal, car rare sont ceux qui nous ont laissé des écrits ou bien même de simples plans pour mieux appréhender leur méthodologie.

L'Architecture est le domaine privilégié de la réflexion géométrique et mathématique, et non l'inverse comme nous serions tentés de le penser.

La Géométrie est une véritable interface entre la conception et la mise en œuvre de la matière.

L'Architecte du Moyen-Age, le Maître-d'oeuvre (ou Magister Odo, pour nous situer plus particulièrement dans le cadre de ce livre), se trouve confronté par exemple, à la problématique de la résistance des matériaux qu'il résoudra probablement de façon très intuitive à l'aide de l'outil géométrique le mieux adapté à sa perception de la construction. En fait son système de pensée géométrique et mathématique est assez simple.

Que ce soit en Architecture ou dans toute autre forme d'expression artistique l'homme reste humble, ce qui n'exclut en aucune façon la complexité de la réalisation, mais joue un rôle de liant entre l'œuvre et la Nature qui pour lui renferme l'essence même de la divinité, c'est son chemin d'accès le plus direct au Sacré.

Cette démarche nécessite avant tout, une culture dont nous sommes très éloignés car notre civilisation n'est plus dans les mêmes concepts, de même notre évolution spirituelle est totalement différente de cette période ou le cultuel et le culturel coexistent.

À notre époque nous avons plus tendance à axiomatiser et à nous satisfaire tout simplement de recettes, indépendamment de la créativité, ce qui a pour conséquences d'accentuer non plus la complexité, mais la difficulté de la réalisation et sa viabilité dans le temps.

De ce fait les prises de conscience ne sont pas situées dans les mêmes plans, et nous atténuons progressivement les liaisons subtiles qui nous relient à la création authentique de l'espace Sacré, au sens non dogmatique du terme.

En matière d'Architecture, la mesure et la proportion sont les outils indispensables à toute création. La mesure nous immerge dans le temps, la proportion manifeste l'espace. À ce titre « le Nombre d'or » est de plus en plus utilisé de façon systématique et abusive, ce qui n'est sûrement pas la préoccupation du Maître-d'oeuvre du Moyen-Age car, il est en mesure de se donner les moyens de concevoir une Géométrie dans laquelle nous pouvons vérifier l'omniprésence de cette remarquable proportion, conséquence naturelle de la manifestation de la vie.

Le livre que vous avez entre les mains décrit avec clarté et simplicité, grâce au travail approfondi de Jean-François Bougard, toutes ces techniques et réalisations dans lesquelles se révèle normalement la « Divine proportion ».

À ma connaissance c'est la première fois qu'un édifice, et pas des moindre, la Cathédrale de Chartres, est décrypté dans ses phases successives de construction en tenant compte de l'évolution géométrique assurée par les différents Maîtres-d'Oeuvre.

Il nous faut ici signaler l'excellent travail archéologique fourni par M. Charles Stegeman, travail qui permet de mieux comprendre les différentes étapes de croissance et d'édification de ce bâtiment devenu mythique.

« Chartres ou les cathédrales du nombre » est un ouvrage très complet, différent de ce qui existe sur ce thème, car les exemples sont concrets et rejoignent avec simplicité et efficacité la géométrie opérative des constructeurs.

Sans nul doute Jean-François Bougard a mis à jour des outils effacés dans la mémoire des hommes mais toujours présents dans leurs œuvres de pierre.

Je me réjouis à l'avance pour les moments de bonheur essaimés par cet ouvrage, car loin d'être rébarbatif il apporte de nombreuses réponses à tous ceux qui s'intéressent avec passion à notre patrimoine.

Il suffit de se mettre à l'ouvrage et de consommer avec conscience et amour du beau.

Raimond MONTERCY
Concepteur, enseignant en tracés régulateurs

PRÉAMBULE

Nul de nos jours, hormis d'hypothétiques et très improbables « initiés » observant encore une résolution de secret surannée, ne connaît plus les principes qu'ont suivis les anciens Maîtres d'œuvre pour définir les tracés des ouvrages religieux [1].

Ce livre a la prétention de les avoir retrouvés. Au moins en ce qui concerne la cathédrale de Chartres et celles qui l'ont précédée sur le même site à partir des environs du Ve siècle.

À l'origine, une simple question de curiosité intellectuelle inspirée par la beauté de l'édifice : **comment les Maîtres concevaient-ils les tracés sur leurs dessins ou esquisses et de quelle manière arrivaient-ils à les matérialiser sur le terrain ?** Comment étaient-ils ainsi parvenus à créer une telle harmonie ambiante élevant l'esprit comme par une sorte de magie?

Comme toujours, la recherche a débuté par une exploration bibliographique. Qui s'est avérée aussi vaste que décevante. La littérature sur Chartres est immense. C'est par plusieurs centaines que l'on compte les livres, publications ou articles (sur papier et maintenant sur Internet) qui

-----

— 1/ Le Maître d'œuvre ou Maître de l'œuvre, ou encore Architecte, est celui qui conçoit et fait exécuter le tracé et les formes de l'édifice qu'il a choisis. Dans la suite, il sera souvent simplement appelé Maître. À ne pas confondre avec le Maître de l'Ouvrage qui est le commanditaire et celui qui paye.

Le dictionnaire Robert, donne du tracé une bonne définition : « Ensemble des lignes constituant le plan d'un ouvrage à exécuter et l'art de reporter ces lignes sur le terrain ». Malgré la redondance, il serait bon d'ajouter « géométriques » après « lignes ».

lui ont été et lui sont encore consacrés. Tous s'accordent pour célébrer la beauté à la fois pure et indéfinissable du lieu et le recueillement qu'il inspire. En grande majorité, ils exposent et parfois commentent la pureté de l'architecture, la splendeur des vitraux et l'originalité de la statuaire. Mais très peu font état des tracés dont la description est au demeurant le plus souvent sommaire. Rarissimes sont ceux qui en ébauchent des tentatives d'interprétation et aucun ne remonte aux intentions initiales des concepteurs [2]. Oublions enfin ceux qui font appel à un ésotérisme de plus ou moins bon aloi.

Il a donc résulté de cette exploration que, sauf erreur ou omission, nul n'a redécouvert le germe de la ou des méthodes utilisées par les Maîtres d'œuvre pour concevoir leurs édifices. Personne ne possède plus la clef de la porte qu'ils nous ont ouverte sur un autre monde spirituel. Cette clef a pourtant bien dû exister mais force est de constater qu'elle a été bien scellée entre les pierres, et qu'elle a jusqu'ici échappé à toutes les prospections.

On peut avancer plusieurs raisons à cela.

Tout d'abord, il est incontestablement très difficile, quelle que soit la précision des relevés effectués, de remonter de l'observation d'une quelconque structure à l'intention initiale qui l'a engendrée et aux processus intellectuels et matériels suivis pour y aboutir (cela est également vrai de nos jours).

Mais surtout, une compréhension profonde de la culture d'une époque passée ne peut pas être complète si l'on ne se dégage pas auparavant des freins qu'y met notre propre culture. La condition impérative pour parvenir à reconstituer les raisonnements d'origine des concepteurs et réalisateurs est donc de se « ré-imprégner » auparavant de la culture des

-----

— 2/ Citons cependant à ce sujet *Le plan de la cathédrale de Chartres, hasard ou stricte géométrie* (Editions Jean-Michel Garnier, 1991) de Jean Villette qui a amorcé une approche intéressante mais sans la poursuivre.

Également : *La forme initiale* et *L'architecture cachée* (Dervy-Livres, 1985 et 1986) où l'architecte Georges Jouven se livre à une analyse superficielle de plusieurs monuments antiques, dont la cathédrale de Chartres actuelle.

Enfin John James, dont *Chartres, les constructeurs* sera plusieurs fois évoqué dans cet ouvrage, a procédé à de nombreuses analyses particulières souvent très poussées, mais qui, lorsqu'elles ne sont pas erronées, ne débouchent que très rarement sur la reconstitution d'un parti d'ensemble, ce qui peut surprendre de la part de l'architecte qu'il est.

Maîtres d'œuvre d'alors. Édouard Jeauneau [3] a très bien exprimé cette nécessité : « *La Cathédrale est un musée en plein air. Et quel musée offre gratuitement à tous et en tout temps une plus riche collection de chefs-d'œuvre ? Mais ces chefs-d'œuvre ont leurs secrets qu'ils ne livrent pas à tout venant, ni à la première visite. Il faut savoir les approcher, les fréquenter assidûment, se concilier leurs faveurs. Il faut surtout faire un effort de dépaysement, c'est-à-dire quitter les ornières des opinions reçues, afin de sympathiser avec des modes de pensée, d'imaginer et de sentir qui nous sont devenus étrangers. Il faut renouer avec un univers dont le monde moderne s'est progressivement détaché… ».* De son côté, Paolo Rossi [4] précise que « *lorsque l'on aborde l'étude d'une pensée qui n'est plus la nôtre, il devient important de chercher à oublier ce que nous savons ou croyons savoir* ».

C'est à cet impératif convaincant dans sa sévérité que l'étude décrite ici a tenté de satisfaire tout en tenant constamment compte de certains enseignements retirés (à la suite d'un sérieux tri) de la propespection bibliographique qui, sans donc fournir de réponse immédiate à une question aussi simple, a été fort utile. Elle a donc constamment tenu compte des deux données essentielles suivantes relatives, l'une aux convictions mystiques des maîtres, l'autre aux outils dont ils disposaient.

Ainsi qu'il sera exposé plus loin, certains d'entre eux se situant dans la lignée de Pythagore [5] cherchaient à percer les secrets de Dieu et, en les appliquant, à faire ainsi accéder l'humanité à son éternité. Ils voulaient, à travers un travail poursuivi de génération en génération depuis des dizaines de siècles, identifier les éléments fondamentaux de ces secrets. Tout particulièrement les « Nombres » qu'Il avait mis en œuvre pour créer la Nature et l'Univers à l'aide d'une géométrie simple.

En outre, ils ne possédaient que très peu de moyens. À savoir : la règle, l'équerre et le compas sur les parchemins, (des piquets et des cordeaux sur le terrain) avec lesquels ils pouvaient uniquement dessiner des droites et des cercles. Également la corde à douze nœuds, dite aussi corde des

-----
— 3/ *L'âge d'or des Ecoles de Chartres* (Editions Houvet, 1995).
— 4/ *La naissance de la science moderne en Europe*, (Éditions du Seuil, 1999).
— 5/ La culture philosophique chartraine fut en grande partie issue de l'école pythagoricienne. Ce que confirme la représentation de Pythagore au-dessus de la porte Sud du Portail Royal.

Druides, datant probablement de la très ancienne Egypte et qui comportait treize segments délimités par douze nœuds équidistants. Grâce à elle, il était possible de déterminer de nombreux angles, dont l'angle droit (90°). En outre, on oublie généralement qu'ils possédaient des appareils de visée optique issus de ceux qu'utilisaient les Babyloniens pour repérer le cours des astres dans le ciel ou plus simplement de ceux que maniaient de longue date les arpenteurs égyptiens après chaque crue du Nil.

Par contre, ils n'avaient aucun moyen de calcul pour déterminer sur plan et concrétiser sur place les proportions ou les orientations qu'ils souhaitaient. À leur époque, en effet, il fallait beaucoup de courage et surtout de temps pour effectuer avec des chiffres romains ne serait-ce que l'une des quatre opérations arithmétiques de base qu'aujourd'hui nos jeunes écoliers maîtrisent rapidement. En conséquence, tout pour eux était géométrie. **C'est la maîtrise de la géométrie et elle seule qui a permis à ces Maîtres de créer tous ces édifices grandioses qui parlent tant à nos esprits. Il en résulte que ce livre ne comporte que des dessins géométriques dont sont commentés leurs genèses et leurs résultats.** À ceux-ci on a le plus souvent adjoint à titre documentaire pour les « connaisseurs » leur traduction en langage mathématique actuel, que nos anciens ne connaissaient évidemment pas.

Le « décryptage » des cathédrales de Chartres, cette démarche à rebours qui, partant du constaté veut remonter aux intentions premières, s'est donc apparenté à une sorte d'archéologie culturelle inévitablement longue et parfois décourageante.Elle s'est construite sur des plans plus ou moins récents, sur des mesures effectuées sur place et sur l'énorme étude de l'architecte John James (*Chartres, les constructeurs*, Société Archéologique d'Eure-et-Loir, 1977), en particulier sur son relevé très détaillé mais parfois incomplet des cotes en plan. Dans un premier stade, elle a abouti à certains résultats intéressants sous la forme de dessins géométriques élémentaires définissant toutes les parties de l'édifice. Ils ont été résumés dans un petit article paru dans la revue Atlantis en 1997.

Le hasrd a voulu que parusse à cette époque *Les cryptes de la cathédrale de Chartres* (édité par la même Société Archéologique d'Eure-et-Loir) du professeur américain Charles Stegeman. Il y fait l'hypothèse que l'édifice actuel a été précédé au même endroit par vraisemblablement quatre églises ou cathédrales ayant connu des sorts divers entre les IVe ou Ve et XIIe

siècles . Il y présente une analyse approfondie des vestiges auxquels il a eu
accès et dont il a essayé de leur faire révéler leur histoire. En particulier,
s'appuyant sur ses connaissances des technologies des différentes époques
concernées, il a tenté de reconstituer les quatre édifices. Ses travaux font
autorité, au point qu'il a été invité à en faire état au colloque international organisé par la Ville et le diocèse de Chartres à l'occasion du 8ᵉ cen-
tenaire de la cathédrale actuelle [6].

À l'égard de la recherche personnelle entreprise, cela représentait une
véritable aubaine pour alimenter les réflexions en cours et vérifier ou in-
firmer leur bien-fondé. En effet, l'ouvrage de C. Stegeman a permis
d'élargir considérablement le champ d'investigation et finalement de
retrouver la méthode utilisée par les Maîtres pour définir et concrétiser en
les dessinant les proportions qu'ils souhaitaient introduire dans leurs tracés. Il en a également résulté la nette perception d'une sorte de « loi » de
croissance d'un édifice à l'autre et, surtout, une vision claire de la logique
suivie et des méthodes – essentiellement géométriques — utilisées.

Le plan du présent ouvrage reflète la progression de la démarche suivie et comporte trois parties.

En premier lieu, comme il vient d'être rappelé, on ne saurait pleine-
ment comprendre ni analyser avec justesse les motivations qui ont guidé
nos Anciens avec les seules habitudes mentales du XXIᵉ siècle. Il faut donc
se mettre en quelque sorte dans leur « peau » en se resituant dans leur culture, leurs croyances. C'est l'objectif du chapitre I. Parallèlement, il
convient (chapitre II) de retrouver les moyens matériels qu'ils avaient mis
au point pour concrétiser sur leurs dessins et sur le terrain les Nombres
symboliques que, pensaient-ils, Dieu avait utilisés lors de la Création.
Puis (chapitre III) il y a lieu de rechercher les caractéristiques spécifiques
qui ont fait de Chartres un site éminemment respecté aussi bien par les
Celtes ou d'autres peuples antérieurs, que par les Romains et finalement

-----

— 6/ En 1999, le Chartrain Roger Joly, dans *La cathédrale de Chartres avant Fulbert*
(Editions Houvet), fait également état des fouilles et tente de reconstituer la cathédrale
carolingienne. Il conteste l'existence au même endroit des deux sanctuaires antérieurs,
le premier paléochrétien, le second mérovingien. Mais, comme il va l'être constaté, la
« beauté » engendrée par la mise en œuvre des Nombres est telle dans sa simplicité
qu'elle pourrait atténuer la fermeté de sa position.

par les Chrétiens. Ce n'est que sur la base de ces éléments et après un bref rappel historique (chapitre IV), qui n'apporte d'ailleurs pas autant qu'espéré, que peuvent être valablement étudiés les divers ouvrages successifs.

La deuxième partie reconstitue sur les bases précédentes tout d'abord le puits (chapitre V) dont l'importance paraît déterminante, puis les quatre premières cathédrales censées avoir existé (chapitres VI à X) dont nous allons découvrir les liens entre elles, issues d'une logique géométrique que l'on pourrait qualifier d'implacable, alors qu'il s'est agi d'une remarquable continuité de principe d'évolution à travers les siècles dans laquelle chaque Maître conservait néanmoins sa liberté de conception.

Enfin, la troisième partie (chapitre XI à XVII) concerne exclusivement la cathédrale actuelle dont les tracés procèdent de la même logique et sont d'une grande richesse.

Mais avant d'entrer dans le sujet, il convient de souligner d'ores et déjà certaines constatations de l'étude.

— D'abord, le rôle central du puits des Saints-Forts existant depuis des temps non recensés. Il semble bien avoir « irradié » la conception de tous les ouvrages successifs.

— La constance de la méthode appliquée pour définir les tracés, fondée sur une découverte inattendue que l'étude a permis de faire et qui sera appelée plus loin la « figure originelle » et la « figure mère ». Ce sont de véritables « instruments » géométriques qui ont été mis au point par les Maîtres d'œuvre.

— L'invariabilité à travers les siècles de l'unité de mesure de longueur qui a été utilisée pour déterminer les dimensions des différents ouvrages : le « mètre » de Chartres (baptisé « mc » dans la suite) n'a semble-t-il jamais varié malgré la grande diversité des longueurs des pieds utilisés par les exécutants.

— Le maintien de l'orientation générale des édifices successifs en dépit de quelques mini-brisures de l'axe au niveau du chœur.

— Enfin, une surprenante cohérence d'ensemble qui lie les cathédrales successives, pourtant si différentes entre elles à première vue.

Que le lecteur ne soit pas rebuté par la crainte d'exposés mathématiques : aussi peu versé soit-il dans ce domaine, il en connaît autant et pro-bablement plus que nos ancêtres. Au demeurant, il ne sera fait état ici que de dessins d'une extrême simplicité, chacun d'eux étant explicité.

Je tiens à remercier ici Charles Stegeman, sans les travaux et les conseils (ou les critiques) duquel jamais l'étude concernant la deuxième partie n'aurait pu être conduite. Enfin, je rends hommage à la mémoire d'André Nony dont le dévouement a été très précieux pour ma recherche.

PREMIERE PARTIE

Le secret retrouvé
des Maîtres
et le site

Chapitre I

LE NOMBRE
OU LA QUÊTE DE DIEU

Afin d'être en mesure d'analyser de manière significative et valable les œuvres des Maîtres et d'en dégager le sens profond, il est indispensable de bien se pénétrer auparavant de leurs croyances, de l'intention de leurs actions et des sujets qu'ils approfondissaient sans cesse. En un mot, il faut bien connaître leur philosophie, mot qui englobait autrefois toutes les connaissances, scientifiques et autres. C'est ce que résume ce chapitre. [7]

Depuis l'origine de la pensée jusque vers la fin du Moyen Age, après lequel les sentiments mystiques ont diversement évolué, les hommes, où qu'ils fussent, honnêtes ou criminels, avaient la conviction profonde qu'il existait une volonté supérieure à eux, visible comme le soleil ou invisible,

-----

— 7/ cf. L'enseignement des sept arts libéraux dans les Ecoles ou Universités du Moyen Age sur un modèle platonicien ou aristotélicien comportait le Trivium : grammaire, rhétorique, dialectique et le Quadrivium : arithmétique, astronomie, géométrie et musique.

Selon Jacques Le Goff (*Les Intellectuels au Moyen Age*, Paris, 1985), l'Ecole de Chartres favorisait le Quadrivium et cette orientation a déterminé l'esprit chartrain : *« esprit de curiosité, d'observation qui, alimenté par la science gréco-arabe, va rayonner »*.

mais dans tous les cas inaccessible et régissant l'univers entier, c'est-à-dire aussi bien la course des astres, les cataclysmes ou les arcs-en-ciel que les destinées. Ils croyaient en un Créateur omniscient, omniprésent et omnipotent à qui ils attribuaient les vertus de perfection et d'éternité, donc d'immortalité. Pour la plupart, ils se résignaient à leur sort de mortels contraints de gérer au mieux qu'ils le pouvaient leur vie quotidienne et les aléas que leur réservait fréquemment leur existence éphémère. Soumis à un quotidien souvent précaire et éprouvant pour certains la malédiction d'un péché originel, ils ont en majorité été très ouverts aux messages d'espoir en un « au-delà » dispensés par des religions qui donnaient un sens à leur vie apparemment hasardeuse, au prix du respect de certaines règles, croyances ou de dogmes.

Mais depuis cinq ou six millénaires, une minorité d'entre eux a constitué une sorte d'élite érudite et secrète. Il s'agissait de personnes très instruites pour leur époque qui ne voulaient pas subir passivement les évènements. Elles recherchaient les moyens pour l'humanité de découvrir la teneur de ces vertus divines et de lui permettre ainsi d'accéder enfin à ce monde éternel ignorant le malheur et la mort. Cette immense ambition était soutenue par une certitude : comme tout père, le Créateur, souvent appelé Dieu, aimait ses créatures et il devait précisément attendre d'elles qu'elles fassent l'effort de se rapprocher de lui. Pour ces chercheurs de paradis, le choix de la voie à suivre était clair. En créant la terre et l'univers, Dieu avait laissé à portée immédiate de la perception et de l'intelligence humaine la manifestation de sa Connaissance. Il n'avait rien caché et ce que les hommes voyaient autour d'eux dans la nature et dans le ciel n'était autre que la traduction directe des plans qu'il avait établis. Pour retrouver ces plans et remonter au savoir suprême, il fallait donc déchiffrer le monde. C'est-à-dire isoler un à un les principes dont il est issu et débroussailler l'immense taillis en apparence impénétrable des choses et des réalités quotidiennes. Il en découlait évidemment qu'il fallait également tenter de reproduire sur terre ce que Dieu avait fait d'en haut : construire ici-bas la Jérusalem céleste. En particulier, il était impératif que les temples appliquent dans leurs structures les mêmes règles que celles par lesquelles l'Univers avait été constitué. Cela a été transversal à tous les styles, depuis la haute antiquité jusqu'au roman et au gothique.

Les textes rapportent qu'il furent nombreux à suivre ce raisonnement d'espoir depuis la pus haute antiquité. Ils sont en grande majorité inconnus. Seuls quelques très rares noms émergent : Imhotep, Pythagore, Platon, Aristote, Boèce, Saint Augustin, Fulbert, Bernard et Thierry de Chartres, Averroès, Avicenne... Néanmoins, connus ou non, au grand jour ou le plus souvent en grand secret, ils ont constitué une chaîne ininterrompue de progrès à travers les siècles et les millénaires, poursuivant et enrichissant peu à peu une tradition de recherche des principes de la Création.

Quels étaient donc, selon eux, la nature de ces principes et de quoi procédaient-ils ?

Tous étaient convaincus qu'ils se basaient sur les Nombres, eux-mêmes issus pour la plupart de dessins géométriques simples. Pythagore (VIe siècle avant Jésus-Christ), qui a eu une influence énorme sur les penseurs jusqu'au Moyen Age, a été le premier à en être convaincu. Pour lui, les deux éléments fondateurs de l'Univers étaient les nombres et l'harmonie, elle-même issue des nombres. En faisant vibrer une cordelette tendue entre deux points séparés par une longueur qu'il faisait varier, il démontra que la musique était faite de nombres entiers et de rapports entre nombres entiers. Il découvrit que ce que l'on appelle en musique la quarte, la quinte et l'octave s'exprimaient à l'aide des quatre premiers nombres, 1,2,3 et 4, dont la somme fait 10. Donc 10, la Tétraktys, exprimait la perfection. Comme le précise Catherine Collobert [8] : « *C'est par elle que se faisait le serment pythagoricien : « par celui qui nous a transmis ce qui contient la source et la racine de l'inépuisable nature ». Nombre harmonique, la Tétraktys est ce qui permet de connaître l'harmonie. En tant qu'expression ou symbole de l'harmonie, elle est la source de la nature, parce que la nature est le produit et la manifestation de l'harmonie* ». Il disait également que le cosmos (c'est Pythagore qui donna ce nom à l'univers) avait été pensé comme un ensemble harmonieux et que les corps célestes produisaient une musique cosmique (la fameuse harmonie des sphères). Aussi proclamait-il : « *Tout, dans l'Univers, est Nombre* ». Un siècle plus tard, Philolaos, son lointain disciple et astronome affirmant bien avant Copernic que la terre n'était pas le centre de l'Univers, disait : « *Toute chose qui existe possède un nombre* », ou encore : « *Tout est connaissable par le nombre et rien ne peut être connu ni même conçu sans lui* » Cela va grandement influencer les recherches et les réflexions des anciens Maîtres dont

-----
— 8/ *Aux origines de la philosophie*, Editions Le Pommier-Fayard, 1999.

nous essayons ici de redécouvrir les secrets. D'autant que Dieu lui-même avait dit dans le Livre de la Sagesse (XI, 20) qu'il avait fait l'Univers *avec Nombre et Mesure* ». Il ne faisait donc pas de doute que les Nombres, où certains d'entre eux, étaient les piliers de la Connaissance. Et même s'ils n'étaient vraisemblablement pas pléthore la complexité apparente de la Nature provenait de leurs combinaisons entre eux. De ce fait, la recherche consistait à très patiemment décomposer celles-ci afin de parvenir à la Vérité suprême, à toucher Dieu.

C'était la mission à laquelle, génération après génération, s'attelaient des philosophes, érudits ou Maîtres que nous appellerions aujourd'hui des savants. Leurs travaux, au moins en Occident, étaient couverts par un secret rigoureux et ne se transmettaient qu'entre « initiés ». Il y avait plusieurs raisons à cela. D'abord, il ne fallait pas que ces résultats pussent être galvaudés par des esprits aussi intelligents que malfaisants, des suppôts du Malin.

Mais l'Eglise elle-même y contraignait aussi indirectement car elle redoutait par dessus tout une éventuelle mise en question de la moindre phrase des Écritures, auquel cas la menace d'hérésie ou de sorcellerie était rapidement brandie. Une éclaircie eut pourtant lieu au XIIe siècle et pendant une partie du XIIIe, lorsqu'elle toléra la Scolastique dont l'intention était, entre autres, de concilier Foi et Science, laquelle commençait à avancer à grands pas. Nombreux furent ceux qui mirent cette période à profit : Abélard, Albert le Grand, Thomas d'Aquin et bien d'autres. À ceux-ci, il convient d'ajouter Averroès (1126-1198), philosophe de Cordoue, alors arabe. Dans la même lignée qu'Avicenne (980-1037), ce savant persan assoiffé de connaissance, mais aimant également le vin et les femmes, voulait lui aussi mettre en accord religion et science, affirmant notamment que *« Le vrai ne peut contredire le vrai »*. Il est d'ailleurs intéressant et sans nul doute significatif de remarquer que c'est durant cette période si féconde, qui (ce n'est sans doute pas un hasard) débuta aux alentours de la première croisade, qu'est apparu et s'est développé dans sa forme la plus pure l'art indûment qualifié après la Renaissance de gothique, synonyme de barbare. C'était un nouvel art architectural qui s'est développé soudainement et très rapidement en Ile de France (d'où son nom de l'époque : « art français »). Il se caractérisait entre autres par une grande élévation des voûtes et par un afflux inaccoutumé de lumière dans ses édifices. Mais précisons que cette évolution remarquable des techniques architecturales n'a affecté en rien les principes de détermination des tracés dont la propre évolution suivait les progrès des Maîtres ou initiés dans leur découverte progressive des secrets divins. Tout comme ses prédécesseurs, l'art gothique se consacrait à la meilleure application possible des Nombres, laquelle a donc été transversale à tous les styles, qu'ils fussent roman, carolingien, paléochrétien, voire égyptien, etc.

Cependant, des traditionalistes souffraient au sein de l'Eglise. Y compris les Cisterciens qui, bien qu'étant eux-mêmes de grands théoriciens de ces Nombres, allaient jusqu'à reprocher à la célèbre et influente Ecole de Chartres de mettre un peu la religion de côté au profit du savoir en soi. En fait, deux courants de pensée opposés existaient alors, ainsi que l'expose justement Philippe Messer [9] : « *D'un côté, les moines irlandais ainsi qu'Alcuin, Gerbert, Suger (l'inaugurateur à Saint-Denis de l'art gothique), Abélard et l'Ecole de Chartres, pour qui chaque être humain est au centre de la création avec, quels que soient son origine et son statut, son pouvoir de rendre le monde intelligible, de le transformer et de l'améliorer. De l'autre, Bernard de Clairvaux, l'esprit de chevalerie et l'ordre cistercien, qui postulent un homme livré au mal et devant se contenter de faire pénitence pour que Dieu lui pardonne ses péchés. D'un côté, les bâtisseurs de cathédrales qui pratiquaient une éducation ouverte à tous, de l'autre, l'obscurantisme monastique prêchant la croisade et exhortant à abandonner les villes et les livres. Éducation populaire contre féodalisme populiste…* ». Dans son imposante *Histoire intellectuelle de l'Occident médiéval*, Jacques Paul met bien en évidence les différences de conception opposant les deux parties : « *Dans l'école cistercienne, on se garde de la dialectique et on range parmi les sophistes Platon et Aristote, sans distinction. Les auteurs spirituels ne donnent pas d'enseignement, sauf celui qui passe par la prédication ou les conférences monastiques. À l'école urbaine où l'on apprend le savoir profane, les moines opposent le monastère qui est l'école du Christ. L'enseignement spirituel, c'est celui du cloître* ». De son côté, Edouard Jeauneau, déjà cité, s'essayant à une lecture marxiste de l'histoire, utilise une formule lapidaire : « *Abélard représente les forces progressistes, saint Bernard les forces réactionnaires* ». Ce sont ces dernières qui vont finir par l'emporter car, en 1277, l'Evêque de Paris ferma cette ouverture à la connaissance en dénonçant ses prétendues 219 erreurs. Il incrimina en particulier l'influence d'Averroès qui, de son vi-

-----

— 9/ *À la lumière des cathédrales* (Internet, avril 1999).

vant, avait déjà eu maille à partir avec les docteurs de la loi musulmane pour avoir été jusqu'à soutenir que le savoir rationnel était supérieur à la foi. Ses écrits avaient été traduits par des juifs de Catalogne et transmis à l'école scolastique. Après ce sévère coup d'arrêt, certains poursuivirent, évidemment encore plus discrètement, la grande tâche ancestrale, mais apparemment aucune trace n'en a subsisté. Sauf peut-être chez les Compagnons.

Ouvrons ici une parenthèse. Ne s'entourant évidemment plus d'une discrétion analogue, la quête des secrets de l'Univers et de son origine se poursuit de nos jours et, toute proportion gardée, elle présente des points communs avec celle menée par nos ancêtres. De nombreux savants s'y acharnent en permanence en utilisant des outils mathématiques et des appareillages de plus en plus sophistiqués. Leur recherche fait des progrès spectaculaires, au point, par exemple, que l'on connaît maintenant l'état de l'Univers à quelques minimes fractions de seconde après le fameux Big Bang. Mais, comme dans les célèbres paradoxes de Zénon d'Elée où la flèche n'atteint jamais sa cible et Achille ne peut pas rattraper la tortue à la course, plus on veut capturer la Vérité, plus elle s'éloigne. Parmi les grands noms de la science contemporaine, Einstein, Bohr, Schrödinger, de Broglie, Fermi, etc., il semblerait que c'est le premier qui se soit le plus conformé à la tradition pythagoricienne. Génial théoricien de la Relativité, il a toujours éprouvé quelques réticences à l'égard de la mécanique quantique, non qu'il y ait vu une rivale de sa théorie au demeurant largement confirmée par les faits, mais parce qu'elle utilise les statistiques et comporte en particulier le célèbre principe d'incertitude de Heisenberg. En réaction, Einstein disait que « *Dieu ne joue pas aux dés* ».

Toujours est-il que, comme l'écrit Thierry de Champris [10] : « *Aussi loin que remonte l'Histoire, les hommes vont tenter de mettre en équation l'immense diversité d'un univers qui se révèle aussi à eux dans son incontestable et première unité. Ils découvriront (ou établiront) alors que la Création est régie par une loi incontournable, celle du NOMBRE, et de sa manifestation formelle, la GÉOMETRIE. Qu'il s'agisse des rythmes et révolutions des astres, comme des lois de croissance et d'épanouissement du monde végétal, ou de la formation des cristaux, ou qu'il s'agisse de la verticale rectiligne du fil à plomb, ou des ondes circulaires parfaites d'un plan d'eau troublé par la chute d'un*

— 10/ Revue « Points de vue initiatiques », mai 2001.

corps, la géométrie, le nombre et leurs rythmes semblent constituer l'essence même de l'ordre naturel. Ainsi Pythagore établira-t-il les données de la gamme musicale à partir de la moyenne arithmétique entre deux longueurs comme il le fera pour le nombre d'or en prenant la moyenne harmonique, découvrant que les secrets des combinaisons vibratoires primordiales de l'univers ainsi que les lois qui commandent la croissance et la symétrie des végétaux tenaient à la combinaison des quatre premiers nombres entiers ».

Venons-en donc à ces fameux Nombres que traquaient et tentaient d'utiliser nos Anciens.

A leurs yeux, ceux que le Créateur avait mis en œuvre étaient bien évidemment sacrés et chargés de symboles. Mais ils étaient d'autant plus difficiles à débusquer qu'ils étaient de plusieurs natures. À mesure que les recherches progressaient, sont en effet apparus, après les nombres entiers, les nombres irrationnels et les nombres transcendants. Ce qui suit décrit succinctement ces trois catégories de nombres.

Les plus simples à identifier étaient les chiffres et les nombres entiers. Auxquels étaient souvent associées des figures géométriques. En voici quelques exemples.

L'unité, le 1, par essence indéfinissable et générateur de tous les autres. C'est Dieu. Représenté par la perfection du cercle, infini toujours recommencé qui englobe et irradie tout à partir de son centre. N'est-ce pas l'image fidèle de l'Univers, lui-même circulaire et centré sur Dieu ? D'après Alain Delaunay [11] : *« Tel est bien, pour l'essentiel, le message des différentes religions : atteindre le centre du cercle, c'est rejoindre l'origine et la fin, c'est donc se libérer de sa condition terrestre. De là tous les symboles circulaires qui peuplent les temples et qui bien souvent sous-tendent leur plan : rosace, coupole, arc ou dôme ».*

Le 3, la Trinité, la « tri-unité », l'entité divine suprême. À titre d'exemple, l'abbé Suger y attachait une importance particulière. Ainsi a-t-il voulu, lors de la dédicace en juin 1140 de sa basilique de Saint-Denis qui inaugurait ce nouvel art français, que, conformément au rite de consécration des cathédrales, trois évêques passent devant les trois portails, aspergent trois fois d'eau bénite celui de l'Occident comportant trois ou-

----

— 11/ Cercle, symbolisme (Encyclopaedia Universalis 2000).

vertures, et consacrent les trois chapelles de l'abside. L'américain Vincent F. Hopper donne une description détaillée de ce rituel dans « *La symbolique médiévale des nombres* » (Gérard Monfort éditeur, 1995).

Le 4, c'est-à-dire le carré, représente le monde matériel avec ses quatre éléments : l'eau, l'air, la terre et le feu, ses quatre points cardinaux et ses quatre saisons. Il est à l'origine de la tétraktys si chère à Pythagore : 1+2+3+4 = 10, nombre de la perfection. C'est aussi le nombre des commandements gravés sur la Table que Dieu a remise à Moïse qui la fit conserver dans la fameuse Arche d'Alliance et dont certains pensent qu'elle existe toujours, dissimulée aussi bien à Jérusalem que… dans le sous-sol de la cathédrale de Chartres.

L'addition de 3 et de 4 donne 7 tenu pour particulièrement symbolique. Il correspond au nombre de couleurs de l'arc-en-ciel, aux Merveilles du monde, aux jours de la semaine, aux notes de musique, aux corps célestes connus à l'époque (les cinq planètes, le soleil et la lune), aux arts libéraux, mais aussi aux péchés capitaux, etc.

Le produit de 3 et de 4 est 12, manifestation de la Sainte Trinité aux quatre points cardinaux, autrement dit le règne de Dieu sur terre.

Le 5 représente l'homme avec ses cinq sens, symbolisé par le pentagone et surtout par l'étoile à cinq branches qu'arboraient les pythagoriciens. En outre, nous le verrons, sa racine carrée, si facile à dessiner, est à la source de nombreux tracés.

Avec le 6, on aborde le domaine des nombres parfaits, ainsi nommés parce qu'ils sont la somme de leurs diviseurs : 6 = 1+2+3. Notons en passant que 6 est également égal à leur produit : 6 = 1 x 2 x 3. Saint Augustin a dit que Dieu avait créé le monde en six jours car ce nombre est parfait. Le suivant, 28, symbolise Notre Dame. On peut relever en passant une curieuse caractéristique de ces nombres parfaits : il y en a un entre 0 et 10, un entre 10 et 100, un entre 100 et 1 000, un jusqu'à 10 000, un jusqu'à 100 000.

La liste est longue de ces nombres ayant revêtu au cours des siècles des significations particulières. Sans parler des nombres premiers, ainsi dénommés parce qu'ils n'ont comme diviseurs que 1 et eux-mêmes. Suffisamment de livres traitent ces sujets pour avoir à s'y étendre plus avant.

Mais tous les nombres ne sont pas entiers. Au VIe siècle avant notre ère, les pythagoriciens découvrirent avec stupéfaction que certaines longueurs ne pouvaient pas se mesurer par un rapport de nombres entiers d'une unité tel que trois quarts ou cinq-douzièmes. Ainsi en est-il par exemple de la diagonale d'un carré comparée au côté de ce carré. Cette révélation, pensèrent-ils, mettait à mal leur notion d'harmonie de l'Univers tant qu'ils n'en trouveraient pas l'explication. Elle paraissait tellement choquante pour l'esprit qu'ils qualifièrent ces nombres qui échappaient à la raison de nombres irrationnels et qu'ils décrétèrent que, au moins pour un temps, nul d'entre eux ne devrait les évoquer à l'extérieur. On raconte même qu'un malheureux adepte qui n'avait pas respecté ce silence imposé le paya de sa vie en étant noyé en mer. Malgré tout, l'information filtra et d'après Jean Dhombres [12], cela « *a sans doute constitué la première crise intellectuelle de l'humanité* ».

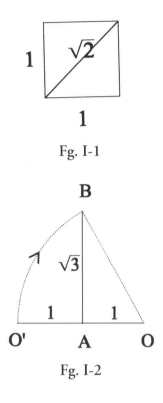

Fg. I-1

Fg. I-2

Nous savons de nos jours que la longueur de la diagonale d'un carré de côté 1 vaut $\sqrt{2} = 1,4142\ldots$ Mais, quelle que soit la puissance de nos ordinateurs, il faut bien constater que nous ne pouvons pas déterminer $\sqrt{2}$, non plus que $\sqrt{3}$ ou $\sqrt{5}$, car le calcul est sans fin et nous ne pouvons en connaître que des valeurs approchées. C'est dire le casse-tête qu'ils ont représenté pour

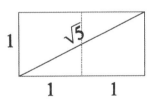

Fg. I-3

ces Anciens qui devaient longuement se battre avec des lettres ou des abaques pour effectuer la moindre opération arithmétique.

En revanche, et c'était à l'époque le signe éclatant qui confirmait et démontrait que Dieu avait donné les moyens de voir à ceux des humains qui voulaient voir, ces nombres incalculables pouvaient être dessinés avec une exactitude absolue en utilisant uniquement une règle et un compas.

— 12/ Encyclopaedia Universalis 2000.

À titre d'exemple, les figures **I-1**, **I-2** et **I-3**, qui parlent d'elles-mêmes, montrent comment dessiner √2, √3, et √5. Cela a certainement constitué une révélation d'une importance capitale car il s'avérait ainsi que ces nombres qui semblaient au départ échapper à la raison étaient en fait bien réels et pouvaient être concrétisés de manière parfaite grâce à une géométrie simple. Platon en concluait : « *Dieu est géomètre* ». Pour illustrer cette affirmation et la conviction des « chercheurs de Dieu », il existe plusieurs enluminures médiévales analogues à celle reproduite ici qui montrent Dieu, architecte suprême, créant l'Univers à l'aide d'un compas.

Ce sont ces nombres-là qui, seuls ou en combinaison entre eux, ont été principalement utilisés par les bâtisseurs. La maîtrise des dessins exécutés sur ces bases est ce que les Compagnons continuent de nommer l'art du Trait.

A ce stade, il est nécessaire de s'attarder un peu sur un nombre irrationnel particulier car il va être rencontré très souvent dans l'analyse des différentes cathédrales, comme si les Maîtres avaient eu une prédilection particulière pour lui. Il s'agit du nombre dénommé φ (lettre grecque prononcée «phi») [13]. C'est le célèbre nombre d'or qui a connu plusieurs noms différents au gré des époques. Ainsi a-t-il été qualifié de section dorée, de partage en moyenne et extrême raison, de divine proportion ou de nombre divin. Il est parfois défini, et c'est exact, comme le rapport de la petite partie à la grande partie qui égale celui de la grande partie au tout.

Assez curieusement, l'utilisation de φ par les anciens constructeurs est très contestée par plusieurs auteurs [14] sans que soient véritablement explicités les arguments d'un tel rejet. On peut supposer qu'il traduit une réaction agacée au grand engouement littéraire qui s'est manifesté pour ce nombre depuis les années trente suite à la parution du livre de Matila Ghyka (*Le nombre d'or*, Editions Gallimard, 1931 et 1959), suivi d'une myriade d'autres. En réalité, ce nombre, que très probablement Pythagore et les Egyptiens connaissaient, est si facile à déterminer par un dessin simple que l'on ne voit pas pourquoi ils ne l'auraient pas mis en œuvre, quel que soit le nom qu'ils lui donnaient. La suite va le montrer.

Il s'agit donc d'un nombre irrationnel qui pour valeur $(\sqrt{5}+1)/2$, soit 1,618033 ..., ce qui n'est pas très « parlant » a priori. Par contre, on le retrouve dans les proportions du corps humain et il existe dans la nature où il gouverne les circonvolutions de certains coquillages, la distribution des graines dans les fleurs de tournesol ou la répartition des feuilles le long et autour des tiges qui les portent. Il revêt en outre un aspect relativement étrange qui touche à la sensibilité humaine. Il apparaît en effet que, quel que soit l'objet auquel il s'attache, c'est ce nombre et la proportion qu'il gouverne qui inspirent à celui qui le regarde le sentiment de la plus grande harmonie. La preuve en est que, depuis l'Antiquité, de très nombreux artistes et architectes l'utilisent dans leurs oeuvres.

— 13/ Cette appellation φ, est relativement récente, de même que π (Pi). On ne sait pas comment les Maîtres les nommaient.

— 14/ Pour ne citer que lui, Maurice Guinguand, auteur de plusieurs livres, écrit dans Mystérieuses cathédrales (Editions Robert Laffont, 1978) « *Erreur si, pour l'interroger (la cathédrale), on se targue du savoir classique dit Nombre d'Or...* ». Néanmoins, il remarque plus loin, visiblement à contrecœur, : « *Certes le Nombre d'Or est inclus dans les cathédrales, mais il n'est ni leur justification ni leur mystère, il n'est que dans la carapace apparente* ». Malheureusement, il ne précise pas ce qu'il y a, selon lui, sous cette carapace…

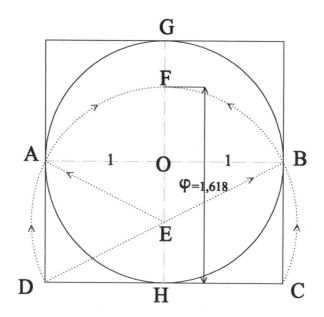

Devant la profusion des publications concernant φ, on se limitera à en citer quelques propriétés. La première est sa définition: $φ^2= φ+1$. Elle signifie que si on le multiplie par lui-même, cela revient à lui ajouter 1. Par contre, si on lui retire 1, on obtient son inverse : $1/φ$. En lui ajoutant 2 ou 3, on le multiplie par $\sqrt{5}$ ou on trouve son cube $φ^3$. Etc.

Sa définition graphique est fort simple. Parmi les nombreuses solutions possibles, choisissons celle que représente la figure 1-4. Comme base, elle comporte un cercle dont le rayon a pour longueur 1 (1 mètre, 1 décimètre ou 1 pied, peu importe) et le carré qui lui est circonscrit. Ils ont le même centre **O** et ils possèdent deux axes de symétrie que l'on dira (ce qui n'est pas très orthodoxe) l'un vertical et l'autre horizontal. Le rectangle **ABCD**, composé de deux carrés adjacents, est ce que l'on appelait autrefois un « long carré ». Sa diagonale **DB** (qui a donc une longueur de $\sqrt{5}$) coupe l'axe vertical en E. L'arc de cercle de centre **E** et de rayon **EB** coupe cet axe en **F**. La longueur **HF** vaut φ = 1,618. Accessoirement, précisons que **OF** mesure $1/φ$ et **FG** $1/φ^2$. Il est intéressant de noter que lorsque le rayon du cercle mesure 100 fois l'unité de longueur utilisée à Chartres (0,82 m), nous définissons la longueur **HF** de la cathédrale actuelle, mais nous y reviendrons.

Il y a de fortes présomptions pour que ce soient les Egyptiens qui aient découvert φ. De nos jours, des auteurs affirment que la hauteur de la Grande Pyramide de Khéops est un multiple de sa racine carrée √φ et que la hauteur des triangles constituant ses faces est proportionnelle à φ. D'autres, au contraire, défendent farouchement la présence de π dans les dimensions de cette pyramide. Il sera vu plus loin qu'en réalité les deux thèses ne sont pas incompatibles.

Toujours est-il qu'on peut raisonnablement supposer qu'à la faveur du long séjour que Pythagore a effectué en Egypte, il a pris connaissance de ce nombre, tout comme il avait observé que les arpédonaptes (les géomètres) redessinaient chaque année les parcelles qui avaient été inondées par la crue du Nil en utilisant le fameux triangle rectangle 3 - 4 - 5, c'est-à-dire dont les côtés ont pour longueur respective 3, 4 et 5. Ce triangle est facilement réalisé avec la corde des Druides déjà évoquée.

Les Egyptiens, tout savants qu'ils aient été, ne pratiquaient apparemment que de l'arithmétique utilitaire et des sciences d'observation à l'instar des mésopotamiens ou des Babyloniens. Il leur suffisait de constater certains faits qu'ils pensaient voulus par les dieux et de les utiliser. Le grand mérite de Pythagore et de ses disciples est qu'ils sont allés plus loin et, de la sorte, ont véritablement été à l'origine de notre science moderne en démontrant les résultats (cf. l'illustre théorème des triangles rectangles : $a^2 = b^2 + c^2$), c'est-à-dire en dégageant les lois universelles et immuables, qui, pour eux et leurs successeurs, ne pouvaient être que l'expression du Créateur.

L'une des raisons pour accorder une si longue mention à φ provient de l'extraordinaire équivalence entre 1 ,2φ² et π. L'erreur relative est de 1,5/100 000^c, c'est-à-dire, par exemple, de 1,5 centimètre sur un kilomètre, autant dire rien du tout pour un constructeur. Cela ouvre, comme il sera vu dans la suite, la possibilité de réaliser la quadrature du cercle avec une excellente approximation.

Enfin, une autre relation dont la précision est plus faible mais qui reste largement inférieure au millième, est également utile dans le même domaine : √φ = 4/π. En particulier, elle atténue singulièrement la portée de la querelle concernant la hauteur de la Grande Pyramide entre les tenants de √φ et ceux de π. De fait, les deux parties ont raison.

Enfin, il y a les nombres dits transcendants, ceux que, non seulement on ne savait pas (et on ne sait toujours pas) calculer mais que l'on ne peut pas non plus dessiner comme les précédents. Ils ont donc posé un problème encore plus traumatisant que ne l'avaient fait les nombres irrationnels. Mais, après un temps que l'on ne connaît pas et au cours duquel des chercheurs se sont acharnés à sortir de ce qui apparaissait comme une impasse réfutant leurs convictions, des solutions ont finalement été trouvées de nature à les rassurer. Il en est fait état dans le chapitre suivant. À la base, comme auparavant, de définitions géométriques simples, elles ne fournissent qu'une approximation, mais elles sont d'une précision remarquables.

L'un des plus connus est évidemment le nombre Pi, que l'on écrit π. C'est lui qui permet de déterminer la longueur de la circonférence d'un cercle aussi bien que sa surface. « *Ah! pensaient nos Anciens, s'il pouvait être défini précisément, notre but, notre vieux rêve deviendrait réalité : réaliser la quadrature du cercle. Ce serait l'action suprême, la fusion de l'Humanité en Dieu* ». Autrement dit : partant d'un cercle qui symbolise Dieu, dessiner le carré (le monde matériel) qui a le même périmètre ou la même surface que lui. Ce désir idéal d'accession à l'éternité impose, comme l'écrit Alain Delaynay (déjà cité) que « *enfermé dans le carré logique, le chemin du connaître doive, pour rejoindre le cercle, opérer une transformation du sujet connaissant lui-même* ».

En fait, ce n'est que récemment qu'il a été scientifiquement démontré que nous ne pourrons jamais définir exactement π et que nous devrons nous contenter d'approximations. Parmi les nombreuses qui en avaient été faites, il faut citer 22/7 qui est excellente (précision de 4/10 000e). Elle peut encore s'exprimer par 88/28 représentant en termes symboliques Notre Dame soutenant le Christ pour transmettre ce trésor à l'humanité. Mais il faut souligner que 22 est riche de significations. C'est en effet le nombre de lettres des anciens alphabets hébraïque, chaldéen ou romain, celui des livres de l'Ancien Testament, celui des chapitres de l'Apocalypse et aussi celui des polygones réguliers que l'on peut inscrire dans une sphère. Toutes ces caractéristiques ne sont-elles d'ailleurs pas liées? Cela mériterait une étude objective mais ce n'est pas ici notre propos.

Le recensement des nombres que nous venons de faire, qui est loin d'être exhaustif, met en lumière la majorité de ceux que les Maîtres d'œuvre ont appliqués. Dans leur esprit, il s'agissait là d'une partie de la panoplie d'outils que Dieu, l'artisan suprême, avait utilisée et dont les humains parvenaient petit à petit à découvrir les modes d'emploi. L'étude qui suit des différents ouvrages va montrer de quelle manière ils ont manié «ces nombres outils» pour élaborer leurs tracés et implanter les bases de toutes les parties de leurs ouvrages.

Chapitre II

LA FIGURE ORIGINELLE, INSTRUMENT DE RÉALISATION DES TRACÉS

Il a été ecrit ici même que les Maîtres d'oeuvre ne disposaient pas de procédés simples de calcul ni d'instruments. L'étude va montrer que la réalité était différente. Ce jugement trop péremptoire, qui fait d'ailleurs quelque peu insulte à leur mémoire, provient de notre inconsciente suffisance d'êtres du XXIe siècle qui pensons être pourvus en tout et à qui l'évolution exponentielle des progrès scientifiques et techniques fait croire que nos prédécesseurs ne disposaient d'aucuns moyens dignes de ce nom. Or, c'est un fait : ce que nous voyons, ils l'ont bel et bien réalisé avec une précision absolue et en observant les proportions très élaborées qu'ils avaient choisies. Réfléchissons : il n'y a aucune raison pour que, faits comme nous, ils aient été moins inventifs que nous.

N'oublions pas ce qu'a dit Bernard de Chartres, chancelier de l'Ecole de Chartres au début du XIe siècle : « *Nous sommes des nains juchés sur les épaules de géants, de sorte que nous pouvons voir plus de choses et de plus éloignées que n'en voyaient ces derniers. Et cela, non parce que notre vue est plus puissante, mais parce que nous sommes exhaussés par la stature de ces géants* ».

En réalité, il semble bien que les Maîtres aient mis au point un instrument très performant que nous ne soupçonnions pas, certaine-

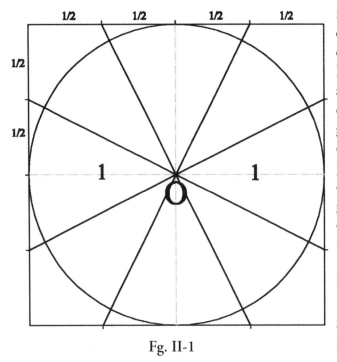

Fg. II-1

ment parce qu'ils en ont toujours conservé le secret. Il se présentait sous la forme d'une figure géométrique, ce qui est logique puisque c'est uniquement par la géométrie qu'ils essayaient d'imiter le Créateur en « traçant » les Nombres. Elle sera nommée ici « figure originelle » pour la simple raison qu'au cours des âges, elle a été à l'origine des tracés fondamentaux en permettant de définir facilement les orientations dont allaient résulter les dimensions des ouvrages.

C'est la présente étude qui a permis de la retrouver. A l'usage, on est confondu de constater à quel point son extrême simplicité et la force de son symbolisme ont pu engendrer une telle précision et une si grande diversité de proportions. En la mettant au point, les Maîtres devaient incontestablement penser franchir une étape essentielle dans leur recherche de Dieu et leur rapprochement de lui. Tout comme lui, ils pouvaient ainsi reconstituer une complexité harmonieuse avec des procédés on ne peut plus élémentaires. De sorte que l'on peut s'étonner qu'une figure aussi simple n'ait pas été redécouverte plus tôt.

En quoi consistait donc cette figure originelle ?
Considérons (**fg. II-1**) un cercle de centre **O** et de rayon 1. Il représente Dieu, la perfection. Le carré qui lui est circonscrit, c'est le monde matériel. Dans les dessins suivants, nous les appellerons respectivement « cercle initial » et « carré initial ». Les deux axes de symétrie délimitent

quatre petits carrés à l'intérieur du carré initial. On détermine les milieux des côtés extérieurs de ces petits carrés, puis on les relie par des segments passant par le centre. Ceux-ci coupent le cercle (**fg. II-2**) en des points qui déterminent d'autres segments horizontaux et verticaux que l'on prolonge à leur tour jusqu'aux côtés du grand carré initial. C'est ain-

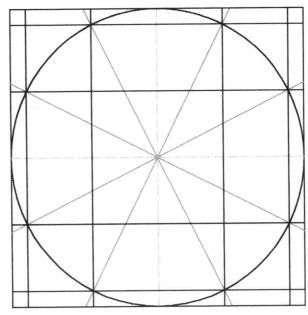

Fg. II-2

si que nous constituons la « figure originelle» des Maîtres d'œuvre antiques.

C'était cela leur outil ou leur instrument mathématique.

Cette figure, pourtant très rudimentaire, est d'une richesse fabuleuse. À partir d'elle, il est aisé de déterminer de très nombreuses inclinaisons ou proportions liées à tous les nombres remarquables cités dans le chapitre I. Nous allons en voir tout de suite quelques exemples mais, surtout, nous constaterons par la suite les multiples applications qui en ont été faites lors de la conception de chacune des différentes cathédrales de Chartres.

Deux remarques pratiques. Tout d'abord, les dessins, ne sont qu'en noir et blanc. Pour qu'ils soient plus faciles à « lire », les droites ou arcs de cercle en traits pointillés sont des dessins intermédiaires qui aident à la définition des orientations recherchées, celles-ci étant en traits pleins. Par ailleurs, il n'a pas toujours été possible de conserver d'un dessin à l'autre les mêmes lettres pour désigner certains points, car l'alphabet n'y suffit pas. C'est l'un des grands défauts de cet ouvrage qui contraint donc le lecteur à suivre attentivement l'élaboration de chaque dessin.

Fg. II-3

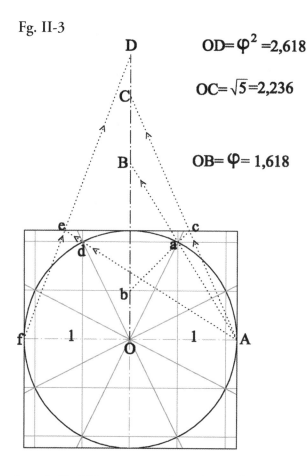

fournit **D**. **OD** mesure 2,618, c'est-à-dire φ^2.

Premier exemple avec la figure **II-3**.

Le prolongement du segment **Aa** aboutit en **B** sur l'axe. La longueur de **OB** mesure 1,618 fois **OA**, c'est-à-dire φ fois 1, puisque nous avons supposé que la longueur du rayon du cercle valait 1.

Le segment **ab** donne **c** sur le carré initial et **Ac** détermine **C**. La longueur de **OC** est 2,236 fois, soit √5 fois plus grande que **OA**, ce que l'on écrit: **OC** = √5 **OA** = 2,236 x **OA**.

Le prolongement de **Ad** donne **e** et **fe**

On constate la facilité avec laquelle on peut déterminer diverses proportions ou directions, c'est-à-dire construire des segments dont la longueur est dans un rapport précis avec celle d'un autre choisi comme référence.

Avec la figure **II-4**, on voit que les mêmes matérialisations de dimensions que les précédentes peuvent être réalisées sur les côtés du carré initial.

Ainsi, **d** étant issu de **Ae**, **Od** conduit à **D** et la longueur de **AD** vaut 2,618 fois **OA**, ce que l'on écrit **AD** = φ^2. De même, **Oa** donne **B** et **AB** = 2,236 = √5. Enfin, le segment **ab** permet de trouver **c**. **Oc** aboutit en **C** et **AC** = φ.

40

LA FIGURE ORIGINELLE, INSTRUMENT DE RÉALISATION DES TRACÉS

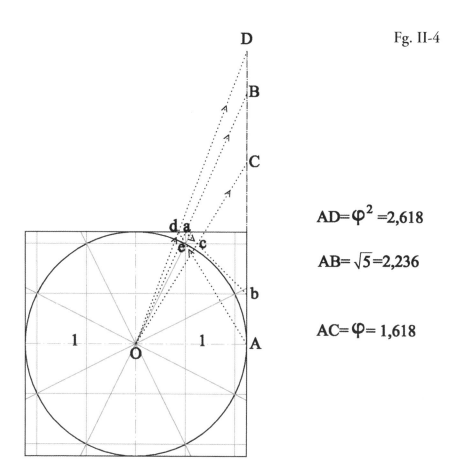

Fg. II-4

$AD = \varphi^2 = 2,618$

$AB = \sqrt{5} = 2,236$

$AC = \varphi = 1,618$

Ces dessins ne sont que quelques échantillons parmi une multitude de constructions que la figure originelle permet de faire et mériteraient un ouvrage spécial pour tenter d'en faire un exposé complet. Les Maîtres pouvaient ainsi matérialiser toutes les longueurs ou proportions qu'ils souhaitaient mettre en application et l'on comprend qu'ils n'aient pas voulu divulguer un tel trésor.

Nous en verrons de multiples exemples dans la suite, en particulier dans l'analyse de la cathédrale actuelle dont la conception en a fait un grand usage. Cela est évidemment beaucoup plus apparent chez elle, puisqu'elle existe, que dans les ouvrages qui l'ont précédée et que l'on a essayé de reconstituer à partir de vestiges fatalement incomplets.

Mais parmi les nombreuses applications, dégageons le dessin suivant

— 15/ En trigonométrie, c'est la valeur de cos 30°.

41

Fg. II-5

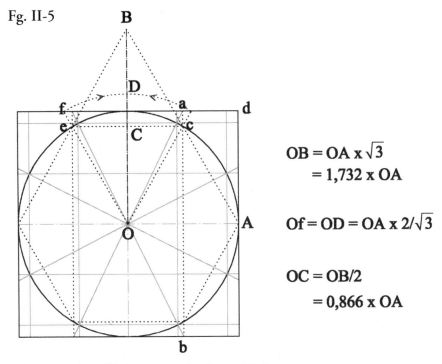

$OB = OA \times \sqrt{3}$
$= 1,732 \times OA$

$Of = OD = OA \times 2/\sqrt{3}$

$OC = OB/2$
$= 0,866 \times OA$

qui va se voir utilisé souvent. La figure **II-5** montre comment mettre en œuvre les nombres √3 = 1,732, symbole de la déité ainsi que √3/2 = 0,866 [15]. Les points **a** et **b** sont des points marquant le milieu des côtés des petits carrés de la figure originelle. Le segment qui les relie coupe le cercle initial en **c**. Ce point relié à **A** permet de trouver **B** sur l'axe. La longueur de **OB** vaut √3 fois celle de **OA**. Le point **c** a pour homologue **e** et la jonction de ces deux points coupe l'axe en **C**. On constate que la longueur de **OC** est la moitié de **OB** et vaut donc √3/2. En complétant la figure amorcée par les segments **Ac** et **ce**, on obtient l'hexagone régulier (figuré en pointillé) inscrit dans le cercle initial

Par contre, si l'on veut (on constatera que cela est souvent intervenu dans les projets des Maîtres) multiplier une longueur par l'inverse de cette valeur, c'est-à-dire par 2/√3, il suffit de rabattre la longueur **Of**, **f** étant dans le prolongement de **Oe**, pour trouver le point **D**.

OD = OA x 2/√3 = 1,155 x OA.

Remarquons maintenant qu'il n'y a nulle obligation à ce que la longueur du rayon du cercle initial soit égale à l'unité. Ainsi, en reprenant la

LA FIGURE ORIGINELLE, INSTRUMENT DE RÉALISATION DES TRACÉS

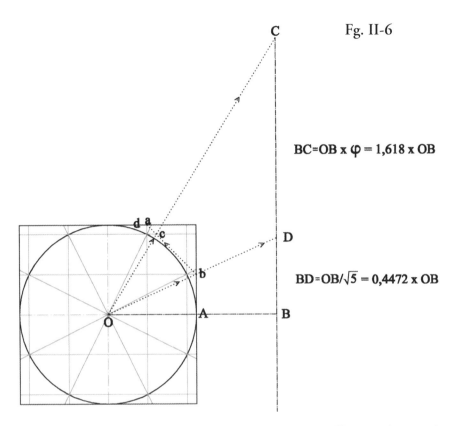

Fg. II-6

figure II-4, supposons que la longueur de **OA** soit différente de 1. Si le Maître d'œuvre voulait la multiplier par n'importe quel nombre, il lui suffisait de dessiner le cercle de rayon **OA** ainsi que son carré circonscrit puis de procéder comme indiqué ci-dessus.

Deuxième remarque. Elle est fondamentale et va permettre de démontrer l'efficacité de la méthode et donc d'asseoir définitivement non seulement sa validité mais la quasi-certitude de son existence. L'objection évidente à la manière de faire qui vient d'être décrite est que, si elle est excellente sur le papier ou sur un parchemin (dans les fameuses loges des traits), son application sur le terrain devait être parfois très difficile. En effet, ce terrain n'était pas forcément plan et, de plus, il comportait souvent des obstacles, comme des bâtiments à conserver ou dont il s'agissait de modifier la structure tout en y maintenant le service auquel ils étaient destinés. Ces raisons empêchaient d'exécuter les tracés, aussi parfaits fussent-ils en théorie. C'est alors que la figure originelle se transformait en véritable instrument dans lequel la valeur du rayon du cercle initial avait

43

finalement peu d'importance et pouvait donc toujours rester le même. Pour le vérifier, imaginons le cas (**fg. II-6**) où le centre **O** se trouve à une distance quelconque, disons **OB**, d'un axe et que l'on veuille positionner sur celui-ci la longueur **OB** multipliée par φ. Il suffit de prolonger le segment **Oc** jusqu'à son intersection avec l'axe en **C**. **BC = OB** x φ = 1,618 x **OB**. De même, si l'on prolonge **Ob** jusqu'à **D**, **BD = OB**/√5 = 0,4472 x **OB**.

Enfin si l'on aborde d'un point de vue pratique la mise en œuvre de la méthode, il faut constater que de tels prolongements pouvaient couvrir des distances trop grandes pour que l'on puisse compter sur une rectitude suffisante de longs cordeaux. Que faire alors sinon avoir recours à des visées optiques centrées sur la figure originelle et orientées selon les segments donnant les inclinaisons désirées et déterminées comme indiqué précédemment ? On sait qu'il existait depuis longtemps des appareils de visée fort précis. Sinon, comment, par exemple, Pythéas le Massaliote au IVe siècle avant J.-C., aurait-il pu estimer la latitude Marseille avec une aussi bonne approximation ? N'oublions pas non plus l'astrolabe qu'utilisait Gerbert au Xe siècle et qui résultait certainement d'une amélioration d'instruments arabes. Enfin et surtout, pensons aux travaux des arpenteurs qui, depuis les premiers Pharaons, ne devaient cesser d'améliorer leurs instruments.

Il s'ensuit donc la très forte probabilité que les Maîtres aient été munis non seulement du compas, de l'équerre, du fil à plomb et de la « verge » donnant les longueurs, mais aussi et en secret d'une reproduction de cette figure originelle. Probablement en métal ou en bois dur et peut-être pliable, elle devait être suffisamment rigide pour supporter sans fléchir les appareils de visées afin de permettre de transposer dans les tracés les proportions voulues. De plus, il est vraisemblable que dans ce modèle, le rayon du cercle initial avait pour valeur l'unité de mesure locale, soit, nous allons le voir, 0,82 m dans le cas de Chartres.

En définitive, on peut dire que si effectivement les Maîtres ne possédaient ni ordinateur ni calculette, ils disposaient néanmoins d'un « portable » performant, mais dont ils taisaient l'existence.

Abritée dans la cathédrale de Reims, il existe une pierre tombale que tout le monde peut voir et qui est décrite par de nombreux auteurs. En fait, elle y a été transférée en 1800 car c'est celle de Hugues Libergier qui, en 1231, fut l'architecte de l'abbaye de Saint-Nicaise, ultérieurement détruite. Sur cette pierre, son gisant est gravé accompagné de ses instruments : verge, équerre, compas. La figure originelle qui vient d'être décrite en est absente, probablement parce qu'il ne fallait pas la rendre accessible à tous.

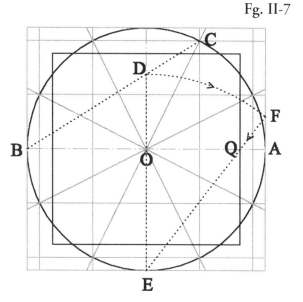

Fg. II-7

Parmi les richesses issues de cette figure originelle, il est indispensable d'évoquer la quadrature du cercle, tant, nous l'avons vu, cela a constitué le rêve suprême de tous les savants partis à la reconquête du paradis.

Réaliser la quadrature d'un cercle consiste à trouver le carré ayant soit le même périmètre, soit la même surface que lui. À l'inverse, étant donné un carré, on peut rechercher le cercle de même longueur ou de même surface. Le plus ancien document en faisant état est le papyrus de Rhind, du nom d'un égyptologue écossais qui l'acheta en 1858 à Louxor. C'est un original datant de 1850 avant J.-C. Mais on dit qu'il s'inspirait lui-même de travaux remontant à – 3 400. Cela confirme l'intérêt ancestral qu'inspirait le sujet. D'après ce papyrus, le côté du carré ayant la même surface qu'un cercle donné égale les huit-neuvièmes de son diamètre, soit 0,88888 [16]. Il n'y a évidemment pas de démonstration de ce résultat mais il est excellent puisqu'il ne diffère que de 6/1000e de la vraie valeur. De son côté, le célèbre Archimède (-287 à -212) a dit que la valeur de π était comprise entre 3 + 10/71 et 3 + 1/7. Avec cette dernière valeur, on retrouve le fameux 22/7 ou 88/28 mentionné précédemment.

La figure II-7 précise comment trouver le carré de même périmètre

-----
— 16/ D'après John James, déjà cité, ce mode de calcul de la quadrature est resté très longtemps en usage, y compris au Moyen Age.

Fg. II-8

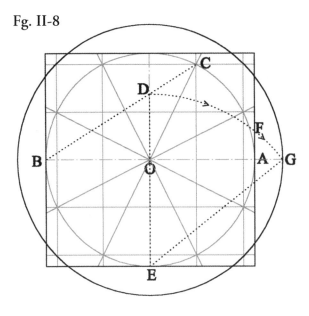

que le cercle initial à partir de la figure originelle. Le segment **BC** coupe l'axe longitudinal en **D**. L'arc de cercle de centre **E** et de rayon **ED** coupe le carré initial en **F**. **EF** coupe l'axe horizontal en **Q** et **OQ** délimite le carré cherché car c'en est le demi-côté. La solution n'est évidemment pas rigoureusement exacte, mais elle ne diffère que de moins de 1/1000ᵉ de la vérité, ce qui est invisible au regard d'un constructeur, aussi pointilleux soit-il.

Sur la figure **II-8**, le cercle précédent de centre **E** et de rayon **ED** coupe le prolongement de **OA** en **G**. Le cercle de rayon **OG** a le même périmètre que le carré initial.

Fg. II-9

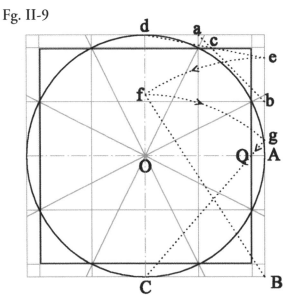

Pour la quadrature en surface, partons encore de la figure originelle (**fg. II-9**). Le segment **ab** détermine le point **c**. Le prolongement de **dc** donne **e**. Le cercle de centre **B** et de rayon **Be** coupe l'axe en **f**. Le cercle de centre **C** et de rayon **Cf** fournit **g**. Enfin **Cg** coupe **OA** en **Q**. **OQ** est le demi-côté du carré de même super-

46

ficie que le cercle initial, le tout avec une précision inférieure à 3/10 000ᵉ.

Le cercle de rayon **Cf** (**fg. II-10**) coupe **OA** en **h**. Le cercle de rayon **Oh** a la même surface que le carré initial.

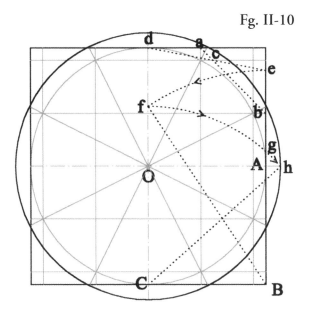

Fg. II-10

Une variante de ces constructions de quadrature qui a apparemment été souvent utilisée consiste à trouver le carré ayant la même superficie qu'un cercle mais tourné à 45° de manière à avoir une diagonale verticale et l'autre horizontale.

Sur la figure II-11, après avoir prolongé d'abord **Aa** en **b**, puis **Ob** en **c**, on trace le cercle de rayon **Oc** qui permet de définir ce carré qui a **BC** pour diagonale. Dans ce cas, la précision est de 7 millionièmes (7 mm sur 1 km). Le rapport de la diagonale au diamètre du cercle ou, ce qui revient au même, **OB/OA** vaut 1,2533 (c'est-à-dire $\sqrt{\pi}/\sqrt{2}$).

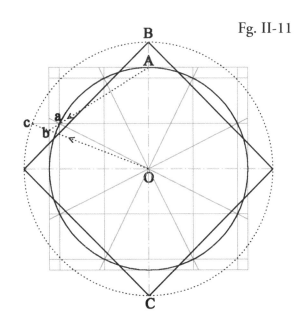

Fg. II-11

À l'inverse, (fg. II-12), si nous cherchons le cercle de même surface que le carré **ABCD**, c'est un peu

47

Fg. II-12

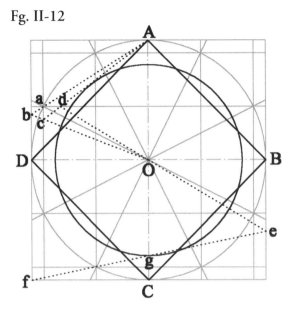

OQ/OA = 0,8862
OB/OC = 1,128
Bb/OB = Bd/OB = 0,5227
OD = 1,2533

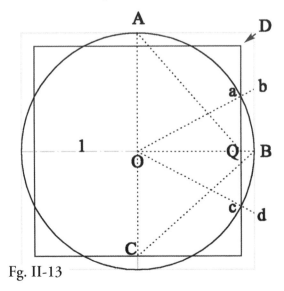

Fg. II-13

plus compliqué. La jonction de **O** et de **b** donne **c**. Celle de **A** et de **c** fournit **d**. Le prolongement de **dO** aboutit en **e** et **ef** coupe l'axe en **g**. Le cercle de rayon **Og** est le cercle recherché.

Toutes ces constructions de quadrature surprennent autant par leur précision que par leur simplicité. On peut penser que leur grande valeur symbolique a conduit les Maîtres à largement les appliquer. C'est effectivement ce que l'analyse du tracé de la cathédrale de Chartres actuelle met en évidence dans les principales dimensions de ses éléments : tours occidentales, labyrinthe, chœur, déambulatoire, piliers, etc.

Dans une première approche, on les retrouve également dans les cathédrales antérieures mais moins systématiquement. Cela peut être dû au fait que ces quadratures et les moyens pour y parvenir ne se sont dégagés que progressivement au cours du temps. Mais plus vraisemblablement à l'insuffisance actuelle de renseignement suffisamment détaillés concernant ces ouvrages. Néanmoins, nous allons voir que le premier d'entre eux, le puits des Saints Forts, présente une caractéristique troublante à cet égard.

Pour terminer, la figure **II-13** présente certaines valeurs caractérisant n'importe quel cercle avec son carré de même surface que lui. Ces valeurs y sont exprimées par des rapports entre certaines dimensions. Elles pourraient aussi bien être traduites par des valeurs d'angle. Par exemple l'angle formé par **Oa** et **OB** mesure 27°597 (en degrés décimaux). Il est utile de les mentionner car elles vont souvent intervenir.

Ce chapitre comporte de nombreux aspects qui peuvent sembler abstraits (sinon rebutants pour certains). Mais il était indispensable de le développer car la suite va montrer de manière incontestable que c'est la figure originelle qui, à partir du puits (qui en est lui-même issu), va engendrer toutes les dimensions des cathédrales de Chartres successives.

Chapitre III

LES MESURES ET LE LIEU

Selon la Bible, Dieu avait, outre les Nombres, utilisé les Mesures pour tirer du néant l'Univers et la Terre [17]. Chercher ce que recouvre vraisemblablement ce mot Mesures va permettre de mieux appréhender le « haut lieu » de Chartres.

Lors de la Création, il a obligatoirement fallu fixer un cadre au monde vivant, en particulier régler la vie de l'humanité de sorte que chaque être, au départ égal aux autres, puisse bénéficier des mêmes conditions que ses semblables. Deux sortes de mesures concomitantes à cette Création devaient donc en être issues, l'une relative au temps, l'autre à l'espace (ou aux dimensions) [18].

Pour introduire dans l'Univers la notion de temps, il a été nécessaire de ponctuer le déroulement de la vie en lui imprimant des rythmes, tels

-----

— 17/ En fait, ce passage de la Bible cite également le poids, sans que sa définition en soit claire. On pourrait penser qu'il n'est pas indépendant de la mesure, ne serait-ce que parce qu'un volume a un poids. À moins qu'il ne s'agisse de force au sens de la Physique actuelle pour laquelle un poids est une force, contrairement à la masse. Auquel cas, comment ne pas penser à la gravitation universelle que Kepler et Newton ont officiellement été parmi les premiers à pressentir et à évaluer ?

— 18/ La nécessité que la Création engendre deux entités distinctes mais indissociables évoque immanquablement les découvertes et les démonstrations d'Einstein concernant le continuum Espace-Temps que les journées et les années. Ils ont tout naturellement été produits par les mouvements de la terre, du soleil, de la lune et des étoiles. Ces rythmes vont gérer l'alternance jour-nuit, les floraisons et les années. Ils s'imposeront à tous de façon égale et constitueront des mesures fondamentales et immuables. Libre ensuite aux hommes de découper ces cycles réguliers comme ils l'entendront de manière à en préciser les différents stades : saisons, lunaisons ou années solaires. Par contre, l'entité heure ne procède que d'une convention arbitraire et subjective et n'a d'ailleurs été introduite que relativement tard. Rappelons par exemple à cet égard que les Révolutionnaires français, obsédés – souvent à juste titre – par le système décimal, voulaient instaurer des heures de cent minutes et des semaines de dix jours. On peut donc dire que, de même que la règle et le compas sont des instruments qui aident à définir les Nombres mais n'en sont pas les émanations, le mois, la semaine, l'heure ou la minute ne sont que des outils chargés d'aider à diviser à volonté le temps invariable qui caractérise la rotation de la terre.

Par contre, en ce qui concerne l'espace et les dimensions, il n'y a pas d'invariant du fait de la diversité de la nature. Seul le corps humain peut servir de référence. C'est donc lui qui va servir de support pour la définition pratique des longueurs. Ainsi sont apparus les pas, les coudées, les pieds, les pouces. Et autres unités telles que les lieues, distances que l'on peut parcourir en un temps donné. Mais ces unités portent en elles leur imprécision puisque tous les individus ne sont pas identiques et elles ne sont donc pas transposables d'une province ou d'un pays à l'autre. C'est pourquoi les « pieds » utilisés pour les constructions ont présenté une rare multiplicité. Rien que pour la cathédrale de Chartres où beaucoup d'équipes sont venues travailler, John James (déjà cité) en a recensé plus d'une douzaine allant du pied punique au pied romain, en passant par le pied teuton, le pied de Charlemagne, le pied du Roi ou le « pes manuelis » (égal à 1,2 fois le pied romain ; ne pourrait-on y voir une analogie avec la relation déjà rencontrée : $\pi = 1,2\ \varphi$?). Évidemment source permanente de confusion (voire de spéculation, à l'instar des poids), cela n'avait pas d'importance lorsqu'une unité de longueur avait été fixée par l'autorité locale pour l'édifice à bâtir, unité sur laquelle les compagnons venaient étalonner leur pied.

Dans le cas de la conception d'un ouvrage religieux (ou d'autres monuments), il semble bien que l'unité de longueur adoptée ait été fonction de son site géographique : sa position sur le globe terrestre, son altitude, son relief, son hydrologie aérienne et souterraine, etc. Toutes ces données, voulues par Dieu, identifiaient le site et différaient des autres. Chaque site se voyait donc dédier sa propre unité de longueur, son « mètre » spécifique et sacré, vis-à-vis duquel les pieds ne jouaient qu'un rôle de simples outils. Sa caractéristique était de traduire la relation qu'avait ce site avec le reste de l'univers et en particulier avec le globe terrestre. Dépendante du lieu, cette unité y demeurait immuable au travers des années ou des siècles [19]. L'échelle de l'édifice, sa taille, ses proportions et l'harmonie qu'il dégageait dépendaient de ce « mètre » [20].

Reste une question : comment un lieu pouvait-il autrefois se caractériser précisément et concrètement en fonction de ses relations avec la terre ? Et plus spécialement un lieu que les hommes estimaient privilégié par Dieu ou celui dont la situation géographique correspondait le mieux à ses préférences. Il en existe ou il en a existé que certains qualifient de prédestinés et où « souffle l'esprit » : Stonehenge, le mont Tombe, Compostelle, peut-être les sept Merveilles, d'autres encore en Asie ou en Amérique du Sud. En ce qui concerne la grande Pyramide, par exemple, on a cru constater [21] que le méridien sur lequel elle se trouve partage en deux parties égales les terres émergées du globe et que son parallèle de latitude (environ 30° Nord) partage aussi à égalité celles de l'hémisphère Nord. À supposer que cela soit exact, on peut s'interroger sur la possibilité matérielle qu'avaient les anciens Egyptiens de vérifier qu'ainsi c'était bien là le centre du Monde.

Pour ce qui est de Chartres, il est intéressant et pour le moins interloquant de constater que le parallèle de la latitude de Chartres présente des spécificités surprenantes, à savoir : la longueur du cercle constituant ce parallèle et l'angle sous lequel il est « vu » à partir du centre de la terre.

Avant de les exposer, procédons à une petite remise en mémoire de vo-

-----
— 19/ La France révolutionnaire a adopté une attitude assez comparable mais beaucoup plus générale. Pour notre planète, elle a défini une unité commune à tous les lieux : le système métrique directement rattaché aux dimensions de la terre.

— 20/ Par ailleurs, soulignons que pour un chercheur qui tente de nos jours d'analyser et de « faire parler » un ouvrage, il est évidemment plus logique et plus riche d'enseignements d'utiliser, quand il la connaît, l'unité ayant servi pour sa conception, les « nombres » mis en œuvre étant alors plus facilement décelables.

— 21/ *Le Grand Secret des Pyramides de Guizeh*. Guy Gruais et Guy Mouny. Éditions du Rocher 1992.

Fg. III-1

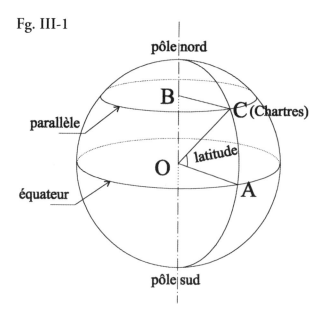

cabulaire. La terre tourne sur elle-même autour d'un axe passant par les pôles Nord et Sud (**fg. III-1**). En la coupant en imagination par un plan perpendiculaire à l'axe et passant par son centre **O**, on détermine un cercle qui n'est autre que l'équateur. À tout autre plan parallèle au premier correspond un cercle nommé parallèle. L'angle d'inclinaison **AOC** du segment reliant le centre **O** de la terre à un point quelconque de ce parallèle sur le plan de l'équateur est baptisé la latitude. Ainsi, la latitude de la cathédrale de Chartres est 48°449 Nord (en degrés décimaux).

On sait aujourd'hui que la valeur du rayon de la terre est de 6 363,4 km à cet endroit précis (la terre n'est pas parfaitement sphérique). Cela donne une longueur du parallèle de 26 520 km. Si nous faisons l'hypothèse que nos Anciens ont pris pour cette longueur la valeur de 20 millions de fois φ, soit 32,36 x 10⁶ mc (aucun texte retrouvé ne l'indique ni le démment), le rapport de ces deux valeurs donne 0,81951 arrondi à 0,82. On peut donc supposer que la valeur traduite dans notre système métrique de l'unité de longueur mise en pratique à Chartres était de 0,82 m. Bien entendu, hypothèse ne fait pas preuve, mais les développements suivants vont conforter la confiance dans ce résultat.

Il se trouve que la longueur de la cathédrale actuelle est très exactement la deux cent millième partie de la longueur du parallèle qui lui est attaché. De plus, il est facile de vérifier que le côté du carré de même périmètre que le cercle du parallèle (quadrature en longueur) mesure cinq cent mille fois la longueur de la cathédrale ou encore un million de fois la largeur intérieure totale du transept. Tout ceci montre que les dimensions de la cathédrale sont effectivement directement rattachées à celles de la terre à l'endroit précis où elle a été implantée. En outre, et cela renforce la présomption de validité du résultat, toutes les études faites sur les édifices ayant précédé au même endroit la cathédrale actuelle et dont il est fait état plus loin sont cohérentes avec l'utilisation constante de cette même unité de mesure.

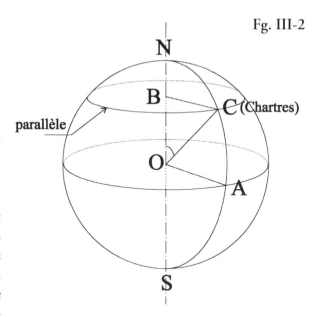

Fg. III-2

Dans la suite, **cette unité de longueur sera baptisée « mc » (pour mesure de Chartres)**. Par exemple, 4,5 mc équivalent à 3,69 m.

Il ne faut pas s'étonner de la précision avec laquelle nos Anciens auraient mesuré la longueur de ce parallèle, ce qui suppose chez eux une connaissance très affûtée de la géométrie céleste et l'existence de moyens de mesure perfectionnés. N'oublions pas que quatre siècles avant Jésus Christ, Pythéas le Massaliote (cf. supra) avait déjà calculé la latitude de Marseille. Une centaine d'années après, Aristarque de Samos avait calculé la distance de la terre à la lune et au soleil. Plus tard, 240 ans avant notre ère, Eratosthène avait mesuré la longueur de l'arc du méridien entre Assouan et Alexandrie en Egypte et en avait déduit une très bonne estimation du rayon terrestre. Enfin, la fameuse Ecole de Chartres était renommée, outre son enseignement des arts libéraux, pour l'intérêt qu'elle portait à la terre, à l'univers et à leurs dimensions.

À propos du rayon terrestre correspondant à Chartres, signalons une étrange particularité qu'il possède. Il mesure 6,3634 millions de mètres ou $6,3634 \times 10^6$ m. En exprimant cette longueur dans l'unité de mesure que nous venons de trouver, on aboutit à $7,76489 \times 10^6$ mc. Or, cette valeur est presque rigoureusement égale à $(10 - \sqrt{5}) \, 10^6$ mc, la précision étant inférieure à 1/10 000ᵉ de la longueur exacte. Cela a-t-il à voir avec

Fg. III-3

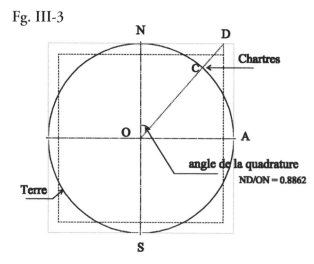

le lieu de Chartres ou n'est qu'une simple coïncidence ? En tout cas, elle n'a certainement pas échappé aux anciens Maîtres ainsi que nous le verrons en étudiant le labyrinthe de la cathédrale actuelle.

Le parallèle passant à Chartres présente une autre spécificité importante (**fg. III-2**). L'angle **NOC** sous lequel le parallèle est vu du centre de la terre est celui qui régit la quadrature du cercle en terme de surface. Pour mieux s'en rendre compte, faisons une coupe de la terre (**fg. III-3**) selon le méridien **NCAS**. Le carré noir en traits pointillés est celui qui a la même surface que le cercle obtenu. Le prolongement de son côté droit donne **D** sur le carré gris circonscrit au cercle. **OD** coupe celui-ci à l'emplacement de Chartres. Ce n'est pas rigoureusement exact, mais l'erreur n'est que de 1/10 000e, ce qui reste admirable pour des époques aussi reculées que l'aube du christianisme, voire antérieure.

En définitive, on constate que le site est placé sous le signe des quadratures (en longueur et en surface). Et rappelons que l'étude de la cathédrale actuelle fait apparaître que les dimensions de nombreuses de ses parties ont été déterminées en faisant appel à la quadrature.

Au terme de ce chapitre, on pourrait se demander si Chartres n'est pas effectivement, comme de nombreux auteurs le soutiennent (mais avec des arguments souvent plus affectifs que tangibles), l'un de ces lieux prédestinés que plusieurs religions successives ont choisis depuis la nuit des temps pour complaire au Créateur et le célébrer comme il convient.

Néanmoins, même si l'on adhère à cette idée, il demeure une question. Ce parallèle, comme on l'a vu, balaye plus de 26 500 kilomètres et traverse de nombreuses régions et localités. Pourquoi donc le choix précis de Chartres? Autrement dit: quid de son méridien? Quelles qualités propres possède-t-il? Ferait-il, lui aussi, un partage remarquable des terres ou des continents?

Autre hypothèse: le site se caractérise-t-il par une redondance des rayonnements géomagnétiques dont font état Jacques Bonvin et Raymond Montercy [22]? D'une manière générale, ils font également grand cas du rectangle solsticial propre au site des monuments religieux, chrétiens ou non.

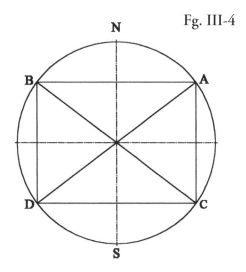

Fg. III-4

Il s'agit (**fg. III-4**) du rectangle que définissent dans un cercle les levers et couchers du soleil aux solstices d'été, représentés par les points **A** et **B**, et d'hiver, avec les lettres **C** et **D**. Dans le cas de Chartres, on s'aperçoit que le rapport entre les côtés de ce rectangle est 3/4 et donc que sa diagonale mesure 5. C'est-à-dire que celui-ci est composé par deux triangles rectangles dont les côtés valent 3, 4 et 5, ces fameux triangles 3-4-5 si chers à Pythagore.

En définitive, beaucoup de caractéristiques précises sont spécifiques du lieu de Chartres, mais elles ne sont probablement pas suffisantes pour le désigner précisément sur le globe terrestre. Il y a donc là un sujet méritant une analyse plus fouillée. Et cela amène d'autres questions. Qu'en est-il, en effet, à cet égard (la caractérisation du lieu et l'unité de longueur utilisée) des autres édifices religieux ou monuments ancestraux en France, en Europe ou ailleurs sur terre? Nul doute qu'il serait fascinant de trouver pour d'autres sites des connotations analogues, voire des constats venant enrichir en retour l'archéologie culturelle propre à Chartres.

— 22/ *Eglise Romane, Chemin de Lumière*, Editions Mosaïque, 2001.

Chapitre IV

APERÇU HISTORIQUE

Avant d'aborder l'analyse proprement dite du tracé des cathédrales successives, il paraît souhaitable de rappeler très brièvement leur histoire, du moins ce que l'on en connaît aujourd'hui.

Il existe peu de documents historiques fiables sur la région relatifs à la période allant des temps préhistoriques jusqu'à sa christianisation. Dans *La guerre des Gaules*, Jules César rapporte que le pays carnute (Chartres et ses alentours) est le lieu de rencontres périodiques des druides en provenance de toute la Gaule, sans donner d'autres précisions.

Au XIe siècle, l'abbé Gerbert de Saint-Pierre-Le-Vif, dans sa *Vie des Saints Savinien et Potentien*, rapporte que Saint Pierre en personne aurait envoyé ces deux évangélisateurs en Gaule. Arrivés à Sens et ayant peut-être défini une prospection quadrillée de la Gaule, ils choisirent à leur tour Altin et Eolald pour opérer dans la région Carnute, haut lieu du druidisme, donc de la religion Celte qu'il importait de supplanter. Quand les deux missionnaires arrivèrent à Chartres, qui se nommait alors Autricum, ils y auraient vu les habitants en prières devant la statue érigée près d'un puits d'une vierge devant enfanter, la célèbre Virgo Paritura souvent représentée sur des gravures anciennes. Cette relation concernant la statue est semble-t-il confirmée par Justin qui, en l'an 152, a écrit : « *On a élevé près des sources la statue d'une vierge que l'on appelle Coré, du nom de la fille de Jupiter* ».

Pour ces zélateurs du christianisme, c'était l'occasion plus qu'inespérée d'y voir la prémonition de la mère du Christ et de le démontrer à ces adorateurs afin de les convertir plus facilement. Nous y reviendrons dans le chapitre V consacré au puits de Saints-Forts. Toujours est-il qu'ils n'ont sans doute pas convaincu toutes les âmes et en particulier les romaines car, après avoir édifié leur église en l'an 44, ils auraient bientôt subi le martyre et auraient été jetés dans ce puits, dénommé puits des Saints Forts, avec la jeune Modeste dont la conversion devait être bien gênante pour les autorités puisque c'était la fille d'un supposé préfet romain Quirinus.

La relation est intéressante mais sujette à caution. Il faut en effet préciser qu'à la fin du premier millénaire, le diocèse de Chartres, bien que le plus important de France, n'était pas autonome et dépendait de la province de Sens. Outre une certaine frustration, il en résultait une sorte d'émulation dans la volonté de Chartres de démontrer son antériorité dans la christianisation bien que celle-ci ait pris son origine à Sens. On peut donc douter de l'objectivité de toutes les chroniques, d'ailleurs le plus souvent écrites longtemps après les faits.

Un récit apparemment plus vraisemblable est celui de l'historien Sulpice Sévère, témoin direct mentionné par M. Roger Joly (déjà cité). Il relate la visite rendue à la fin du IVe siècle par l'évêque Martin de Tours à l'évêque Valentin de Chartres, précisant que celui-ci avait eu deux prédécesseurs Optat et Adventus. On peut en déduire que s'il est peu vraisemblable qu'il y ait eu une église autre que rudimentaire en l'an 44 (avec de sérieuses réserves sur la date…), il y a certainement eu une église épiscopale, une cathédrale paléochrétienne, avant le Ve siècle. Aucun vestige n'en a encore été retrouvé, peut-être, tout simplement, parce qu'elle était en bois. Quant à son emplacement, si l'on suppose que le puits des Saints-Forts existait déjà et qu'il jouxtait un monument antérieur (on a parlé d'une allée couverte et d'un temple pour les adeptes de Mithra, Dieu de la lumière), il est probable que cette église se situait à proximité immédiate de celui-ci ou qu'elle l'avait englobé. Cela n'aurait pas été la première fois que le christianisme (à l'instar d'ailleurs d'autres religions) aurait repris à son compte des lieux de culte antérieurs.

Par la suite, les faits deviennent un peu moins flous mais comportent encore beaucoup d'incertitudes. La deuxième église aurait été bâtie en 594 sur les ruines de la précédente, à moins que celle-ci n'ait été simplement remaniée. À son sujet, un ouvrage de la fin du VIe siècle consacré à la vie de Saint Béthaire mentionnerait un autel dédié à la Vierge Marie.

En 743, les troupes d'Hunald d'Aquitaine en conflit avec les fils de Charles Martel détruisent l'église paléochrétienne. Était-ce la précédente ou une autre plus récente érigée en 594 ? On ne le sait pas précisément.

La cathédrale mérovingienne qui l'a remplacée est à son tour ravagée par les Normands le 12 juin 858. Ceux-ci, que l'on appelait les pirates danois, avaient pris l'habitude de faire des incursions brutales et souvent couronnées de succès en remontant le cours de la Seine ou de la Loire. Cette fois-là, ils s'en étaient quelque peu écartés pour porter la désolation à l'intérieur des terres. C'est à cette occasion que l'évêque Frodbold et une partie de ses ouailles avaient à leur tour été jetés dans le puits. La crypte de cette église avait été épargnée et, plus ou moins remaniée, elle a été conservée par toutes les constructions ultérieures sous l'appellation de Caveau de Saint Lubin ou de Caveau du Trésor. Ce dernier nom provenait sans doute du fait qu'en cas de danger, la crypte servait à cacher les reliques ou les biens du clergé. Pour la petite histoire, Lubin, avant de devenir évêque de Chartres au VIe siècle, avait été cellérier dans un monastère. À ce titre, il a été désigné comme saint patron des marchands de vin (seul Dieu sait s'il aurait apprécié cet honneur).

À cette époque, le renom de Chartres était surtout dû au puits des Saints-Forts, dont l'eau était parée de qualités miraculeuses et à une supposée vierge noire en bois. Les évêques et leurs chapitres voulaient le renforcer afin de grossir le flot des pèlerins, source appréciable de revenus. Cela n'allait pas tarder.

L'empereur d'Orient ayant son trône à Constantinople, Constantin Porphyrogénète et son épouse la célèbre Irène offrirent à Charlemagne, dont certains laudateurs prétendaient à tort qu'il avait fait le pèlerinage aux Lieux Saints, la Sainte Chemise (Sancta Camisa), aujourd'hui appelée Voile de la Vierge et que celle-ci aurait portée lors de l'Annonciation. Charlemagne l'avait confiée à l'église de sa capitale Aix-La-Chapelle. En 876, alors que la cathédrale carolingienne de Chartres était reconstruite ou en passe de l'être, son petit-fils Charles le Chauve la lui avait offerte. La même année, il avait donné un clou de la croix de Jésus à l'abbatiale de Saint-Denis que Pépin le Bref avait fait construire en 754 à l'emplacement de celle que Dagobert, fuyant les foudres de son père Clothaire, avait édifiée aux environs de 630 sur l'injonction que lui avaient donnée en songe les saints Denys, Rustique et Eleuthère. Pour Chartres, ce don arrivait fort à point pour ranimer les finances chancelantes du diocèse. L'évêque en était alors Gislebert. Il avait auparavant fait partie de la cour impériale et le pape Jean VIII faisait son éloge. Il avait noué d'illustres amitiés et il faisait partie des familiers de Charles le Chauve qu'il venait précisément d'accompagner en Italie. Nul doute, donc, qu'il n'ait insisté auprès de lui pour obtenir le transfert de ce si prestigieux vêtement. En effet, depuis longtemps (depuis l'origine ?), la cathédrale avait été consacrée à Notre Dame. Constamment y avaient été exaltées sa bonté pour l'humanité, son immense clémence et sa propension à intercéder auprès de son fils. Mais, pour les foules, il manquait quelque chose de tangible ou de visible. Grâce à la Sancta Camisa, le clergé pouvait essayer de mieux « cibler » et renforcer la dévotion des pèlerins. Il le fit très bien puisque sa renommée, basée en particulier sur les nombreux miracles qu'on lui attribuait, vint s'ajouter à celle du puits sans pour autant la supplanter. Les pèlerins n'en furent donc que plus nombreux. Bravant tous les temps, les longues marches épuisantes et les pires dangers, ils affluaient là en quête de réconfort moral, d'expiation, de pardon ou tout simplement d'adoration. Des insignes avaient été spécialement fabriqués pour être accrochés à leurs vêtements. Tout comme les « coquillarts » qui se rendaient à Compostelle portaient la coquille St Jacques, les pèlerins de Chartres arboraient la Chemise de la Vierge. Cet insigne (toujours disponible actuellement dans la librairie de la cathédrale) n'était en réalité que la simple représentation d'un habit féminin de l'époque. Car, à vrai dire, nul en ces temps-là n'avait pu contempler cette Chemise. Elle était soigneusement conservée dans une châsse devant laquelle on se prosternait. Ce n'est que beaucoup plus tard que l'on constaterait, en osant l'ouvrir, que Marie aurait effectivement fort bien pu la porter, puisqu'il s'agissait d'une de ces pièces de tissu dont les femmes du Proche-Orient avaient et ont encore coutume de se couvrir la tête et les épaules. Inutile de préciser qu'existent depuis des années des querelles d'experts portant sur la datation de ce voile.

De la sorte, la protection divine soutenait un accroissement constant des ressources des commerçants de la ville, du diocèse et du Chapitre, cette assemblée de religieux veillant à la saine gestion des biens de l'Eglise ainsi qu'à celle des investissements, tels que ceux qu'exigeaient les constructions nouvelles.

Pour tous, habitants ou non, Chartres était incontestablement la ville que Marie avait élue. Cette conviction se trouva encore affermie au printemps 911 lorsque les Normands emmenés par Rollon, qui allait devenir cette même année le premier duc de Normandie, mirent le siège devant la ville. Le rapport des forces, a-t-on ensuite rapporté, penchait nettement en leur faveur et le souvenir des faciles succès antérieurs avait dû les rendre confiants. C'était méconnaître l'énergie de l'évêque Gantelme qui organisa une défense efficace et rechercha des secours extérieurs. En juillet, le Duc de Bourgogne se laissa convaincre de diriger ses troupes vers Chartres. Au moment convenu pour créer diversion chez l'adversaire, l'évêque fit exposer la Sancta Camisa sur les remparts. Les Normands, surpris, furent pris à revers et, prenant peur, s'enfuirent devant la fougue et le courage inattendu que la relique avait insufflés à la contre-attaque des assiégés.

Ainsi, la Chemise de la Vierge symbolisait aux yeux des habitants et à l'extérieur la force et la primauté de Chartres, ville protégée par Marie. D'une façon un peu similaire, deux siècles plus tard, en 1124, l'Oriflamme que Suger, abbé de Saint-Denis, confierait aux troupes françaises symboliserait l'unité enfin réalisée du royaume qu'elles devaient défendre, ce qui fit renoncer à son offensive, pourtant supérieure en nombre, l'empereur d'Allemagne Henri V, dérouté par la fin des habituelles divisions gauloises.

Cependant, la sainte prédilection n'est pas constante. Les Chartrains se seraient-ils, aux yeux de la Sainte Vierge, par trop reposés sur leur confiance en elle ? En tout cas, en 962, le comte de Chartres, Thibaud le Tricheur (nom éloquent…) est défait dans sa guerre contre Richard de Normandie, dit Sans Peur et petit-fils de Rollon. La cathédrale subit alors des dommages importants mais que l'on a vraisemblablement pu réparer assez rapidement. Par contre, elle est irrémédiablement détruite par un incendie dans la nuit du 7 au 8 septembre 1020.

L'évêque en était alors Fulbert. Dans le chapitre X, nous nous attarderons sur ce personnage exceptionnel qui a profondément marqué son temps ainsi que l'Ecole de Chartres qu'il a grandement contribué à développer aussi bien en termes de qualité de l'enseignement que de rayonnement international. Ayant fait feu de tout bois pour trouver les fonds suffisants, il fit entreprendre la construction de la cathédrale romane qui allait englober l'édifice carolingien et devenir la plus grande de la chrétienté tout en conservant son orientation et son centre sacré comme il s'avère que cela avait été la règle depuis l'origine. Il ne vit malheureusement pas son achèvement car il mourut en 1028. Néanmoins, la cathédrale fut érigée en un temps record puisque, malgré un autre incendie qui retarda les travaux en 1030, sa consécration intervint en 1037.

Avec elle, pensait-on, le cycle des épreuves qui s'étaient abattues sur ce lieu sacré avec un acharnement digne du Démon, allait prendre fin. Le siècle de répit qui avait suivi avait semblé le confirmer. Mais la ténacité du Mal frappa à nouveau le 5 septembre 1134 sous la forme, hélas trop habituelle à cette époque où les habitations étaient pour la plupart construites en bois, d'un incendie qui ruina une bonne partie de la ville ainsi que la partie occidentale de la cathédrale.

Comme lors de chacune des catastrophes précédentes, la décision fut aussitôt prise de restaurer l'édifice, sous l'impulsion de l'évêque Geoffroy de Lèves, également conseiller du roi et ami de Bernard de Clairvaux, le futur Saint Bernard. C'était un savant et un bâtisseur de la trempe des Suger ou encore Henri Sanglier, archevêque de Sens. Afin d'allonger la nef et d'aménager l'espace d'un narthex, il a alors prévu de reporter vers l'Ouest la nouvelle façade principale. Celle-ci n'est autre que le portail royal flanqué de ses deux tours que nous connaissons, partie intégrante et essentielle de la cathédrale actuelle.

Les travaux correspondants démarrèrent au cours de la même année par l'édification de la tour Nord. Ils furent lents et marqués par de nombreux arrêts, mais peu importait car ils symbolisaient la persistance de la cathédrale et surtout, ce qui était essentiel à l'égard des pèlerinages, la permanence de la protection de la Vierge. La tour Sud ne fut entreprise que dix ans plus tard. Contrairement à son « aînée », baptisée le clocher vieux, elle s'éleva continûment et rapidement pour s'achever en 1160 en un modèle éternel que le poète Charles Péguy célébrerait plus tard :

Un homme de chez nous a fait ici jaillir
Depuis le ras du sol jusqu'au pied de la croix,
Plus haut que tous les saints, plus haut que tous les rois,
La flèche irréprochable et qui ne peut faillir.

Au long du XIIᵉ siècle, tout, à Chartres, a paru contribuer à un développement sans pareil. Il n'est pour s'en convaincre que de constater la grande influence qu'exerçait dans tout l'Occident la fameuse Ecole de Chartres dont l'un des successeurs de Fulbert et l'un des plus célèbres chanceliers du milieu du siècle, Thierry de Chartres, avait écrit l'Heptateuque, manuel savant et très complet traitant des sept arts libéraux qu'enseignaient les universités toutes récentes.

Cette Ecole était avant tout le sanctuaire de la tradition des Anciens,

Pythagore, Platon, Boèce, etc., qui, partis sur le long chemin de la révélation divine, avaient voulu transmettre leurs découvertes à ceux qui s'en montreraient dignes. Elle n'était pas la seule en France. Ainsi Reims où enseigna Gerbert et d'autres villes possédaient leur école et les savants et apprentis savants passaient souvent de l'une à l'autre. Celle de Chartres était reconnue comme centre et véritable creuset ou athanor des réflexions nouvelles concernant la Création. Celle-ci, selon Bernard de Chartres, le frère de Thierry, était une collection ordonnée de créatures et non, comme on le professait auparavant, un magma mystérieux dans lequel Dieu dissimulait sa logique interne. L'École était donc renommée pour sa connaissance des astres, de la Terre, de leurs dimensions respectives et de leurs espacements.

Une nouvelle Tradition, élaborée par une réunion de grands esprits, se dégageait de la gangue de la précédente, qui n'avait que peu évolué pendant près de deux millénaires. Simultanément, c'était le même Bernard de Chartres qui, humblement, faisait remarquer que les hommes tenaient l'essentiel de leur savoir des grands philosophes de l'Antiquité et n'étaient pas plus savants qu'eux, d'où sa célèbre formule des nains juchés sur les épaules de géants. L'un de ses élèves, le grammairien Guillaume de Conches, fut à son tour l'enseignant du futur Henri II d'Angleterre, ainsi que de Jean de Salisbury. Ce dernier avait aussi eu comme professeur Abélard, qu'il chercha à réconcilier avec Bernard de Clairvaux. Il devint par la suite le secrétaire et l'ami de Thomas Becket. Celui-ci, on le sait, dans la ligne de la réforme grégorienne, paya de sa vie en 1170 sa fermeté dans la défense des libertés de l'Eglise par rapport au pouvoir d'Henri II. Jean de Salisbury retourna donc en France et devint Evêque de Chartres jusqu'à sa mort en 1180. C'est à son successeur, Renaud de Mouçon, que reviendra la mission de lancer la construction de la Notre-Dame de Chartres que nous connaissons.

Ce court historique est fragmentaire et souvent incertain. En outre, les rares chroniques n'offrent aucune description détaillée des différents édifices. Tout au plus pourrait-on remarquer incidemment qu'en comptant les églises épiscopales successives, y compris l'hypothétique première paléochrétienne n'ayant laissé aucune trace, la cathédrale actuelle porterait le numéro 6, nombre parfait, celui qu'aurait observé Dieu pour créer la terre et l'univers, selon Saint Augustin. Mais ne serait-ce pas là verser dans un ésotérisme trop facile ?

Deuxième partie

Le puits
des Saints-Forts
et les quatre
premières cathédrales

Chapitre V

LE PUITS DES SAINTS FORTS
ET L'ORIENTATION DES CATHÉDRALES

Dans la crypte de la cathédrale de Chartres, il existe un puits très ancien d'environ trente-trois mètres de profondeur. Après s'être appelé puits du Lieu-Fort, il est maintenant connu comme le puits des Saints-Forts. Aujourd'hui très discret, c'est à peine si on le remarque. Pourtant, il a autrefois assuré une fonction rituelle et a constitué le but de nombreux pèlerinages depuis des temps reculés.

Mais surtout, cette discrétion dissimule l'importance capitale qu'il a toujours revêtue. En effet, représentant le lien tant symbolique que physique entre l'eau et la vie, il semble bien qu'il ait été à l'origine tout à la fois de l'orientation, de l'implantation et du dimensionnement des cathédrales que l'ont suppose s'être succédé sur ce tertre : la paléochrétienne (aux alentours de l'an 500), la mérovingienne (vers 743), la carolingienne (vers 858), la romane, celle de Fulbert (1020) et celle que nous pouvons admirer de nos jours (1194). On ne peut préciser l'époque à laquelle ce puits a été creusé, mais la suite laisse présumer qu'elle a été largement antérieure au premier édifice.

Son débouché dans la crypte est circulaire et il a reçu un revêtement en maçonnerie d'environ 1,50 m de diamètre intérieur sur la plus grande partie de sa profondeur. Plus bas et jusqu'au fond, il a une section carrée de 1,20 m de côté. On peut supposer que le manque de tenue des premières couches du sol (alluvions, argile, voire même remblais) a contraint les exécutants à mettre en place un revêtement au fur et à mesure du creusement. Il est bien connu qu'un cuvelage circulaire est alors le plus efficace et celui qui réclame le moins de matériaux pour s'opposer à la pression des terres. Lorsque des terrains résistants et stables (bancs calcaires) ont été atteints, l'approfondissement a été poursuivi sans revêtement suivant une section carrée, caractéristique semble-t-il des puits celtiques.

Il y a lieu de s'attarder quelque peu sur cette dernière remarque en rappelant quelques récits ou légendes.

Le chapitre précédent cite Jules César, Justin ainsi que la relation de l'abbé Gerbert mentionnant la statue de la virgo paritura et met en garde contre une trop grande confiance qui pourrait être accordée à de tels écrits. Néanmoins, toute légende a le plus souvent une part de vérité à son origine. Pour ce qui est de Chartres, deux faits paraissent incontestables. Tout d'abord, aussi loin que l'on remonte dans le temps, on y a vénéré une « vierge noire », c'est-à-dire une statue en bois (plusieurs fois détruite ou brûlée et chaque fois resculptée) de la Vierge assise tenant son enfant sur ses genoux [23]. N'était-ce pas l'appropriation chrétienne de la virgo paritura ? En second lieu, il est indéniable que le puits a fait l'objet de pèlerinages en raison des vertus attribuées à son eau. Cela incite à se rapprocher de la tradition celtique des sources ou puits sacrés au sujet desquels il existe une abondante littérature.

Ainsi, Francis Jones [24] a recensé une bonne centaine de puits sacrés au Pays de Galles. À beaucoup d'entre eux étaient associées des grottes dédiées soit à la nature, soit aux dieux qui gouvernaient les sources, les puits ou parfois les rivières. De son côté, Geoffrey Burton [25] en évoque de nombreux au Royaume Uni, mais aussi en Allemagne et en Bulgarie, ces puits ayant pour la plupart une forme carrée.

Mais il semble bien que la recherche de Mary Freeman soit plus approfondie à ce sujet en ce qui concerne les îles britanniques, principalement l'Irlande, mais aussi l'Ecosse et la Cornouailles anglaise [26]. Après

-----

— 23/ cf., en particulier, *Vierges Noires, la réponse vient de la terre*, par Jacques Bonvin, Dervy Livres, 1988.

— 24/ *The holy wells of Wales*, University of Wales, 1954 (sur Internet).

— 25/ Site Internet mis à jour le 30 mars 1999.

— 26/ *Sacred Waters, Holy Wells*, article dans « *Parabola, the Magazine of Myth and Tradition* », New York, 1995.

avoir rappelé l'importance de l'eau jaillissante ou naissante (source ou puits), symbolisant la purification, la génération et la matrice de la vie el-le-même, elle en vient aux pèlerinages qui, depuis des temps immémoriaux, ont mobilisé de nombreuses foules. Dans la croyance populaire, ils avaient (et ont encore de nos jours à certains endroits) différents buts. En premier lieu, guérir diverses maladies, ce qui évoque immanquablement Lourdes avec son eau et sa grotte de la Vierge. Après s'être baignés dans l'eau ou en avoir bu, les pèlerins avaient, et ont toujours, l'habitude d'accrocher des bouts de leurs vêtements dans les buissons ou arbres proches, ce que les anglo-saxons appellent des « clooties », afin que les bienfaits demeurent au moins aussi longtemps que ces pièces de tissu. En outre, dormir près de certains de ces puits permettait, croyait-on, d'avoir des rêves prémonitoires transmis par le « monde de l'au-delà » (the Otherworld).

Mary Freeman ajoute que chaque puits était patronné par un esprit de l'au-delà et que celui-ci était toujours féminin. Il était considéré comme menant à l'utérus de la déesse Mère Nourricière, ce qui se concrétisait le plus souvent à proximité immédiate par la statue d'une vierge portant la vic. C'est vraisemblablement une statue de ce genre qui se tenait à Chartres. En Irlande, la plus populaire de ces déesses était nommée Birgh-de. Le christianisme, ne pouvant effacer son culte, l'a transformée en Sainte Brigitte et, chaque année, sa fête est encore l'occasion d'un pèlerinage important.

Cela inciterait à se rallier à l'opinion de ceux qui affirment que le puits des Saints-Forts a une origine celtique. Comme précisé auparavant, sa grande renommée avait entraîné un flux continu de pèlerinages qui se sont poursuivis bien après l'évangélisation du pays carnute. On peut imaginer sans gros risque de se tromper que les prêtres, s'inclinant devant la persistance d'une telle coutume au demeurant rémunératrice pour les finances locales, avaient tenté de lui conférer une connotation plus conforme à la religion qu'ils prônaient. Leurs vœux furent en partie exaucés par le don du Voile de la Vierge par Charles le Chauve qu'ils surent immédiatement exploiter de belle manière puisque sa renommée franchit largement les frontières.

Mais cela n'était encore pas suffisant. Au milieu du XVIIᵉ siècle, le Chapitre, irrité par l'ancienneté païenne du puits et par l'attachement que lui manifestaient encore certains pèlerins dont il estimait que la dévotion était ainsi dévoyée, l'a fait purement et simplement disparaître en le remblayant et en démolissant sa partie supérieure. Bien plus, craignant visiblement qu'une rémanence impie en arrivât à occulter les légendes chrétiennes soigneusement entretenues d'après lesquelles les premiers évangélisateurs et sainte Modeste, puis plus tard l'évêque Frotbold avaient été précipités dans ce puits, et afin d'être sûr que personne ne pourrait le retrouver, il alla jusqu'à en indiquer une position fausse sur les plans de l'époque.

Mais heureusement, son souvenir survécut et grâce à une remarquable ténacité, René Merlet, conservateur en chef des archives d'Eure-et-Loir[27] et qui a apparemment passé la plus grande partie de sa vie à Chartres, l'a redécouvert en 1901 après de nombreuses tentatives infructueuses. Cet entêtement enfin récompensé était certainement issu de la conviction que ce puits avait joué à travers les siècles un rôle déterminant. Il avait raison.

Quelques auteurs n'attribuent à ce puits d'autre utilité que d'avoir permis l'approvisionnement en eau lors des constructions réalisées sur ce tertre. Mais il y aurait alors eu des solutions plus simples que de remonter des seaux depuis 30 mètres de profondeur (par ailleurs, l'érection d'un dolmen exigeait-elle beaucoup d'eau ?). En revanche, tous s'accordent sur l'ancienneté de ce puits et lui attribuent une importance dont aucun pourtant ne précise les raisons.

La suite va confirmer que ce très ancien puits n'a pas été implanté ni dimensionné au hasard et qu'on lui a dévolu à l'origine une sorte de fonction sacrée d'irradiation à l'égard des édifices voisins. À l'occasion, il a également pu avoir une fonction utilitaire mais ce n'était pas là sa destination essentielle. Fondamentalement, c'est lui qui a gouverné la conception de toutes les réalisations à caractère cultuel qui se sont succédé sur ce tertre. À commencer (pourquoi pas ?) par ce dolmen ou cette allée couverte imaginés par d'aucuns et sur lequel aucune donnée n'est disponible. De toute manière, cela est particulièrement manifeste en ce qui concerne les différentes églises épiscopales.

Il demeure une question qui n'a pas pour l'instant de réponse. Si, comme cela paraît donc certain, le puits avait une grande importance symbolique, on ignore pourquoi il a été situé à l'endroit précis où il se trouve. Emplacement d'une source ? Rencontre de rivières souterraines ?

— 27/ Egalement auteur d'études, dont : *Lettres d'Ives de Chartres et d'autres personnages de son temps* (1855).

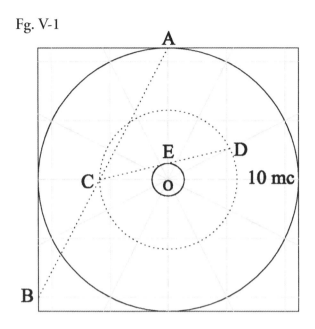

Fg. V-1

Conjonction de courants telluriques ? Radiations géomagnétiques ? Coordonnées géographiques particulières ?...

Par contre, un Maître connaissait les spécificités du lieu : celui qui, à une époque indéterminée, a ordonné le forage du puits, devenant ainsi le premier de la très longue suite des bâtisseurs ayant exercé à Chartres. Nous allons reconstituer les opérations qu'il a effectuées pour dimensionner ce puits en utilisant pour la première fois d'une longue série la figure originelle dont l'élaboration et la consistance ont été précisées dans le chapitre II. Il existe plusieurs façons de faire possibles, mais nous allons choisir la plus vraisemblable.

On peut en effet supposer qu'après avoir fait aplanir le terrain, il détermina — on ne sait donc pas comment — le centre du puits. Nous le baptiserons **O** (**fg. V-1**), comme origine car, directement ou indirectement, c'est effectivement à partir de ce point que va s'organiser la structure en plan de tous les édifices suivants. Puis il fit tracer un cercle de 10 mc de rayon (rappelons que mc est l'unité de mesure propre à Chartres ou le « mètre de Chartres », soit 0,82 m, voir chapitre III) et le carré qui lui est circonscrit. Il s'agit du cercle et du carré initiaux de notre figure originelle et la valeur du rayon est le nombre de la Tétraktis symbolisant la perfection d'après Pythagore.

La jonction des points **A** et **B** donne **C** sur l'axe horizontal. **OC** mesure 5,278 mc (précisément : $10\sqrt{5}/\varphi^3$). On trace le cercle de rayon **OC**. Le segment **CD** coupe **OA** en **E**. Le cercle de rayon **OE** constitue l'entourage extérieur du puits. Ce rayon vaut 1,246 mc ($10\sqrt{5}/\varphi^6$) ou 1,022 m. C'est une valeur que nous allons souvent rencontrer dans les

Fg. V-2

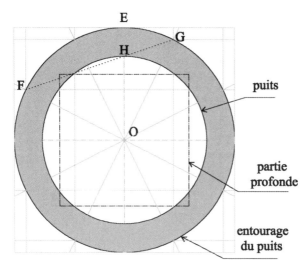

épaisseurs des murs des cathédrales ultérieures, soit tel quel, soit doublé, soit encore multiplié par φ, φ² ou √5.

Pour déterminer le rayon intérieur de ce puits (**fg. V-2**), reproduisons à nouveau la figure originelle sur la base de ce dernier cercle de rayon OE, faisant ainsi une sorte de « zoom » du dessin précédent pour une meilleure lisibilité (en fait, sur le terrain, cela n'a sûrement pas été nécessaire, compte tenu de la dimension de la figure au sol). En reliant les points **F** et **G** on détermine **H** sur l'axe vertical. **OH** est ce rayon intérieur, d'une valeur de 0,9288 mc (50/3φ⁶) ou 0,762 m. Cela correspond à un diamètre de 1,524 m, très légèrement supérieur à celui qui peut être relevé sur place (de l'ordre de 1,50 m). Mais il ne faut pas oublier que la partie haute du puits a non seulement été surélevée à plusieurs reprises, mais surtout a été démolie puis reconstituée au début du siècle dernier. De ce fait, l'épaisseur de son revêtement a fort bien pu varier par rapport à celui d'origine. Celle à laquelle nous aboutissons est de 0,317 mc, soit 26 centimètres.

Voici maintenant un sujet de réflexion. On a vu que la partie profonde du puits a une section carrée. En supposant exacte la dimension donnée pour la longueur du côté, à savoir 1,20 m, on découvre que ce carré a le même périmètre que le cercle intérieur qui vient d'être défini. Dans ces conditions, la longueur exacte du côté de ce carré est égale à 1,197 m (10/φ4 mc), soit, pratiquement 1,20 m. Si ce n'est pas là le fait d'une coïncidence, cela interroge car on s'aperçoit ainsi que la quadrature du cercle a été mise en œuvre dès l'origine en des temps très reculés.

Nous allons constater maintenant que le même dessin de la figure V-1 qui définit le puits permet de déterminer également l'orientation et l'axe de toutes les cathédrales successives (ainsi que celui des monuments précédents s'il en a existé).

Étymologiquement, orienter signifie tourner vers l'Est, le point du jour, l'origine quotidienne de

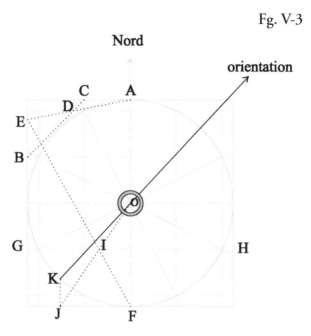

Fg. V-3

la lumière. De nombreux édifices religieux, chrétiens ou non, respectent cette règle. Mais les cathédrales de Chartres, comme d'autres, n'ont pas été « orientées » dans le sens strict du terme, loin de là. Diverses hypothèses ont été émises à ce sujet. Pour certains, l'axe pointait vers le point de lever du soleil le jour du solstice d'été [28], pour d'autres, il s'agissait du jour de la fête du saint auquel était dédié l'ouvrage. Dans leur livre déjà cité *Église Romane, Chemin de Lumière*, Jacques Bonvin et Raymond Montercy se sont livrés à une analyse plus fine du sujet. Ils ont en particulier remarqué que *« les temples de traditions celtiques et les églises pré-romanes ont peu à peu déterminé les standards d'exposition des premières églises »*.

Il y a certainement du vrai dans toutes ces affirmations, mais essayons ici de voir comment a pu être défini l'axe, qui, fait remarquable, est resté le même pour toutes les cathédrales.

Commençons par son orientation au sens commun du terme. Repartons de la figure initiale qui a servi à définir le puits et (**fg. V-3**) supposons que son axe **OA** est pointé vers le Nord. En reliant les points **B** et **C**, on détermine **D**. Le prolongement de **AD** donne **E**. **EF** coupe **GH** en **I**. **OI** prolongé aboutit au point **J**, lequel se rappelle verticalement en **K**

— 28/ Maurice Guinguand « *Chartres, les Templiers architectes* », Editions Mame, 1974.

CHARTRES OU LES CATHÉDRALES DU NOMBRE

sur le cercle. La droite **KO** donne l'inclinaison de l'axe des cathédrales par rapport au Nord. L'angle ainsi formé est de 43°1 en degrés décimaux, soit 43° 06' en sexagésimaux [29]. Notons que l'angle mesuré par John James était de 43° 05' 30", sans qu'il ait précisé si la très faible brisure de l'axe au niveau du chœur avait été prise en compte ou non [30]. Il existe d'autres solutions graphiques aussi exactes. En outre, au cas où la direction de l'Est aurait été la référence plutôt que celle du Nord, un autre dessin tout à fait similaire donnerait un résultat identique.

Retrouver ainsi la manière dont a été définie l'orientation générale de l'axe longitudinal des cathédrales est très satisfaisant en soi. Mais pas complètement. En effet, le puits est décalé par rapport à cet axe alors que sa destination symbolique d'être l'origine de tout — comme cela semble bien avoir été le cas — aurait logiquement dû lui réserver une position centrale. Une explication pourrait tenir au fait que l'on conçoit assez mal un puits de plus de 1,50 m de diamètre au beau milieu d'un dolmen ou d'une première église de dimensions obligatoirement modestes. Peut-être aussi a-t-il correspondu à l'emplacement d'un lieu d'initiation pour des néophytes n'étant pas encore autorisés à pénétrer dans le lieu de culte ou à celui d'un baptistère, souvent dissocié de l'édifice religieux. Une autre raison pourrait être qu'en fait, il ne fallait pas que le centre du puits se situât sur l'axe et que le décalage constaté était voulu afin de permettre un meilleur « pilotage » de l'implantation des diverses dimensions des futurs ouvrages. Il y a là matière à recherche complémentaire. Mais, même en l'absence de réponse à ces questions, on peut reconstituer très simplement ce décalage. Toujours grâce à la figure originelle.

Repartons à nouveau de la figure **V-1** et du cercle de rayon **OC**. Nous le retrouvons sur la figure **V-4** dans laquelle l'axe vertical correspond à l'orientation générale de l'axe des ouvrages qui vient d'être trouvée. De ce fait, le segment **OA** qui pointe vers le Nord se situe maintenant vers la gauche.

— 29/ Le sinus de cet angle est égal à 0,68328, soit $0,8\sqrt{5}/\varphi^2$.

— 30/ Cette brisure, nous le verrons dans la troisième partie consacrée à l'actuelle Notre-Dame, correspond à une inclinaison de 42°79 encore plus facile à déterminer par le dessin.

Fg. V-4

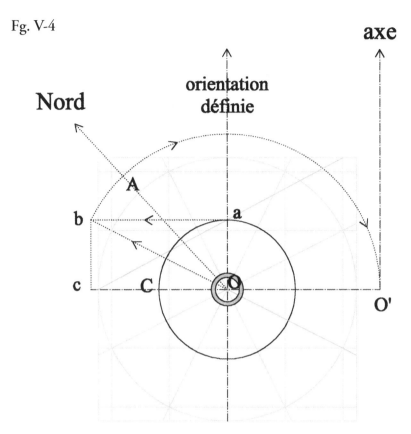

Après avoir facilement matérialisé le « long carré » **Oabc**, dans lequel **ab** vaut donc deux fois **Oa**, l'arc de cercle de rayon **Ob** donne **OO'**, qui représente ce fameux décalage entre le puits et l'axe réel. Il vaut √5 fois **Oa** (rappelons-nous que la diagonale d'un long carré vaut √5 fois sa largeur), c'est-à-dire 11,8 mc (50/φ^3), soit 9,68 m.

Des sceptiques pourraient estimer qu'il s'agit là d'un pur effet du hasard ou que la solution est tirée d'un chapeau. La solution alternative suivante (**fg. V-5**) leur démontrera que ce n'est pas le cas. Elle est d'ailleurs probablement plus conforme à ce qui a été fait en réalité. On peut en effet remarquer que, à supposer que le puits existât, il était pour le moins malaisé de bâtir des tracés à partir de son centre **O** surplombant un vide de 33 mètres. À moins de recourir à un platelage, auquel cas le puits aurait été obturé. Le dessin montre comment on a pu s'affranchir de ces inconvénients.

L'inclinaison φ issue de a (nous avons vu dans le chapitre II comment

Fg. V-5

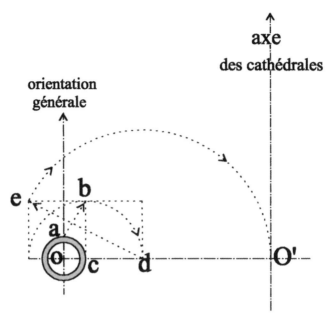

la déterminer) rencontre en **b** la perpendiculaire à OO' élevée en **c**. Le cercle de centre **c** et de rayon **cb** coupe l'axe horizontal en **d** et permet de construire le long carré dans lequel il s'inscrit et de matérialiser la diagonale **ed**. Le cercle de centre **d** et prenant cette dernière comme rayon redonne exactement le point O'.

Au terme de ces travaux, le Maître disposait de tous les éléments de base pour édifier son ouvrage (qu'il se soit agi d'une allée couverte, d'un temple ou d'une église). Les mêmes éléments ont été repris sans altération par ses nombreux successeurs comme ce qui suit le montre et le démontre. Retrouver comment ils ont tous opéré procure une grande satisfaction intellectuelle qui se mêle du regret de ne pas savoir qui ils ont pu être.

Un vieil adage évoque la vérité sortant du puits. Il prend toute sa valeur ici.

Nota :

Il a été signalé dans ce chapitre la permanence de certaines dimensions dans les ouvrages suivants, en particulier le rayon extérieur du puits. Celui-ci mesure 1,246 mc et, par multiplication ou division par des nombres remarquables, il génère d'autres longueurs telles que 0,77014mc, 2,0162 mc, etc. qui sont fréquemment rencontrées dans la suite.

D'autres longueurs directement attachées au puits se retrouvent également souvent. Pour les distinguer, considérons la figure **V-6** qui représente la position de ce puits et de l'axe des cathédrales. Les différentes cotes indiquées ont été plusieurs fois reprises dans le dimensionnement de ces ouvrages. On observera en particulier que la longueur du cercle de rayon 12,7332 est de 80 mc, elle est égale au périmètre d'un carré de 20 mc de côté.

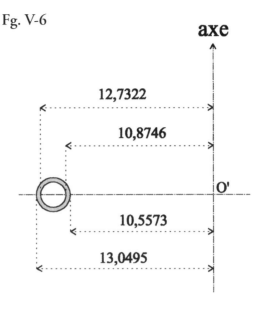

Fg. V-6

Chapitre VI

LA CATHÉDRALE PALÉOCHRÉTIENNE

Des prospections réalisées depuis un peu plus d'un siècle dans un volume assez restreint du sous-sol de la cathédrale actuelle ont mis en évidence des maçonneries dont il s'est avéré qu'elles avaient appartenu à plusieurs églises ou cathédrales édifiées sur le même site et suivant le même alignement que l'actuelle. La plus ancienne est qualifiée de paléochrétienne. Son existence à cet endroit est contestée par certains. Comme on l'a déjà évoqué, elle avait soi-disant supplanté une série d'édifices tels qu'un dolmen, un temple dont on n'a pas à ce jour retrouvé d'autres traces que des morceaux de marbre poli. Datant de la fin des IVe ou Ve siècles, elle a dû être la première à être construite en pierres et elle avait certainement été précédée par des églises en bois dont il serait vain d'espérer retrouver des éléments.

Il n'en reste plus que quelques vestiges et c'est à Charles Stegeman que nous devons la première ébauche de son plan dans son livre déjà cité *Les cryptes de la Cathédrale de Chartres*. Voulant reconstituer sur le papier ce que le plan de l'édifice a pu être, il a basé ses réflexions sur la position et les dimensions de ces vestiges ainsi que sur les manières de faire des constructeurs de l'époque. Ce faisant, les conclusions qu'il en a tirées pa-

Fg. VI-1

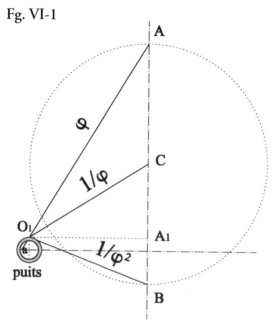

raissent excellentes puisqu'elles sont très largement corroborées par la tentative relatée ci-après pour retrouver les raisonnements théoriques du Maître d'alors.

En effet, nous allons suivre une autre démarche que la sienne, et qui va se révéler en être complémentaire, en essayant de reconstituer le cheminement intellectuel qu'a suivi ce Maître en charge de la conception de cette cathédrale.

Nul doute qu'il y ait mis en œuvre la science des Nombres qui lui avait été transmise et qu'il a peut-être lui-même contribué à développer. De plus, connaissant certainement les principes appliqués pour déterminer les dimensions externes et internes du puits (cf. chapitre précédent) ainsi que le positionnement de l'axe de son futur ouvrage, il ne pouvait que poursuivre le développement logique de ces principes. C'est ce que nous allons tenter de faire à notre tour.

Fg. VI-2

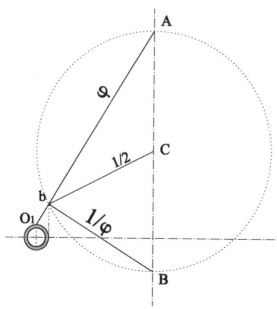

Partons du puits et de l'axe longitudinal (**fg. VI-1**) tels qu'ils ont été définis dans le chapitre V. On a déjà vu

Fg. VI-3

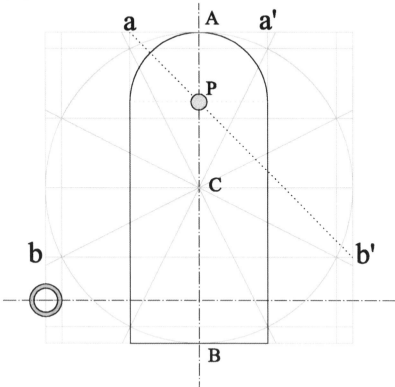

pourquoi il valait mieux pour des raisons pratiques choisir une autre origine des tracés que le centre du puits, point immatériel ne s'appuyant que sur du vide. Préférons-lui donc le point **O1** situé directement au bord de son pourtour, la longueur **O1A1** mesurant $50/\varphi^2 = 11{,}8$ mc. On sait (voir chapitre II) comment dessiner les inclinaisons φ, $1/\varphi$ et $1/\varphi^2$ à partir de ce point. Ces inclinaisons définissent respectivement sur l'axe longitudinal les points **A**, **C** et **B**, **C** étant au milieu de **AB**.

Ce segment **AB** représente la longueur hors tout (externe) de la cathédrale. Sa longueur vaut **A1A** + **A1 B**, c'est-à-dire **O1A1** φ + **O1A1**$/\varphi^2$, ce qui fait deux fois **O1A1** (car $\varphi + 1/\varphi^2 = 2$), donc $100/\varphi^3 = 23{,}6$ mc ou $19{,}37$ m. Dans ses recherches, C. Stegeman l'a trouvée égale à $19{,}42$ m, ce qui en est très proche.

Notons pour plus tard que **AO1** coupe l'axe transversal du puits en un point « **a** » qui marquera ultérieurement la largeur extérieure de la nef de la cathédrale carolingienne (chapitre IX). La distance de **a** à l'axe longitu-

83

dinal est de 12,573 mc (10,32 m).

Il existe une autre manière de parvenir au même résultat en remédiant sans doute encore mieux à l'inconvénient d'avoir à opérer des mesures et des visées précises à proximité immédiate d'un puits profond. Elle consiste (**fg. VI-2**) à partir du point **b** déjà présenté sur la figure V-5 et situé à l'intersection de **O1A** et de la verticale parallèle à l'axe et tangente à l'entourage du puits. En construisant à partir de ce point les inclinaisons φ, 1/2 et 1/φ, on détermine les mêmes points **A**, **C** et **B**. On ne peut évidemment pas savoir laquelle des deux manières a été utilisée.

Maintenant que nous connaissons la longueur totale de l'ouvrage, cherchons son emprise en largeur. Pour cela (**fg. VI-3**), reproduisons la figure originelle sur le segment **AB**. **C** se retrouve ainsi le centre commun au cercle initial de diamètre **AB** et au carré initial qui le contient. Cette figure originelle détermine immédiatement la largeur **aa'**. Il s'agit de la largeur hors tout (largeur extérieure des murs), qui vaut donc **AB**/√5, c'est-à-dire 10,557 mc, soit 8,66 m. À nouveau, c'est une valeur très voisine des 8,62 m trouvés par C. Stegeman.

Par la jonction des points **a** et **b'**, la figure permet aussi de déterminer le point **P**, centre du demi-cercle délimitant l'extérieur du chevet et dont le rayon est **PA**. De plus, **P** marque la position en plan de l'axe d'un pilier rond qui existe encore et qui est accessible. C'est fort probablement sur ce pilier que prenait appui une sorte de voûte « parapluie » abritant l'abside semi-circulaire de la première cathédrale. Il a évidemment subi quelques remaniements depuis cette époque. M. Roger Joly lui a mesuré un diamètre de 0,90 m mais sa valeur d'origine a probablement été plus proche de 1,022 m, mesure du rayon extérieur du puits qui est l'une des valeurs « module » déjà signalée. Mais cette différence, qui provient peut-être de l'enlèvement d'un enduit, ne constitue pas ici un sujet essentiel.

En ce qui concerne les dimensions intérieures de l'édifice, il serait là aussi naturel de se laisser guider par la figure originelle (**fg. VI-4**) en prenant **PP'** pour rayon intérieur du chœur. Cela donnerait pour l'épaisseur des murs une valeur égale au rayon extérieur du puits, à savoir 1,246 mc, soit 1,022 m.

Mais la réalité a dû être différente car les mesures faites sur place infirment ce résultat pourtant simple en ce qui concerne l'épaisseur du mur

Fg. VI-4

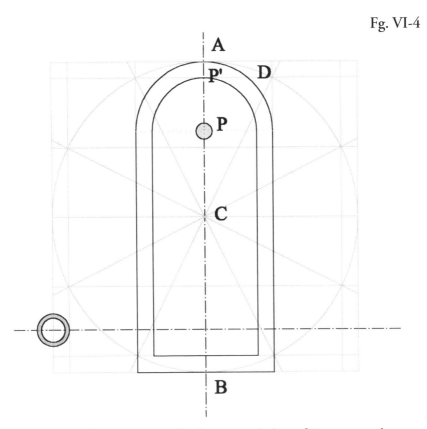

semi-circulaire du chevet et celle des murs de la nef. Les restes des maçonneries du chevet et donc des murs de la nef présentent une épaisseur de l'ordre de 1,14 m et non de 1,02 m. De plus, cela correspond bien à la largeur intérieure de la nef mesurée sur place.

Après une réflexion supplémentaire basée sur cette logique « géométrique » des concepteurs d'alors, on trouve finalement (**fg. VI-5**) que cette épaisseur est facile à reconstituer. Sur le même dessin que le précédent, **AD** coupe **A1B1** (**AA1 et BB1** constituant le quart du côté du carré initial) en **E**, qui se rappelle en **F** sur l'axe longitudinal. L'épaisseur **AF** vaut 1,3932 mc, ou 1,143 m (ce qui équivaut au « module » que multiplie $\sqrt{5}/2$). Et cela donne une largeur intérieure de la nef (égale à deux fois **PF**) de 7,77 mc, l'équivalent de 6,376 m, alors que C. Stegeman a déduit 6,38 m de ses mesures, autrement dit la même chose.

Ceci étant, cela n'explique pas pourquoi le Maître a introduit cette sorte de dérogation à un déroulement simple de la méthode initiale. À moins

85

Fg. VI-5

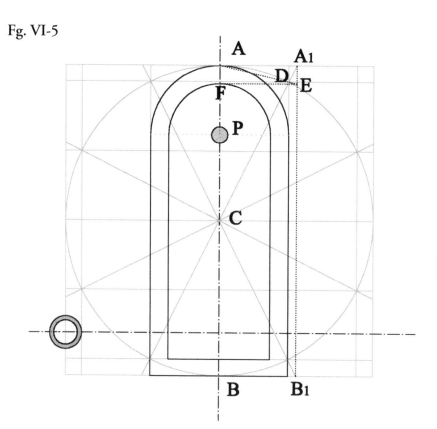

qu'il n'ait voulu que la longueur de **BF** vaille $10\pi/\sqrt{2}$, ce que l'on constate effectivement (avec une précision de $4/100\,000^e$).

Il en résulte que la longueur intérieure, compte tenu de l'épaisseur précédente de 1,3932 mc pour le chevet et en revenant pour celle du mur Ouest à une largeur issue de la figure originelle, soit 1,246 mc, est égale à 20,97 mc, soit 17,20 m, alors que C. Stegeman a mesuré 17,19 m.

Enfin, en raison de sa signification symbolique, surtout aux premières époques du christianisme, on peut supposer, mais les fouilles n'en ont décelé aucune trace, qu'il a été prévu un narthex à l'entrée de cette cathédrale.

C. Stegeman lui suppose des mensurations qui équivaudraient à une longueur totale de la cathédrale y compris son narthex de 23,36 m, soit 28, 47 mc. L'étude montre que l'emprise **BB'1** du supposé narthex serait alors définie par le carré circonscrit de la figure originelle tourné de 45°

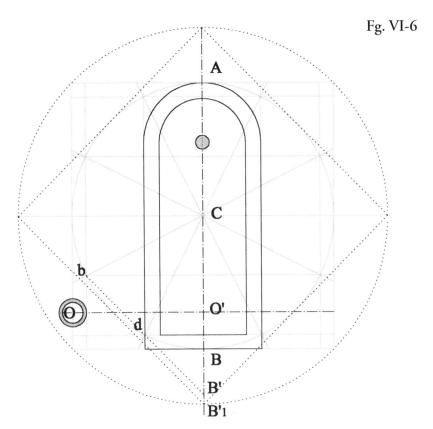

Fg. VI-6

(**fg. VI-6**), ce qui correspondrait à une longueur totale **AB'1** de 28,47 mc soit 23,38 m. Cela est plausible et intellectuellement séduisant en se replaçant dans la façon de penser (de « construire ») des Anciens.

Qui plus est, de nombreuses constatations viennent confirmer la vraisemblance de cette valeur. En voici un exemple. On se rappelle (chapitre V) les deux distances à l'axe longitudinal de la cathédrale des extrémités du diamètre intérieur du puits : 12,7322 et 10,8746 mc. Si l'on multiplie la première par √5 et l'autre par φ2, on trouve dans les deux cas rigoureusement 28,47 mc, donc 23,36 m. Cela signifie non seulement que l'emplacement du puits détermine celui de l'ouvrage, mais aussi que les dimensions de ce dernier sont dirigées par les propres dimensions du puits [31]. Une telle convergence de preuves, d'ailleurs confirmée par d'autres constatations [32], ne pouvait que démontrer l'exactitude du résultat et,

-----
— 31/ Les deux longueurs évoquées (et surtout la première qui vaut 40/π ou 100/3φ2) se rencontrent également dans les cathédrales suivantes.

CHARTRES OU LES CATHÉDRALES DU NOMBRE

dans un premier temps, celui-ci a été tenu pour acquis.

Cependant, à mesure que l'analyse des cathédrales suivantes (dont on va voir que leurs dimensions sont en relation étroite avec celles de la première) progressait, il est apparu une autre hypothèse tout aussi convaincante relative à l'emprise extérieure du narthex. Partons à nouveau de la figure originelle (même figure **VI-6**) et prolongeons le segment **bd** jusqu'à **B'**. Cela donne une distance **O'B'** qui se trouve être égale à OO'/φ. Cette solution correspond à une longueur axiale totale intérieure de 27,64 mc, soit 22,68 m, donc notablement inférieure (68 cm) à la précédente. Néanmoins, cette hypothèse a également beaucoup d'attrait parce qu'elle est très cohérente avec la suite qui fait de **B'** et de l'axe horizontal qui y passe des acteurs primordiaux dans la conception de toutes les cathédrales suivantes.

Pour un chercheur qui prétend retrouver la vérité, il y a là un véritable dilemme : comment, sinon arbitrairement, choisir l'une ou l'autre des solutions ? La première est proposée par un spécialiste confirmé partant d'éléments existants. De surcroît, elle est confirmée par une construction géométrique simple, comme on vient de le voir. L'autre, issue d'une géométrie aussi simple, en diffère notablement mais trouve sa justification dans toutes les cathédrales suivantes. Cette hésitation a duré jusqu'à ce qu'apparaisse la lumière : en réalité, les deux solutions sont bonnes ! Simplement, elles ont trait à des éléments de structure différents et une discussion avec C. Stegeman l'a confirmé. La première, qui utilise le carré circonscrit au cercle initial, détermine en **B'1** la limite extérieure des maçonneries du narthex. La seconde définit avec **B'** la position du seuil, du portail d'entrée légèrement en retrait comme c'est toujours le cas.

Par conséquent, il est maintenant possible de produire le dessin définitif (**fg. VI-7**). L'épaisseur totale du mur de la façade occidentale est de 1,41 m (1,722 mc) [33]. Dans ces conditions, la longueur interne de l'ouvrage avec son narthex est de 25,38 mc, c'est-à-dire 20,825 m, alors que

-----

— 32/ En particulier, la longueur hors tout de 23,36 m équivaut à la largeur hors tout multipliée par 5/3φ. Mais elle correspond aussi à la largeur intérieure multipliée par 11/3. Cette dernière opération (précise au dix millième près) a l'intérêt de faire apparaître le nombre 11 que l'on rencontre souvent à Chartres, et pas seulement dans le nombre de circonvolutions du labyrinthe.

— 33/ Cette épaisseur de 1,722 mc est égale à celle du mur du chevet multipliée par 2/φ. Cette valeur, qui vaut 50/φ^7, va souvent se retrouver dans la cathédrale de …

Fg. VI-7

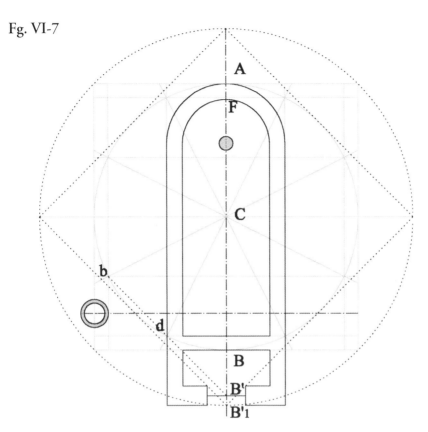

C. Stegeman l'a estimé à 20,82 m [34].

À la fin de ce chapitre, il semble utile d'ouvrir une parenthèse. On constate qu'entre les résultats issus, d'un côté de raisonnements géométriques fondés sur la culture des Maîtres de l'époque, de l'autre de mesures relevées in situ et assorties d'hypothèses basées sur les technologies de construction en usage à l'époque concernée, il y a une quasi équivalence, laquelle va souvent se confirmer dans la suite. Cela entraîne plu-

-----
— 33/ ... Chartres actuelle. Au même titre que deux autres très peu différentes : 1,7213 et 1,724 mc. La première intervient dans la largeur des tours. La seconde a vraisemblablement permis de définir la longueur des travées du chœur et de la nef jusqu'au labyrinthe ainsi que le dimensionnement de celui-ci. Nous y reviendrons dans la troisième partie. Notons que si l'on divise par 5 ces valeurs, on obtient le pied punique (entre 0,282 et 0,283 m).
— 34/ On peut également noter que la longueur intérieure du narthex est égale à √10, symbole de perfection, soit 3,16 mc ou 2,59 m.

sieurs réflexions.

En premier lieu, l'auteur tient à préciser que ce sont les mesures rapportées par C. Stegeman qui ont orienté sa démarche et qui, après un certain cheminement, l'ont beaucoup aidé à redécouvrir les méthodes géométriques mises en pratique par les différents Maîtres, en particulier la « figure originelle ».

En second lieu, on constate qu'il existe deux méthodes de recherche. La plus sûre est évidemment de partir des relevés effectués sur le terrain. Mais, compte tenu de la non continuité des vestiges, de possibles remaniements de structure ayant pu les affecter au cours du temps ou de l'altération due à des incendies ou à des destructions partielles, il est nécessaire de formuler certaines hypothèses, d'imaginer ce qui est le plus vraisemblable. Le deuxième type de recherche pourrait être qualifié de « théorique », avec toutes les suspicions, méfiances ou réticences que peut attirer ce mot. Elle consiste à tenter de déceler un déroulement logique des réflexions des concepteurs issues de leurs connaissances.

À l'évidence, ces deux méthodes sont complémentaires et ne devraient pas se passer l'une de l'autre tant elles s'enrichissent mutuellement. Les exemples précédents concernant l'épaisseur du mur semi-circulaire de l'abside ou la longueur totale incluant le narthex en fournissent la confirmation. Et en cas de désaccord persistant, seule une vérification sur place, dans la mesure où elle est possible, peut trancher. Au reste, cette réflexion n'est qu'un truisme car n'est-ce pas ainsi qu'opèrent les archéologues qui travaillent souvent en équipes multidisciplinaires ?

Chapitre VII

LA CATHÉDRALE MÉROVINGIENNE

Son existence a également été contestée par certains. Mais la manière dont a été conçue sa structure à partir de la précédente relève d'une logique suffisamment évidente et démonstrative pour atténuer les doutes.

La destruction de l'édifice paléochrétien en 743 n'avait probablement pas été totale et il devait au moins en subsister les fondations des murs, quelques parties de ceux-ci, y compris le mur circulaire du chevet avec fort probablement les voûtes qui y prenaient appui, du fait de la résistance d'une telle structure inévitablement massive.

On ne saurait dire que cette destruction arrivait à point nommé, mais elle donnait à l'évêque l'occasion d'agrandir la cathédrale devenue trop petite pour faire face à l'augmentation continue du nombre des fidèles. Car il ne faut pas oublier la lutte d'influence entre monastères et diocèses urbains avec pour enjeu l'emprise sur des populations en grande majorité rurales, concurrence dans laquelle les monastères allaient pendant longtemps l'emporter. Les diocèses se sentaient donc tenus d'offrir à leurs paroissiens des lieux de culte — voire de réunion — toujours plus accueillants et plus spacieux. Rappelons en outre que les pèlerinages représentaient une source importante de revenus à la fois pour le diocèse et

Fg. VII-1

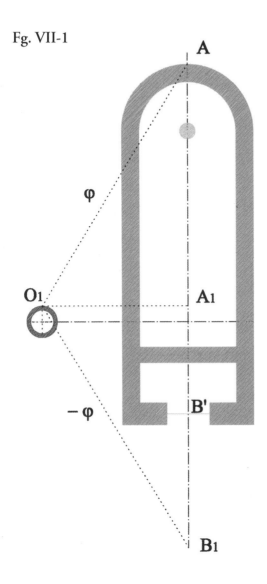

pour les habitants. D'où l'intérêt pour les cathédrales de pouvoir exposer des reliques (en l'occurrence, la chemise de la Vierge) et de renforcer des légendes « christianisées » telles que celle de la Virgo paritura.

Toujours est-il que pour faire face à la « demande » croissante (on n'ose évidemment pas utiliser l'expression « marché », par trop actuelle et qui dénoncerait une mentalité de marchand du Temple assimilant les âmes à une simple marchandise... mais n'y avait-il pas parfois un peu de ça compte tenu des « retours » financiers ?), l'évêque décida d'allonger notablement l'édifice antérieur en multipliant sa longueur par φ et de purement et simplement doubler sa largeur. Par contre, il a voulu conserver l'arrondi du chevet car c'était une construction très ouvragée, qui s'était prouvée résistante et qui n'avait nul besoin d'être modifiée. Nous allons essayer de trouver la manière dont il s'y est pris pour concevoir cette nouvelle cathédrale.

Pour la cathédrale paléochrétienne, le « sommet » **A** de l'arrondi du chevet avait été déterminé par l'inclinaison φ, à partir de **O1** (cf. **fg. VI-1**). En faisant de même mais avec l'inclinaison -φ (**fg. VII-1**), c'est-à-dire en prenant le symétrique de **A** par rapport à **O1A1**, on définit **B1** marquant

Fg. VII-2

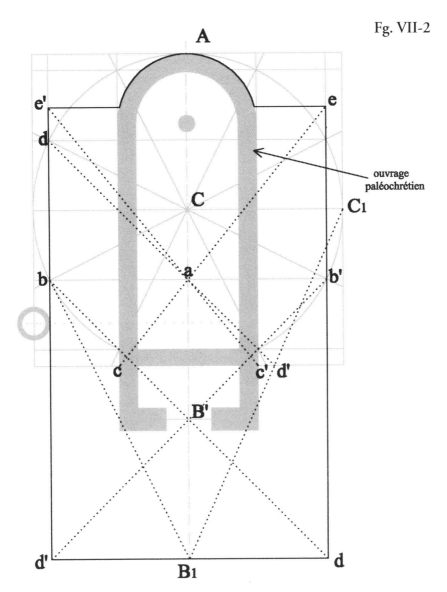

l'emplacement de la façade occidentale. **AB1** représente l'emprise longitudinale hors tout de la nouvelle cathédrale. Elle mesure donc $100/\varphi^2$, soit 38,1966 mc (31,34 m).

Une confirmation de la position du point **B1** provient de la figure originelle correspondant à la cathédrale précédente (**fg. VII-2**). Ainsi, **B1** est l'aboutissement de la tangente au cercle en **b** et, de ce fait, **aB1** égale deux fois **ab**. C'est aussi l'aboutissement de l'inclinaison $-\sqrt{5}$ menée du point

Fg. VII-3

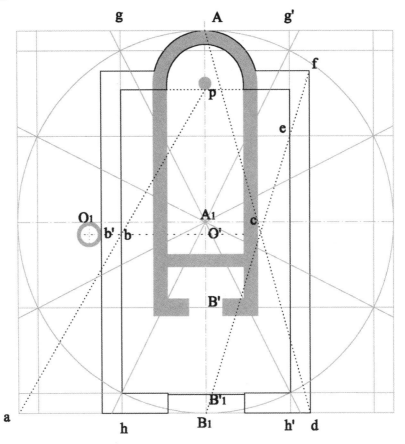

C1. Pour l'obtenir, on relie les points **d** et **a** et l'on prolonge jusqu'en **d'**. La jonction de C1 et **d'** aboutit en B1. Un tel faisceau de convergences ne peut que rendre indubitable la situation de ce dernier point.

Cette même figure originelle attachée à l'ouvrage paléochrétien va permettre de déterminer d'autres dimensions de la cathédrale mérovingienne. Ainsi, **bb'** marque sa largeur extérieure, qui amène le mur latéral Nord de la nef à venir rigoureusement s'accoler au contour extérieur du puits des Saints Forts. À l'Ouest, les limites des murs sont données par les prolongements de **bB'** et de **b'B'** en **d** et **d'**. À l'Est, ce sont **e** et **e'** issus de **ca** et de **c'a**.

À ce stade du raisonnement, faisons trois constatations. D'abord, la largeur totale de la cathédrale est exactement le double de celle de la précédente. Ensuite, sa longueur hors tout est celle de la précédente multipliée par φ: **AB1** = φ**AB'** = 1,618 x **AB'**. Enfin, il avait été annoncé (cf. chapitre VI et sa note 31) que nous retrouverions la distance à l'axe longitudinal de l'extrémité la plus éloignée du diamètre horizontal intérieur du puits, qui est de 12,7322 mc (10,447 m). Or on constate que la nouvelle longueur hors tout vaut précisément trois fois cette dernière valeur : **AB1** = 3 x 12,7322 mc, soit 120 π (au 10 000ᵉ près). L'emplacement et la principale dimension de l'ouvrage s'avèrent donc dépendre étroitement de celles du puits des Saints-Forts.

Maintenant que nous connaissons l'emprise longitudinale, nous allons utiliser la figure originelle qui lui est attachée (**fg. VII-3**). On voit aussitôt qu'elle indique directement, par **gh** et **g'h'**, la largeur intérieure. L'emprise extérieure **df** du mur Sud de la nef résulte du prolongement de **Ac** en **d** et de celui de **eB1** en **f**. Cela correspond bien à ce qui a été trouvé plus haut. Enfin, **ab** aboutit à **p**, extrémité Ouest du diamètre du pilier rond qui continue à soutenir la voûte « parapluie » abritant le chœur et qui indique de plus la limite interne des murs transversaux de jonction avec le chevet. Ces deux murs ont une épaisseur de 1,5 fois le « module » de 1,246 mesure. Le trait pointillé qui passe par **p** détermine leur limite intérieure sur l'axe longitudinal.

L'épaisseur de la façade occidentale, également donnée par la figure originelle, est de 2,016 mc (le « module » 1,246 mc multiplié par φ), soit 1,65 m, tout comme l'épaisseur des murs de la nef. Mais **B1B'1**, qui désigne l'emplacement du seuil, mesure 1,5 x 1,246 mc, soit 1,53 m. Ainsi la longueur intérieure est égale à 28,66 m, ce qui est exactement la mesure donnée par C. Stegeman.

Par contre, il y a à première vue désaccord en ce qui concerne la largeur intérieure. Elle serait ici de 17,082 mc (20 √5/φ2), soit 14,02 m, alors qu'il avance 13,80 m. La différence, sans être importante, est notable et mérite attention, et à cet égard, l'étude fait apparaître deux éléments très intéressants.

Le premier consiste dans le fait (**fg. VII-4**) que **ip**, soit la moitié de cette largeur intérieure, est facilement déterminé en utilisant le segment **fe'**. Ainsi, deux fois **ip** équivaut à 16,84 mc, donc à 13,82 m.

Le second est beaucoup plus intrigant et séduisant pour l'esprit. En se

Fg. VII-4

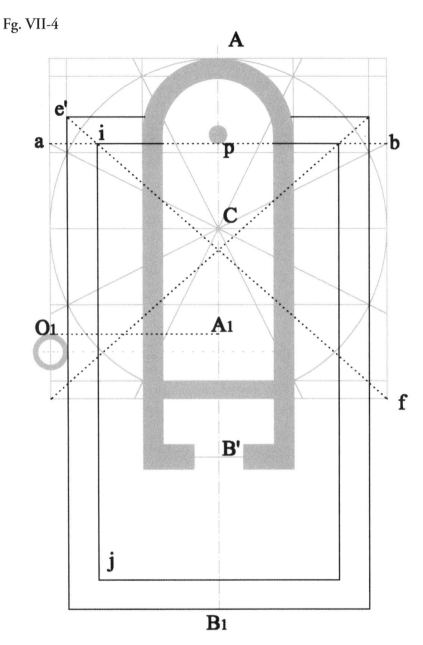

reportant (**fg. VII-5**) à la figure originelle de la cathédrale paléochrétienne, on découvre que **a'c'**, qui mesure 13,82 m est le diamètre du cercle qui a la même surface que le carré **abcd**, carré construit sur la largeur extérieure **ac**. Il s'agit là d'une nouvelle implication de la quadrature du

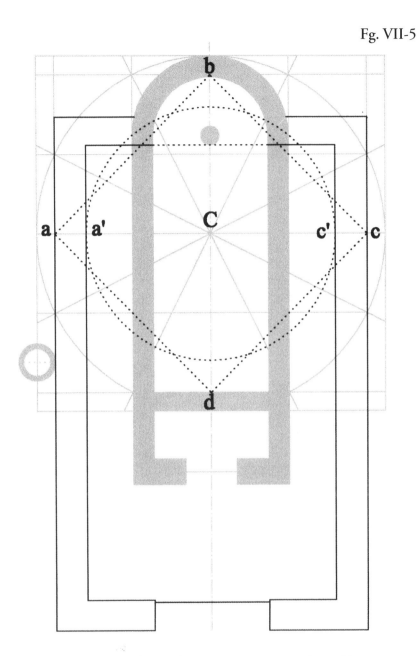

Fg. VII-5

cercle, cette fois-ci non plus en longueur mais en surface. C'est, à notre connaissance, la première fois dans la chronologie chartraine que nous la rencontrons. Peut-être les maîtres n'avaient-ils réussi à la réaliser géométriquement que récemment, sinon nul doute qu'elle eût été appliquée au-

Fg. VII-6

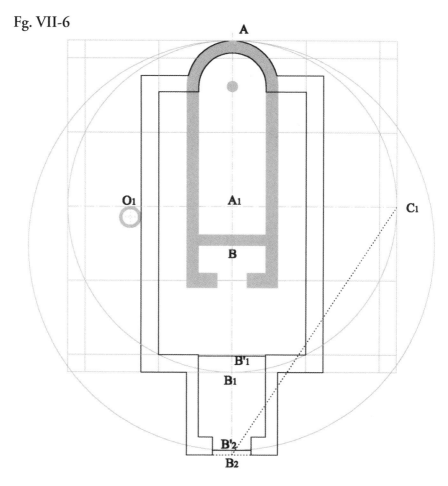

paravant. Tempérons ce propos : il est possible que des applications analogues aient tout simplement échappé à la présente étude qui, à dire vrai, ne peut s'appuyer que sur des données obligatoirement succinctes.

En définitive, cette largeur intérieure nous place une nouvelle fois face à un choix entre deux solutions. La première semble évidente car elle découle d'un dessin simple. L'autre est plus séduisante dans la mesure où la quadrature du cercle a revêtu une aspiration symbolique. De plus, il est à remarquer que cette largeur intérieure se retrouve dans la cathédrale suivante, dite carolingienne. Et chacune de ces deux solutions est défendue par ceux qui ont procédé aux fouilles : C. Stegeman maintient la même valeur de 13,80 m (très peu différente de 13,82 m), tandis que R. Joly, à la suite de mesures et de raisonnements précis, aboutit à 14,02 m.

En fait, il est bien possible que ces deux solutions aient coexisté, en supposant par exemple qu'une plinthe ou un petit muret de 9 cm d'épaisseur (et d'un usage à déterminer) ait existé à la base des murs. Dans les dessins à venir, les deux largeurs seront maintenues, bien qu'à cette échelle elles soient indiscernables à l'œil.

Passons maintenant au narthex (**fg. VII-6**). On pourrait penser multiplier la longueur A1C1 par 1,5, ce qui est facile graphiquement, pour obtenir **B2**. De la sorte, la longueur totale de l'ouvrage **AB2** serait de $125/\varphi^2 = 47,746$ mc, soit 39,17 m, à comparer au 39,15 m auxquels a abouti C. Stegeman. Remarquons que cela représente 3,75 fois cette fameuse mesure de 12,7322 mc. Incidemment, on note que le cercle qui englobe cet ouvrage et de diamètre **AB2** a pour longueur 150 mc. Cela paraît donc convaincant.

Mais une certaine logique, plus intuitive que basée sur des faits qui font d'ailleurs défaut, incite à simplement doubler la longueur **BA** de la première cathédrale en traçant le cercle de centre **B** et de rayon **BA**, ce qui donne un autre point **B'2** distant de **A** de $200/\varphi^3 = 47,2136$ mc, soit 38,74 m, longueur inférieure de près de 44 cm à la précédente. C'est une option intéressante parce que, dans ce cas, les deux longueurs de la deuxième cathédrale (narthex exclu ou inclus) dérivent de celle de la première affectée des coefficients φ et 2.

À nouveau, force est de constater que ces deux versions ont dû coexister, la première donnant l'extérieur des maçonneries du narthex et l'autre l'emplacement du seuil.

Quant à l'élévation de l'édifice (son plan en hauteur), aucun élément certain ne permet actuellement de la recomposer. Tout au plus pouvons-nous supposer qu'un plafond plat était soutenu par des poutres transversales reposant sur ses murs, mais à quelle hauteur ? Et que ces poutres transversales s'appuyaient sur des piliers intermédiaires, restes reconstitués ou non des murs de la cathédrale paléochrétienne.

Chapitre VIII

LA FIGURE ORIGINELLE « MÈRE »

Une brève récapitulation de ce qui précède montre que chacun des deux ouvrages étudiés, le paléochrétien et le mérovingien, peut être entièrement défini par une figure originelle, telle que définie au chapitre II, qui lui est propre. Ceci étant, le deuxième n'est pas indépendant du premier puisqu'il peut également être défini par la figure originelle attachée au premier. En anticipant la suite, on peut supposer, et c'est effectivement le cas, qu'il va en être de même pour toutes les cathédrales suivantes.

Allant plus loin, on peut donc se demander s'il n'existerait pas une figure originelle commune à toutes les cathédrales. C'est-à-dire une figure immuable et fatalement occulte car n'apparaissant pas plus à première vue que les précédentes, mais permettant de définir chacune des cinq, depuis la paléochrétienne jusqu'à l'actuelle, et qu'en conséquence, nous pourrions qualifier de « mère ».

Aussi surprenant que cela puisse paraître, cette figure originelle mère existe effectivement.

Il s'agit de la figure originelle centrée au point **B'**, centre de la façade occidentale de la première cathédrale (**fg. VIII-1**). Le rayon du cercle initial est la longueur de cette dernière hors narthex, à savoir 23,6 mc

101

Fg. VIII-1

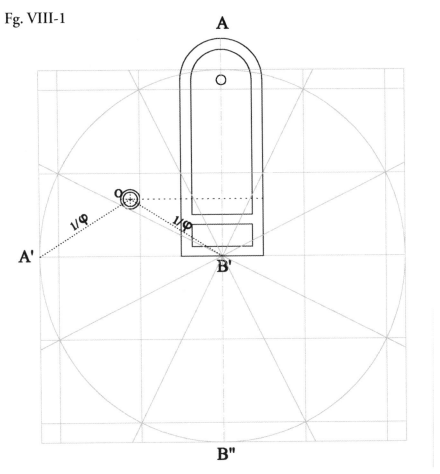

(19,37 m). Deux droites inclinées à 1/φ sur l'horizontale issues du centre O du puits déterminent les points A' et B'. Le rayon du cercle est B'A'. Notons en passant pour plus tard que B", extrémité Ouest du diamètre longitudinal n'est autre que le centre de la cathédrale actuelle, le centre de la croisée de son transept.

Comment ne pas être stupéfait de voir se concrétiser par cette figure l'unité de base de la conception de tous les édifices et l'origine commune de toutes leurs dimensions aussi variées qu'elles aient pu être ?

À la réflexion, cela n'est pas aussi étonnant que cela. Les successeurs du premier maître ont tous poursuivi le même type de raisonnement basé sur les Nombres, sorte de règle qu'ils avaient eux-mêmes héritée d'autres. Il est donc logique que, là comme dans d'autres disciplines scientifiques, il se dégage progressivement un « noyau » immuable qui était en

Fg. VIII-2

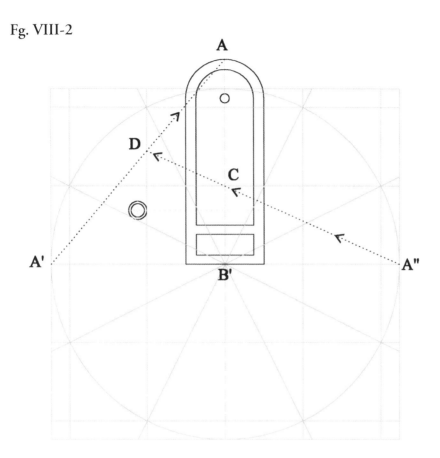

gestation depuis le début et qui va être porteur des développements successifs. Par contre, on peut légitimement être surpris que l'application d'une telle règle ait conduit à la diversité que les différents ouvrages présentent entre eux.

Ne pourrait-on pas voir là une analogie avec ce qui se passe chez les humains, les animaux et la nature pour lesquels des lois génétiques simples et immuables, basées sur la combinaison de très peu d'éléments communs à tous, engendrent une diversité encore plus grande tout en conservant les caractéristiques fondamentales de chaque espèce ?

De toute manière, cette figure « mère », cachée à la vue des visiteurs de toutes les cathédrales successives (et apparemment à celle de tous les chercheurs) existe de manière indubitable. C'est donc elle que nous allons désormais utiliser et nous verrons qu'elle va tenir ses promesses.

Fg. VIII-3

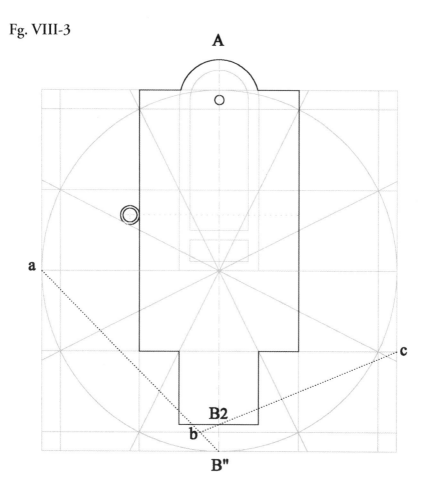

La question se pose de savoir quand cette figure mère a commencé à être mise à contribution. Bien qu'elle puisse s'appliquer à l'édifice paléochrétien (qui a utilisé sa propre figure originelle), il est peu probable qu'elle ait été alors connue et qu'il y ait été fait appel. Cela aurait en effet supposé de la part des premiers concepteurs des raisonnements suffisamment prospectifs et élaborés pour prévoir le devenir de la filiation des cathédrales au cours des sept siècles suivants.

Il est plus vraisemblable qu'en prenant pour référence ce qui avait précédé, la figure mère s'est dégagée à l'occasion de l'élaboration soit de la cathédrale mérovingienne, soit de la carolingienne. C'est la raison pour laquelle elle est décrite à cet endroit du présent ouvrage.

Précisons incidemment un point important relatif à la mise en application des dessins sur un terrain pouvant être encombré. Pour chaque construction géométrique issue de cette figure dans la suite, il a été vérifié qu'il existe une ou plusieurs alternatives de dessin aboutissant au même résultat, c'est-à-dire des points « relais » déterminés à partir de cette figure et pouvant servir de base pour des visées ne rencontrant pas d'obstacles. Ceci a pu être parfois d'un grand intérêt pour les exécutants. Mais, afin de pas trop alourdir le présent exposé, il n'en sera pas fait état ici.

Au titre des premières illustrations du rôle de « mère » des dimensions de toutes les cathédrales successives joué par cette figure, les **fg. VIII- 2** et **3** montrent comment les deux premières s'en déduisent aisément. Sur la dernière, on s'est contenté de ne représenter que le contour extérieur de la cathédrale mérovingienne en montrant malgré tout comment a été délimité le narthex en longueur.

Chapitre IX

LA CATHÉDRALE CAROLINGIENNE

La cathédrale mérovingienne a été détruite en 858 par une invasion normande. L'évêque Gislebert, successeur du malheureux Frodbald qui y avait perdu la vie, fit aussitôt entreprendre la construction de la suivante dont on a retrouvé des vestiges suffisamment identifiables pour que nul n'en conteste l'existence à cet endroit. Pour la clarté des descriptions suivantes, le dessin **IX-1** en donne le schéma général avec son chevet semi-circulaire et sa nef relativement longue. Le transept n'y figure pas du fait de l'incertitude sur la ou les dates de sa construction, mais il fera l'objet d'une étude particulière dans le chapitre suivant.

Afin de tenter de reconstituer les dessins par lesquels le Maître d'alors a fixé les dimensions en plan de l'ouvrage, les documents les plus récents actuellement disponibles sur lesquels on peut s'appuyer proviennent des résultats des prospections effectuées par C. Stegeman et R. Joly, à savoir : leurs dessins et les interprétations qu'ils en ont déduites. Ils sont précieux mais ils laissent subsister quelques incertitudes pouvant jouer sur plusieurs centimètres dans l'estimation de certaines mensurations de l'ou-

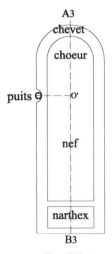

Fg. IX-1

vrage et sur quelques dizaines en ce qui concerne son emprise longitudinale. Pour celle-ci, C. Stegeman ne mentionne que la longueur intérieure. De son côté, R. Joly est évasif à ce sujet. En outre, il existe des dimensions sur lesquelles ils sont en désaccord. Néanmoins, la plupart des mesures qu'ils ont relevées peuvent être tenues pour certaines et permettent une analyse sérieuse. Elles sont soit chiffrées, soit déduites de leurs dessins.

Pour commencer, essayons de déterminer la longueur hors tout de la cathédrale, sans narthex, indiquée **A3B3** sur les dessins. En partant de la valeur indiquée par C. Stegeman de 49,09 m pour la longueur interne, en y ajoutant l'épaisseur du mur du chevet, 3,30 m et en supposant que l'épaisseur de la cloison séparant la nef du narthex ait été la moitié de la précédente, on aboutit à 54,04 m, soit, après conversion en unités de mesure propres à Chartres : 65,836 mc.

La figure **IX-2** montre deux façons simples de déterminer cette longueur **A3B3** à partir de la figure « mère ».

Tout d'abord, les segments **ab** et **ac** donnent les points **d** et **e** et le prolongement du segment **ed** donne **A3**. En faisant le même dessin à partir de **a'**, on détermine **B3** en prolongeant **d'e'**. La deuxième façon (mais il y en a encore d'autres qu'il serait superflu de rappeler ici) consiste à prolonger **fg** et **f'g'** respectivement en **A3** et **B3**, **g** et **g'** étant des points caractéristiques des murs de la cathédrale mérovingienne. Ce dernier exemple montre combien la définition de l'édifice « s'appuyait » sur le précédent et la suite va nous en fournir d'autres confirmations.

Incidemment, on voit que **PA3** vaut le double de **PA**, mais nous allons voir que le rayon de l'arrondi du chevet est plus grand que **PA3**. De plus, on vérifie que **O'A3** mesure 25,623 mc, soit exactement les 21,02 m relevés sur les dessins de C. Stegeman [35].

La figure **IX-3** permet de déterminer les largeurs extérieures et intérieures de la nef de plusieurs manières différentes. Le segment **bb'** coupe

-----
— 35/ 25,623 mc est la somme de deux longueurs issues du puits et souvent rencontrées : 12,7322 et 12,57354 mc.

Fg. IX-2

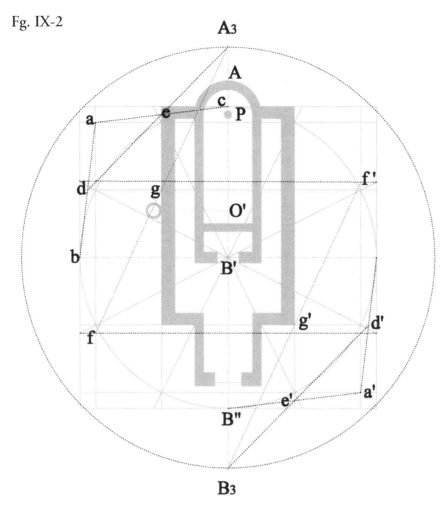

la nef de la cathédrale mérovingienne en L'. Ce point marque la largeur intérieure aussi bien de cette dernière que de la nouvelle nef. Cela correspond à une largeur intérieure totale de 17,082 mc, soit 14,02 m identique avec celle spécifiée par R. Joly. En prolongeant A3L' jusqu'à l'horizontale passant par le centre B', on obtient le point L qui détermine la limite extérieure de la nef. B'L mesure 12,573 mc, soit 10,32 m, alors que R. Joly a relevé 10,30 m. Cette longueur a déjà été rencontrée lors de la conception de la première cathédrale. (En se rapportant à la figure **VI-1**, on voit que le prolongement de **AO**1 la délimite exactement sur l'axe transversal passant par le centre du puits). La droite **A**3**L** a pour inclinaison $\varphi 2$, de sorte que **B'A**3 = φ^2**B'L**. On remarque également que **A**3**L** pas-

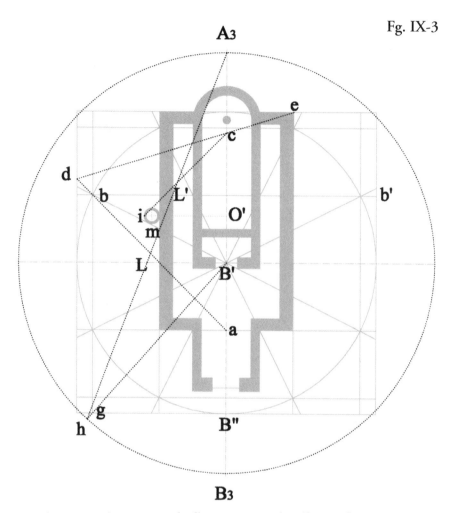

Fg. IX-3

se aussi par **m** qui correspond à l'intersection de **B'b** avec le parement extérieur de la cathédrale mérovingienne.

Un autre moyen pour trouver **L** consiste à prolonger **B'g** en **h** sur le cercle initial. Le segment **hA3** intercepte le diamètre passant par **B'** en **L**. Il convient ici d'ouvrir une parenthèse. En effet, au lieu des 2 × 10,32 = 20,64 m que nous avons trouvés pour la largeur extérieure, C. Stegeman fait état de 19,60 m, ce qui représente une différence notable de l'ordre de 5 %. La logique des raisonnements suivis incite à maintenir le résultat obtenu. Néanmoins, on ne saurait mettre en cause l'expérience pratique de l'intéressé. Et il faut constater que ces 19,60 m correspondraient (à 5 cm près) au diamètre du cercle ayant la même surface qu'un carré dont le côté égale la largeur extérieure de la cathédrale mérovingienne [36]. Sans doute y a-t-il là un sujet à approfondir, d'autant plus que cette valeur de 19,55 correspond à la largeur intérieure avancée par C. Stegeman pour les cathédrales mérovingienne et carolingienne multipliée par $\sqrt{2}$. Cela supposerait donc que les Maîtres de l'époque étaient parfaitement familiers de la mise en œuvre de la quadrature du cercle. Pourtant, bien que subsiste un doute légitime sur la valeur exacte de la largeur intérieure, nous nous en tiendrons à la première trouvée, à savoir 14,02 m, car elle participe mieux à la cohésion d'ensemble des dimensionnements issus de raisonnements géométriques. Mais ce sujet méritera une étude plus approfondie.

En ce qui concerne l'arrondi du chevet, il est logique que le demi-cercle qui le limite ait pour rayon la valeur trouvée de 12,573 mc. Pour localiser son centre **c**, prolongeons **ab** en **d**. Le segment **ed** coupe l'axe longitudinal en **c** de sorte que **cA3** mesure 12,573 mc. Ce centre **c**, on le verra, va conserver un rôle important dans la cathédrale de Fulbert puisque ce sera le point de convergence des axes de ses chapelles radiales. Une autre manière, plus simple, de le déterminer vient de ce que **O'i** = **O'c**. Ce centre **c** est donc en relation directe, lui aussi, avec le puits des Saints-Forts.

La figure **IX-4** va donner une autre confirmation, cette fois-ci par les nombres, du positionnement de ce point **c**. Le cercle de rayon **cA3** recoupe l'axe longitudinal en **O"** et on vérifie aisément que **B'c** vaut **B'L** que multiplie φ et que **B'O"** vaut **B'L/φ**. Or, cette dernière mesure **B'O"** (7,7709 mc, ou 6,38 m) est strictement égale à la largeur intérieure de la cathédrale paléochrétienne. Nous aurons encore l'occasion de la retrouver. Cela n'est qu'une des nombreuses manifestations de la volonté des différents Maîtres successifs de faire évoluer les structures en se rattachant toujours d'une manière ou d'une autre aux précédentes, soit dans les principes de conception, soit aussi dans certaines dimensions.

Nous sommes donc en mesure d'esquisser les contours extérieur et intérieur de l'ouvrage hors narthex tels qu'ils apparaissent sur la même figure. L'épaisseur du chevet et des murs de la nef est de 4,032 mc, ce qui

-----

— 36 / Largeur totale de la cathédrale mérovingienne : 21,11456 mc (200/φ3/$\sqrt{5}$). Diamètre du cercle de même surface : 23,825 mc, soit 19,55 m.

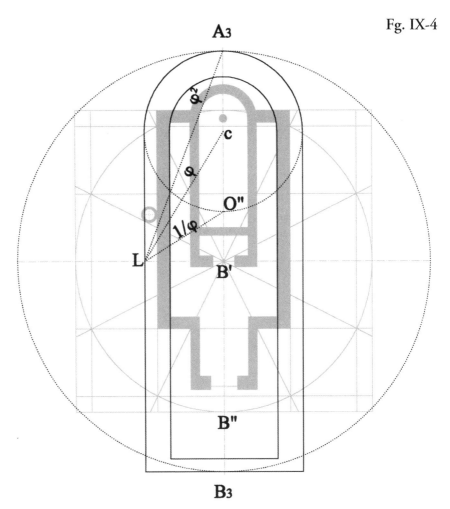

Fg. IX-4

correspond bien aux 3,30 m mesurés par R. Joly. Cette épaisseur est égale au « module » de 1,246 mc multiplié par deux fois φ.

En outre, si, comme il a été dit plus haut, on suppose que l'épaisseur du mur de séparation avec le narthex est la moitié de la précédente, la longueur intérieure hors narthex est de 49,06 m, à comparer aux 49,09 m trouvés par C. Stegeman.

Il y a plusieurs choses intéressantes à noter ici.

D'abord, la longueur de cette cathédrale est exactement la moitié de celle de la cathédrale de Fulbert qui lui succédera. Mais, bien entendu, en la concevant, le Maître ne pouvait faire référence à un futur qu'il ignorait

(d'autant qu'il était sûrement convaincu de construire pour l'éternité…).
C'est plutôt l'inverse qui s'est passé. Ensuite, le cercle qui contient l'édifice est centré en **B'**, extrémité du narthex de la cathédrale paléochrétienne.

Enfin, il existe une indéniable ressemblance d'ensemble de l'ouvrage avec la cathédrale paléochrétienne. En réalité, il s'agit d'une véritable homothétie. En multipliant la longueur totale de cette dernière narthex inclus (27,639 mc) et sa largeur par le même facteur 2,382 on obtient rigoureusement celles du nouvel ouvrage. De plus, les rayons des deux chevets respectifs sont dans le même rapport. Celui-ci est égal à 4-φ ou à 2+1/φ^2 et il est facile à obtenir à partir de la figure originelle mère [37]. Ces remarques soulignent à nouveau la continuité et la cohérence qui ont été voulues entre les différentes constructions successives. Elles sont en outre de nature à confirmer, voire prouver, l'existence parfois contestée par certains des deux premières cathédrales.

A ce stade, deux faits attirent l'attention.

Le premier provient de l'étude détaillée de R. Joly concrétisée par des dessins précis dans son livre déjà cité (*La cathédrale de Chartres avant Fulbert*). Ces dessins côtés confirment très bien la largeur extérieure de la nef, les épaisseurs des murs, donc, en particulier, la largeur intérieure de la nef. Par contre, ils font état pour l'emprise extérieure du chevet d'un cercle de rayon plus grand de l'ordre de 12,84 mc (10,43 m) au lieu des 12,57 mc (10,32 m) que nous avons pris en compte. En conséquence, l'auteur développe assez longuement l'hypothèse de ce qu'il nomme un tracé outrepassé. Dans celui-ci, le chevet aurait eu un rayon légèrement supérieur (de 0,238 mc, soit 0,195 m) à celui envisagé plus haut et il se serait donc raccordé à la façade extérieure de la nef plus basse que son centre. Néanmoins, il précise à la page 77 : «…*il semble exceptionnel qu'un tel tracé affecte le chevet d'une église importante* ». En conséquence, cette hypothèse n'a pas été retenue ici.

L'autre fait intrigant est issu de l'examen attentif de la figure. Il y apparaît que le cercle qui encadre la nouvelle cathédrale n'est pas loin d'être

-----
— 37/ Notons que cette valeur est aussi égale à 11/(φ + 3), expression où l'on rencontre à nouveau ce nombre 11, si fréquent à Chartres et qui mériterait une étude spéciale. Autre constatation : en la multipliant par 10 on obtient 23,82 mc, donc 19,55 m, très proche de la dimension trouvée par C. Stegeman (19,60 m) pour la largeur totale de la nef. Cela montre qu'il demeure décidément beaucoup de sujets de réflexions à mener.

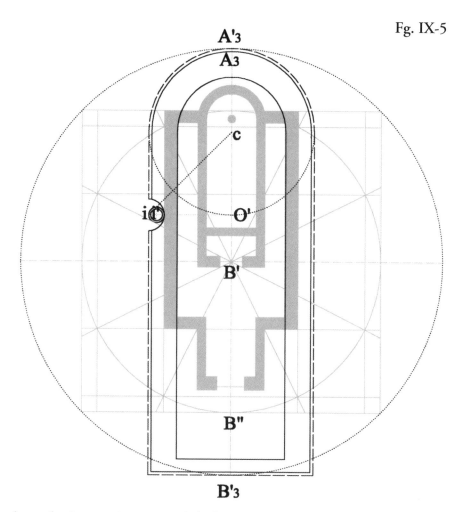

Fg. IX-5

le cercle circonscrit au carré de la figure « mère ». Il serait surprenant que cela ait échappé à l'œil averti du Maître d'alors et qu'il n'a pas grâce à lui (**fg. IX-5**) défini une autre longueur hors tout **A'3B'3** égale à 66,77 mc (54,78 m). D'autant qu'il semble bien, nous le verrons, que ce cercle circonscrit ait été sollicité pour la construction de la partie Nord du futur transept. En suivant ce raisonnement, on s'aperçoit qu'à 7,3 mm près, **O'A'3** vaut le double de **O'i**, **i** étant l'extrémité du diamètre extérieur du puits et **O'i** mesurant 13,05 mc (10,70 m). Cela veut dire que **A'3** peut être défini par le cercle de centre **c** et de rayon **cO'** égal à **O'i**. La distance **A3A'3** est de 0,476 mc, c'est-à-dire 39 cm.

Le rapprochement des deux faits précédents laisse supposer que, plutôt qu'un tracé outrepassé, un muret dépassant à peine le niveau du sol était accolé aux maçonneries extérieures de l'ouvrage afin, peut-être, de leur épargner des chocs et de protéger les fondations en cas d'intempéries. Ce muret est représenté en traits tiretés sur la figure. C'est, en tout cas, la conclusion que nous adopterons ici, d'autant plus volontiers qu'il ressort des études que de tels murets ont dû exister aussi le long d'autres parties de l'ouvrage et en particulier le long des façades Nord et Sud du transept [38].

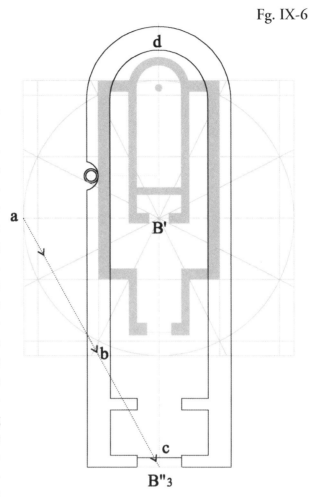

Fg. IX-6

Reste une question relative au puits. Le mur de la nef mérovingienne était venu s'accoler au contour extérieur du puits. Celui de la nouvelle nef va complètement l'englober puisque le muret correspond exactement à son entourage extérieur. Afin qu'il ne soit pas obstrué, certaines relations anciennes précisent que son accès a été réservé grâce à une

-----
— 38/ On pourrait faire une autre hypothèse concernant la longueur totale hors œuvre et qui consisterait à la supposer prise égale à 200/3 = 66,666 mc ou 54,7 m. C'est une idée séduisante. En effet, appelons **i'** l'extrémité du diamètre intérieur du puits. Dans une telle hypothèse, la distance **A'3B'** vaudrait 56,94 mc, soit deux fois **O'i'** que multiplie $\sqrt{5}$, donc : $2 \times 12{,}7322 \times \sqrt{5}$ et la distance **B"B'3** = $2 \times 12{,}7322/\varphi 2$.

115

échancrure dans le mur, lequel était suffisamment épais pour ne pas en voir sa stabilité menacée. Celle qui est représentée sur le dessin (toujours fg. **IX-5**) est purement imaginaire, mais elle doit se rapprocher de la vérité

Arrivons-en maintenant au narthex. Sur la figure **IX-6**, le prolongement du segment **ab** de la figure mère donne sa limite **B"3**. Il se trouve que ce point correspond exactement avec la façade occidentale du transept de la cathédrale actuelle. Cela correspond à ce que dit C. Stegeman. Par contre, comme déjà signalé, la longueur totale est de 75,623 mc. Ou 75,147 mc si l'on s'arrête au portail, soit 61,66 m, elle diffère donc notablement de celle qu'il indique : 60,31 m. En fait, la différence correspond à l'épaisseur de la façade occidentale qu'il a probablement omis de prendre en compte. Par contre, la longueur interne **cd**, **c** situant le seuil ou le portail, est ici de 57,40 m, pratiquement identique aux 57,41 m avancés par lui [39]. Par ailleurs, on peut remarquer là encore que la longueur interne du narthex, qui est de 7,77 mc (6,38 m), est égale à la largeur interne de la cathédrale paléochrétienne. Était-ce voulu ?

La cathédrale carolingienne possédait-elle un transept qui aurait ensuite été intégré dans la cathédrale de Fulbert ? Les avis sont partagés sur la question. Sans aucune certitude, il semblerait qu'elle n'en était pas dotée dans le projet initial de 858. Plus tard, le sinistre survenu en 962 et qui a entraîné sa réfection partielle a pu être l'occasion de construire au moins le transept Nord. Mais même si tel a été le cas, de nombreux indices laissent supposer qu'entre son édification et son intégration dans l'ouvrage de Fulbert, il a subi de sérieux remaniements. Quant au transept Sud, sa conception plus « savante » fait penser qu'il date de la cathédrale romane. Pour ces raisons, il paraît judicieux d'analyser ce transept dans le chapitre suivant.

— 39/ **cB"3** vaut l'épaisseur du mur de la façade occidentale multipliée par $\varphi/2$.

Chapitre X

LA CATHÉDRALE DE FULBERT

La cathédrale carolingienne brûle dans la nuit du 7 au 8 septembre 1020. Elle n'a probablement pas été entièrement détruite car, en dehors des plafonds et des charpentes de couverture en bois, les murs en maçonnerie de la nef et du chevet étaient suffisamment épais (3,30 mètres, rappelons-le) pour survivre même s'ils avaient légèrement souffert. Il fut néanmoins décidé de la remplacer par un autre édifice de dimensions telles qu'il serait le plus grand de la chrétienté. À l'origine de la décision : le célèbre Fulbert, évêque de Chartres depuis l'an 1006 et ancien élève à Reims de celui qui fut le pape de l'an Mil sous le nom de Sylvestre II, Gerbert d'Aurillac.

Il faut nous attarder sur ces deux êtres d'exception [40] qui ont fait reprendre à l'Occident l'élan intellectuel, philosophique et scientifique qu'il avait depuis trop longtemps perdu. Au contraire de la civilisation arabe qui accomplissait de grands progrès dans ces domaines aussi bien à Bag-

-----
— 40/ Plusieurs références parmi les plus récentes : *Histoire de Gerbert* par Florence Tristan (Le Regain Editeur, septembre 2000), *Les héros de l'an mil* par Jean Langellier (Editions du Seuil, septembre 2000) et *Histoire intellectuelle de l'Occident médiéval* par Jacques Paul (Editions Armand Colin, 1998).

dad qu'à Cordoue, sa récente rivale à cet égard.

Gerbert est né en 947 près d'Aurillac en Aquitaine. Appartenant à l'une de ces familles dites « libres » qui avaient pour usage de consacrer à Dieu l'un de leurs enfants afin de mieux apitoyer la clémence divine, il fut admis à 10 ans dans le monastère de Saint-Géraud d'Aurillac. Celui-ci ne dépendait d'aucune autre autorité que celle du pape et la règle stricte qui y était suivie était celle de Saint Benoît. Dès le début et tout au long des dix années qu'il y demeura, il se distingua non seulement par une obéissance consentie, mais surtout par une intelligence exceptionnellement vive et une intense soif jamais assouvie d'apprendre. Cela devait être une constante tout au long de sa vie. L'abbé du monastère, qui ne pouvait dispenser que l'enseignement traditionnel de l'époque et ne disposait que de très peu de documents manuscrits, se prit à rêver d'un autre destin pour ce jeune Gerbert qui l'éblouissait.

L'occasion se présenta en 967 quand le comte Borrel vint en pèlerinage à Saint-Géraud. Il venait d'être désigné par le roi de France comme responsable de la Catalogne, marche qui avait été créée par Charlemagne pour maintenir une frontière sûre entre le royaume franc et l'Islam, en l'occurrence le califat de Cordoue. Sur les conseils insistants de l'abbé et séduit par la culture et le comportement du jeune homme, il l'emmena et le plaça au monastère de Rippol, proche de Cordoue où se côtoyaient penseurs, scientifiques et médecins aussi bien arabes que juifs. Pendant les trois ans qu'il y resta, son immense désir d'apprendre put se satisfaire. Son amour des manuscrits, qu'il conserva toute sa vie, était comblé. Rien qu'à Rippol, la bibliothèque en abritait 200, ce qui était fabuleux en comparaison de l'abbaye de Cluny qui n'en possédait que 50. Quant à celles de Cordoue, elles en auraient contenu de l'ordre de 100 000. Comblé au-delà de ses vœux, Gerbert étudie et assimile le plus qu'il peut, depuis les sciences et l'astronomie, jusqu'à la numérotation arabe (dans laquelle le zéro venait d'être introduit), en passant par l'astrolabe par lequel on mesurait l'inclinaison des astres. En 970, Borrel, qui se rend à Rome pour traiter certains sujets avec le Saint Siège, l'emmène avec lui et le présente au pape Jean XIII. Celui-ci, à son tour séduit par son esprit brillant et sa culture incomparable, se l'attache et lui fait connaître l'empereur Otton de Germanie avec qui il projetait de reconstituer l'empire romain. Mais décidément, cet homme jeune, aussi discret, droit et honnête (ce qui était alors une exception dans une papauté corrompue) qu'intelligent et savant n'en finit pas de susciter l'admiration des puissants de l'époque. En 972, c'est au tour de Lothaire, roi des Francs de passage à Rome pour régler un contentieux avec Otton et le pape, d'y succomber. Accompagné de Gérannus, archidiacre de la cathédrale de Reims, il décide de lui adjoindre Gerbert en tant qu'écolâtre de l'Ecole cathédrale, ce qu'il accepte après quelques hésitations. Il le resta une douzaine d'années au cours desquelles sa renommée ne cessa de grandir et d'attirer de tout l'occident les élèves les plus doués, dont le jeune Fulbert. Par la suite et en raison de son amitié avec l'empereur germanique, il devint successivement abbé de Saint-Colomban de Bobbio, une très riche abbaye italienne, puis archevêque de Ravenne et enfin devint pape en 999. Son goût pour l'alchimie, celle visant à transmuter le plomb des âmes en l'or de la révélation divine, lui a valu, certainement à son insu, le surnom de « pape sorcier ».

Fulbert est né vers 965, près de Rome d'après les uns, dans le Poitou ou encore en Picardie selon d'autres. Il suit les cours de L'Ecole de la cathédrale de Reims où il devient l'un des plus brillants élèves et l'ami de Gerbert. Fort d'une telle amitié et nourri des mêmes connaissances, Fulbert vient à Chartres pour y étudier la médecine. Il est ensuite nommé trésorier de Saint-Hilaire de Poitiers où il s'initie au financement des grandes réalisations. Puis il revient à Chartres où, en 990, il est nommé chancelier de l'Ecole de Chartres, puis évêque en 1006. Ses talents à la fois de philosophe [41] et d'éducateur lui valent une telle réputation d'érudition, de volonté pour chercher la vérité et de modernité qu'il attire à son tour un nombre important d'étudiants, qui l'appelaient Socrate entre eux, et de maîtres venant de toutes les régions de l'Europe. C'est donc sous son impulsion que l'Ecole, créée aux alentours du VIᵉ siècle, devint l'un des principaux centres culturels de l'Occident, spécialement renommé pour ses recherches scientifiques. Sa notoriété culminera dans la seconde moitié du XIIᵉ siècle pour laisser ensuite la première place à Paris.

Fulbert est également, et là n'est pas le moindre de ses apports déterminants à la civilisation occidentale, l'un de ceux qui créèrent le nouveau système de pensée nommé Scolastique et qui allait être exposé de manière magistrale par Thomas d'Aquin dans sa Somme théologique. En réali-

-----
— 41/ Boèce (480-524) avait rappelé dans son livre *Philosophiae Consolatio*, écrit en prison avant son exécution : "philosophe signifie ami de la raison".

té, deux parties s'opposaient au sein de l'Eglise, comme le décrit Jacques Paul (Histoire intellectuelle de l'Occident médiéval, déjà cité, p. 267) : « *Ceux qui se réclament de saint Augustin le font à juste raison, dans la mesure où ils sont attachés à une vision du monde essentiellement morale et psychologique. Pour eux, la vérité ne s'obtient qu'au terme d'une longue réflexion intérieure où la moralité a sa place. Le thomisme est une vue très différente du monde. Les réalités ont une épaisseur, ce qui laisse place à un domaine où l'action naturelle est seule adaptée à l'œuvre à accomplir et pour laquelle la science est nécessaire* ». Comme évoqué plus haut, le débat fut clos (officiellement) en 1277 par l'évêque de Paris sur la demande du pape Jean XXI.

Tout comme Gerbert, Fulbert est un esprit universel. Il est aussi musicien et dirige lui-même la Schola de la Cathédrale, se conformant ainsi à la parole de Saint Augustin : « *Celui qui chante prie deux fois* ». Après lui, l'Ecole continua à briller, en particulier grâce aux autres chanceliers remarquables que furent Bernard de Chartres, Gilbert de la Porrée, Guillaume de Conches, Thierry de Chartres et Jean de Salisbury (ancien adjoint de Thomas Becket). Mais c'est à Fulbert qu'elle a dû ce goût de la science — indirectement hérité de Gerbert — qui l'amènera à déborder quelque peu le cadre strict du Quadrivium ce que déploraient fortement les traditionalistes, dont les cisterciens.

Sitôt après l'incendie de son église en 1020, Fulbert, très en faveur auprès du roi Robert II qui lui confie des missions diplomatiques à Rome et qu'il aide dans sa lutte contre la noblesse et Guillaume V d'Aquitaine, entreprend la construction d'un nouveau sanctuaire qu'il voulait conforme aux besoins des temps à venir.

En effet, il avait décelé très tôt l'évolution de la société, des conditions de vie et de pensée qui commençait à se manifester à cette époque et il en prévoyait les développements qui allaient effectivement se poursuivre durant deux siècles. De fait, comme nous allons le voir dans le chapitre suivant, les temps avaient alors commencé et allaient continuer à changer beaucoup et dans tous les domaines car l'homme, subissant moins le monde et ses contraintes, en venait progressivement à vouloir maîtriser son sort.

À l'aube d'une mutation sociale et intellectuelle comme il n'en est pas beaucoup dans l'histoire, Fulbert anticipait les problèmes qui allaient en découler pour lui et ses successeurs et il voulait construire un immense lieu de culte capable de réunir tous les habitants et où il serait possible de leur enseigner les principes primordiaux qu'impose toute vie collective et de les convaincre de se préoccuper de leur salut. En conséquence, il avait grand besoin de fonds. C'est pourquoi il s'adressa aussi bien à Eudes, comte de Chartres, qu'au Duc d'Aquitaine, à Guillaume V, à Richard, Duc de Normandie et au roi Robert II, dit le Pieux et fils d'Hugues Capet. En retour, il reçut des dons généreux, y compris celui du roi du Danemark qui, consciemment ou non, réparait ainsi une partie des dégâts provoqués par ses ancêtres Vikings.

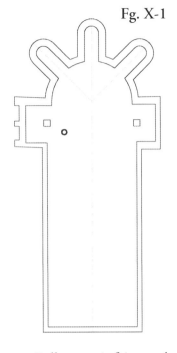

Fg. X-1

Pour mener à bien ces travaux très importants, Fulbert avait fait appel à un Maître d'œuvre du nom de Bérenger. Au cours des années que dura la construction, celui-ci s'est acquitté de sa mission avec tant d'habileté, de science, d'efficacité et de célérité que les Chanoines l'avaient surnommé « Artifex Bonus ». Il construisit le nouveau sanctuaire dans le style général d'alors, qui préconisait un plafond plat supporté par des poutres, inévitablement en bois, prenant elles-mêmes appui sur des piles ou des murs en pierre. À l'époque, en effet, les voûtes étaient rares, car elles réclamaient des murs très massifs pour résister aux fortes poussées horizontales qu'elles exerçaient sur leurs appuis qu'elles avaient donc tendance à renverser. De plus, elles nécessitaient que les pierres dont elles étaient composées fussent taillées par des spécialistes, encore trop peu nombreux, capables de maîtriser une excellente représentation de leurs formes dans l'espace (c'est l'art du trait des tailleurs de pierres) et une très grande précision d'exécution et de pose. On pourrait objecter que ce n'était pas exceptionnel puisque le chevet des cathédrales paléochrétienne et mérovingienne avait été voûté des siècles auparavant. Certes, mais il ne faut pas oublier que la largeur et la hauteur de l'ouvrage étaient alors suffisamment petites pour rendre possible son édification, néanmoins ardue, ce qui n'aurait certai-

Fg. X-2

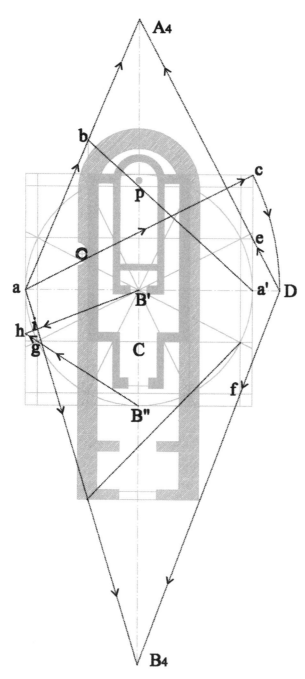

nement pas pu être le cas avec des dimensions supérieures.

Les travaux furent d'une rapidité remarquable puisque, malgré un autre incendie qui les retarda en 1030, ils s'achevèrent en 1037. Malheureusement, Fulbert, mort en 1028, ne put contempler son œuvre.

Avec ses 108 m de longueur et une nef de 35 m de largeur, l'ouvrage qu'il avait conçu et qui passait pour être le plus vaste en Europe, se démarquait très nettement des édifices précédents. La figure X-1 en donne le plan général avec des chapelles rayonnantes d'une certaine ampleur entourant le chœur, un transept et la nef. Pourtant, quelles qu'aient pu être l'originalité de cet édifice et ses différences notables de configuration ave les cathédrales précédentes, nous allons voir qu'il est rigoureusement issu des mêmes principes de conception dont celles-ci ont été tributaires. En particulier, c'est la même figure « mère », telle qu'elle a été décrite précédemment et déjà utilisée à plusieurs reprises, qui va générer toutes ses proportions et dimensions.

La figure mère permet d'abord (**fg. X-2**) de trouver sa longueur hors tout repérée par les points A4 et B4 sur l'axe longitudinal. Le prolongement du segment **a'p** donne **b** et **ab** aboutit en A4. De son côté, le prolongement de **B"g** donne **h**, **B'h** donne le point **i**, enfin le segment **ai** aboutit en B4.

Il existe une autre méthode pour trouver ces deux points. Elle va nous être utile par la suite et elle vient ici confirmer le bien-fondé de la précédente. Considérons le « long carré » de longueur **aa'** et de largeur **a'c**. La diagonale **ac** a donc pour longueur **a'c**√5. Prenons-la pour rayon d'un cercle de centre **a**. On détermine ainsi le point D. Le prolongement de **De** donne A4. De même, **Df** fournit le point B4 [42].

La longueur hors tout **A4B4** de la cathédrale mesure donc 131,67 mc ou 108,04 m. C. Stegeman ayant quant à lui trouvé 108,10 m, on peut considérer la différence comme négligeable. Cette longueur représente exactement le double de celle de la cathédrale carolingienne hors narthex. Son milieu se situe en **C**, au droit de la façade de la cathédrale mérovingienne hors narthex.

Sur la figure X-3, la largeur extérieure de la nef est représentée par **ff'**. Elle provient directement de cette même figure mère. Elle mesure 42,23 mc, soit 34,65 m alors que C. Stegeman a trouvé 34,60 m. Du moins, c'est ce qu'il a écrit, car en mesurant sur ses dessins, on trouve plutôt 35, 04 m. Cela laisse supposer que, comme pour la cathédrale carolingienne, un muret bas a pu être accolé aux maçonneries extérieures de la nef. Dans ce cas, son épaisseur serait la moitié du cas précédent.

La largeur intérieure **cc'**, quant à elle, peut facilement être déterminée de deux manières, c'est-à-dire en prolongeant soit **ab** et **ab'**, soit **ed'** et **ed**. Sa valeur est de 38,2 mc ($100/\varphi2$) ou 31, 34 m. Il en découle que la largeur des murs de la nef est de 2,016 mc, soit 1,654 m. Une fois de plus,

-----
— 42/ À titre indicatif, les pentes (les inclinaisons) de **aB4** et de **DB4** sont respectivement de -2φ et de $-\varphi^2$, tandis que celles de **aA4** et de **DA4** sont de $2\varphi^2/\sqrt{5}$ et $\varphi^3/\sqrt{5}$.

Fg. X-3

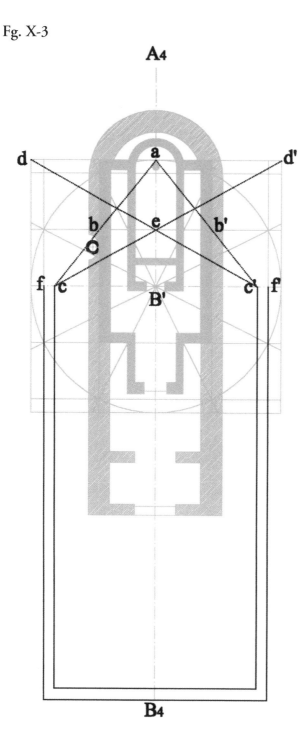

nous rencontrons cette valeur de 2,016 qui égale le « module » 1,246 que multiplie φ.

Pour en terminer avec la nef, l'épaisseur de la façade occidentale est de 2,254 mc (25/φ5), soit 1,85 m.

Attaquons-nous maintenant au transept et commençons par sa partie Nord en essayant de reconstituer la genèse de sa conception, car celle-ci a visiblement subi de légères évolutions durant ou après sa réalisation.

Traçons (**fg. X-4**) l'arc **DA** du cercle circonscrit au carré de la figure « mère » (il a déjà été évoqué dans le chapitre précédent) de centre **B'** et de rayon **B'D**. Il détermine **B'A**, longueur extérieure du transept à son origine. Sa largeur **AA1** est égale à **B'P** (**P** étant le centre du pilier rond). Elle mesure donc 10 = 22,36 mc (18,35 m).

Mais rappelons-nous, en reprenant les figures **IX-4** et **IX-5** du chapitre précédent, l'hésitation dans le choix entre deux solutions pour déterminer la longueur de la cathédrale carolingienne, plus exactement entre **B'A3** et **B'A'3**. La conclusion en avait été que les deux solutions étaient compatibles en supposant que **A3A'3** représentait l'épaisseur d'un muret bas de protection. Dans le cas présent, nous nous retrouvons dans la même situation. Revenons à la figure **X-4** : le cercle de rayon **B'B3** (égal à la moitié

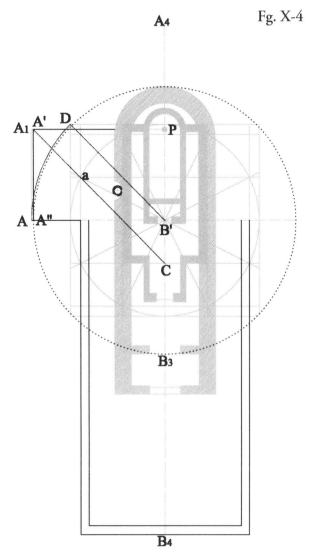

Fg. X-4

de la longueur de la cathédrale carolingienne, donc au quart de celle de Fulbert) donne le point **A"**, qui se rappelle en **A'** sur la façade orientale. **B'A"** et **PA'** représentent la longueur du transept Nord et **A"A** est l'équivalent de la largeur d'un muret bas, soit 38 cm. Il est bon de préciser à titre de confirmation que **A'** se situe dans le prolongement de **Ca**.

Dans sa conception initiale, le transept Nord se présentait donc théoriquement sous la forme **B'A"A'P**. Soulignons toutefois qu'en fait, **A'A"** n'était pas un mur continu, mais constituait l'enveloppe extérieure d'une

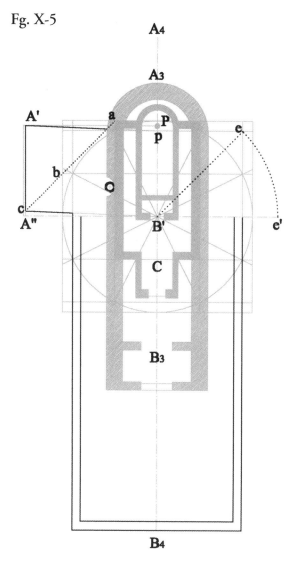

Fg. X-5

structure plus compliquée dont un aperçu sera donné plus loin. Plusieurs modifications sont ensuite venues l'affecter. D'abord (**fg. X-5**), le point **A"** va être décalé vers l'Est en **c**, de la valeur d'un « **module** », c'est-à-dire 1,246 mc ou 1,022 m. Ce point **c** provient du prolongement du segment **ab**. Par ailleurs, la façade occidentale du transept Nord n'est plus perpendiculaire à l'axe longitudinal mais correspond désormais à la droite qui relie **c** à **B'**. De même, la façade orientale résulte de la jonction de **A'** non plus à **P** mais à **p**.

Ces modifications par rapport au programme d'origine ne sont évidemment pas dues à une idée fantaisiste qui se serait emparée de l'esprit du bâtisseur. Plusieurs faits plaident en faveur d'un changement de la construction initiale à l'occasion de l'édification de la cathédrale de Fulbert. Ne serait-ce, par exemple, que celui de constater que **PA'** = **PA4** = **PC**.

L'analyse du transept Sud est également intéressante en ce qu'elle laisse supposer des connaissances évoluées des Maîtres de ce temps.

Il est intrigant de constater que la longueur de ce transept est plus courte que celle du précédent. Une première hypothèse assez cohérente avec l'une des précédentes (toujours sur la figure X-5) pourrait faire penser qu'au lieu de prendre cette fois le cercle circonscrit au carré initial de la figure mère, il aurait été tracé le cercle de rayon **B'e**, ce qui aurait déterminé le point **e'**. Cela donnerait une longueur de 29,86 mc (24,50 m) pour ce transept Sud. Mais cela ne correspond pas tout à fait aux dessins de C. Stegeman, bien qu'ils soient indiqués à titre de suppution pour cette partie. Une autre hypothèse (**fg. X-6**) consiste à déterminer le point **d**

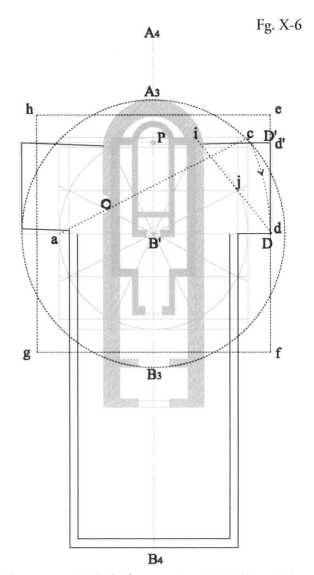

Fg. X-6

dans le prolongement du segment **ij** de la figure mère. Mais, là aussi, la longueur **B'd** (29,655 mc ou 24,33 m) paraît un peu trop grande.

Il semble très probable que la bonne solution provienne de l'intersection **D** du cercle de centre **a** et de rayon **ac** avec l'axe transversal passant par **B'**. C'est le cercle déjà utilisé sur la figure X-2. Deux raisons viennent étayer cette certitude. La première est que la longueur **B'D**, qui est de 29,18 mc ($200/\varphi^4$) ou 23,94 m, correspond très bien au dessin de C. Stegeman. Mais surtout, il s'avère que **B'D** est le demi-côté du carré **efgh** qui

Fg. X-7

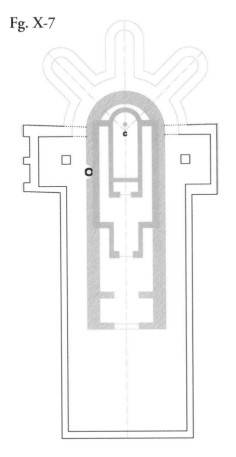

a la même surface que le cercle de rayon **B'A3**, déjà sollicité par deux fois. Les deux parties du transept sont donc liées par la quadrature du cercle. Enfin, la largeur **DD'** de la partie Sud du transept est de 10 mc (soit 18,35 m), tout comme le transept Nord dans sa première version. Sa façade orientale se raccorde à la base du pilier rond et **D** est directement relié à **B'**.

La figure X-7 représente la nef et le transept qui se raccorde en pointillés à l'édifice carolingien. Les dimensions intérieures sont issues des relevés de C. Stegeman dont les dessins ont été simplifiés, y compris pour ce qui est des deux piliers internes supposés être cruciformes et qui n'ont pas fait l'objet d'une étude spéciale faute de documentation suffisante. Est également représentée en traits gris la partie orientale de la cathédrale dont l'analyse suit.

Les axes des chapelles rayonnantes se rencontrent en un point qui n'est autre que le centre **c** des cercles limitant les maçonneries du chevet demi circulaire de la cathédrale carolingienne. Ce point est aussi (**fg. X-8**) le centre des portions de cercles délimitant l'emprise de ces chapelles, cercles de rayons **cd** et **cg**. La figure montre comment ils ont été dessinés. On détermine le point **b** à la même « hauteur » que **c**. La liaison **ab** se prolonge jusqu'en **d**. Autre manière : **i** étant à l'extrémité du muret bas protégeant le transept Nord et **B1** ayant autrefois marqué le mur de séparation entre la nef et le narthex de l'église paléochrétienne, **iB1** = **dB1**. Par ailleurs le segment **ef** donne **g** sur l'axe longitudinal. Enfin, **o'h** = **o'g**.

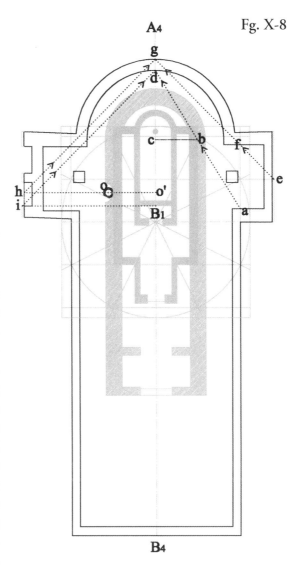

Fg. X-8

Terminons par les chapelles rayonnantes (**fg. X-9**). Leur largeur extérieure semble dériver directement de la largeur intérieure des nefs des cathédrales mérovingienne et carolingienne, soit 17,08 mc (14,01 m). En effet elle est de 17,08/√2 = 12,08 mc ou 9,91 m. Par conséquent, pour dessiner le contour des chapelles, nous traçons le cercle de centre **c** et de rayon **ce**, qui correspond exactement à l'arrondi intérieur du chevet carolingien. Il suffit ensuite de mener des droites à 45° à partir de **d** et de **e**. Précisons qu'il s'agit là des dessins très probablement conformes à la pensée initiale du Maître. Mais en réalité, pour des raisons inconnues, les largeurs relevées sur le terrain s'écartent quelque peu de la théorie en étant très légèrement plus importantes vers le milieu de la longueur de ces chapelles. Notons enfin que leur largeur intérieure est de l'ordre de la moitié de leur largeur extérieure.

La cathédrale de Fulbert subsista intacte pendant presque un siècle jusqu'à ce qu'un incendie détruise sa façade occidentale en 1134. Aussitôt, ainsi qu'il a été signalé dans le chapitre IV, fut entreprise la construc-

Fg. X-9

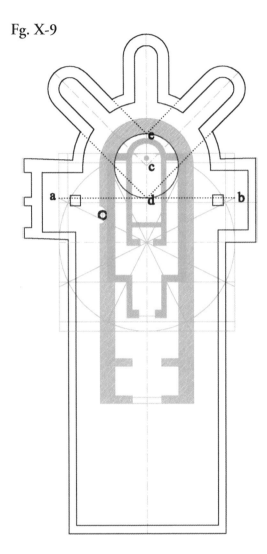

tion du Portail Royal flanqué de ses deux tours un peu plus à l'ouest de la façade de Fulbert. Nous pouvons admirer aujourd'hui ces ouvrages dans leur état initial, mis à part le clocher de la tour vieille (celle du Nord) qui n'a été édifié que bien plus tard au XIVe siècle, la cathédrale actuelle les ayant incorporés. C'est donc lors de l'étude de celle-ci qu'ils seront analysés.

À l'issue de cette deuxième partie consacrée aux supposées quatre premières cathédrales de Chartres, la figure **X-10** en fait une sorte de récapitulation en les superposant sur un même dessin.

On ne peut pas dire que cette étude soit achevée car le « décryptage » des ouvrages n'a certainement pas été mené à son terme du fait de l'absence de renseignements. En outre, l'apparente précision des résultats peut parfois dissimuler certaines incertitudes. Celles-ci ont à chaque fois été soulignées. Seule une analyse approfondie basée sur des fouilles plus étendues du sous-sol pourrait les lever.

Dans la troisième partie qui suit, nous allons voir que l'actuelle Notre-Dame de Chartres se conforme à la continuité de conception qui a présidé à la construction des quatre précédentes alors qu'elle ne leur ressemble pas de prime abord.

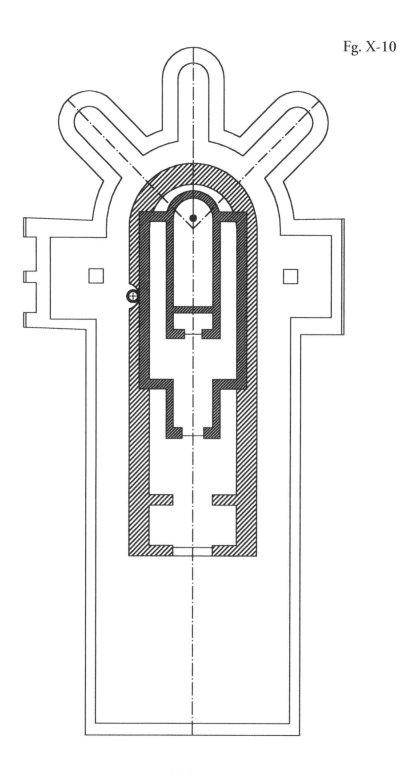

Fg. X-10

TROISIEME PARTIE

Notre-Dame
de Chartres

Chapitre XI

LES TEMPS CHANGENT

Le nouvel art français, dédaigneusement qualifié plus tard de gothique, est officiellement né le 11 juin 1144 lors de la consécration du chœur de l'abbaye de Saint-Denis par son abbé Suger entouré de tous les grands du royaume et de très nombreux évêques.

C'est à partir de ce jour que se manifesta, pendant plus de cent années un engouement extraordinaire pour cet art qui allait submerger et émerveiller l'Occident, principalement la région de l'Ile de France dans un rayon (approximatif) de 150 kilomètres autour de Paris. Des auteurs ont avancé que cette sorte d'éclosion spontanée et multiple, sans exemple comparable, a été telle que le volume des pierres extraites et taillées à cette époque a dépassé celui des Pyramides d'Egypte.

Chaque archevêque ou évêque s'est fixé comme objectif primordial de trouver les moyens nécessaires pour édifier une cathédrale ou des églises obéissant à ce style à la fois monumental, léger et lumineux qui correspondait si bien à leurs aspirations. Quelques-uns uns n'hésitèrent pas à faire démolir des églises ou même des cathédrales encore en très bon état pour leur substituer des édifices élancés et spacieux. Certaines étaient même très récentes, comme à Laon. À Paris, le très célèbre et volontaire Maurice de Sully avait, dans le même but, fait raser Notre-Dame et Saint-Etienne, deux églises vénérables et vénérées de l'île de la Cité. Pour financer son entreprise, il avait été jusqu'à imposer certains juifs et les pécheresses des alentours qui faisaient commerce de leur corps. Puis, il avait contraint, en 1163, le pape Alexandre III de venir poser la première pierre de la cathédrale que nous connaissons (et très vraisemblablement de lui faire verser sa contribution). Celui-ci, voulant échapper aux poursuites de Frédéric Barberousse, s'était réfugié à Sens où il venait de consacrer la nouvelle cathédrale voulue par l'archevêque Henri Sanglier et reconnue comme étant la première à avoir été entièrement exécutée selon l'art français. Par ailleurs, on a longtemps soupçonné Albéric de Humbert, Evêque de Reims, d'avoir mis le feu à sa Cathédrale en 1210 afin d'en édifier une nouvelle, surpassant toutes les autres par sa splendeur, objectif dont beaucoup s'accordent à dire qu'il a été atteint.

Ce développement si soudain et si rapide n'attirait pas que des approbations et beaucoup le désapprouvaient, tels Petrus Cantor, célèbre théologien parisien, et même saint Bernard, qui estimaient que tout cet argent dépensé à profusion aurait été beaucoup plus utile aux aumônes.

Précisons ici que ce nouvel art touchait essentiellement le domaine de l'architecture qu'il renouvelait et transformait. Par contre, il ne remettait pas en cause le principe des fameux tracés, en particulier des tracés en plan qui font l'objet du présent ouvrage.

Il se perfectionnait au fur et à mesure des réalisations. Également à l'occasion des incidents qui les jalonnaient inévitablement mais que, en dehors du désastre de l'effondrement de la voûte de la cathédrale de Beauvais, le talent des Maîtres d'œuvre parvenait à pallier. C'est ainsi qu'à Paris où la hauteur de la voûte avait été voulue importante, le Maître d'œuvre fut obligé d'inventer en cours de construction un dispositif empêchant les murs de se renverser, à savoir les arcs-boutants qui allaient se généraliser par la suite.

Chartres, laissant peut-être sagement cet art atteindre une certaine maturité, attendit 1194 pour bâtir son propre édifice sur les vestiges de l'ouvrage de Fulbert. Certains auteurs avancent même que l'incendie qui détruisit ce dernier n'était pas dû à des causes naturelles et avait été volontairement allumé ou attisé afin de faire place nette à la future cathédrale.

Nous y reviendrons dans le chapitre suivant, mais dans l'état actuel de nos connaissances, rien n'autorise une telle hypothèse, si ce n'est quelques coïncidences.

La véritable question à se poser est de savoir d'où provenait cet enthousiasme soudain qui a submergé en aussi peu de temps toute une nation et une bonne partie de ses voisines.

Il faut tout d'abord bien prendre conscience que cette irruption d'un nouveau style ne constitue que l'une des manifestations visibles d'un ensemble beaucoup plus vaste. L'époque, en effet, a été marquée par l'un de ces phénomènes de société dont l'Histoire n'est qu'exceptionnellement prodigue. Il s'ensuit que la réponse à la question précédente réclame auparavant, comme il l'a été mentionné au début de cet ouvrage, de tenter de se replonger dans ce temps-là. D'une manière plus approfondie que ne le ferait un simple historien ou même un érudit. Car une chose est de relater fidèlement les événements, les modes de vie, les coutumes et de décrire les habits. Une tout autre, qui inclut la précédente mais qui s'avère plus fructueuse pour la compréhension, est de s'imprégner de la culture, des croyances et des habitudes de penser. C'est par une telle démarche, rapidement esquissée ici, qu'il convient de situer les premières cathédrales gothiques dans leur contexte spirituel, humain, culturel, social, économique et technique.

En tout premier lieu, il est indispensable de se pénétrer du fait qu'au XIIe siècle, comme bien avant et encore un peu après, tous les hommes croient fermement en Dieu. Qu'ils soient honnêtes ou non, moines, rois, serfs, prostituées ou simples paysans. Ils croient tous à l'Enfer et au Ciel dont ils sont persuadés, au moins en Occident, d'avoir été exclus par le péché originel. Et tous, érudits et illettrés confondus, éprouvent une foi aussi naïve qu'absolue dans les Ecritures qu'ils lisent et sur lesquels ils méditent ou qu'on leur raconte.

Pendant des millénaires, l'homme s'est abrité et enfoui pour invoquer ses dieux. Les lieux de culte étaient sombres. Souterrains ou en surface, petits ou grands, ils étaient le plus souvent trapus et ils s'arrondissaient, se ramassaient autour de lui, comme pour lui rappeler sa gestation, comme pour mieux le protéger, mieux le capter, ou mieux focaliser sur lui les courants divins ou l'expression des prédicateurs (d'où le terme « envoûter »?).

Ces lieux, où l'homme, à genoux et courbé, adressait une prière soumise à Dieu, le Père et le Juge, reconstituaient les cavernes initiatiques qui favorisaient le recueillement. L'ombre et le noir symbolisaient la connaissance. En quelque sorte, l'homme, tel que l'avait décrit Platon, était un peu prisonnier d'une grotte du fond de laquelle il n'apercevait qu'une apparence des choses.

Soudain, au XIIᵉ siècle, l'homme se redresse pour un certain nombre de raisons dont nous allons citer quelques-uns unes. Il ose se mettre debout. Subissant moins le monde et ses contraintes, il commence à vouloir le maîtriser. Non plus comme auparavant par la force brutale et destructrice. Plutôt par son intelligence et surtout par une compréhension croissante des lois qui gouvernent l'univers. Simultanément, rompant presque d'un coup avec le passé, ses temples s'élancent vers le ciel et, à pleines et immenses verrières, captent la lumière, laquelle porte la révélation, l'essence divine.

Tout se passe comme si l'homme se libérait.

Et il s'agit bien d'une sorte de libération qui entraîne un changement considérable des conditions de vie. Et des conditions de pensée, car cette libération affecte aussi bien, nous le verrons, les attitudes intellectuelles que les contingences matérielles (au demeurant, ne sont-elles pas liées ?). La pensée se développe en s'affranchissant progressivement des anciennes contraintes et commence à approcher des domaines jusqu'alors rendus inabordables parce que protégés par des dogmes figeant les croyances et interdisant toute évolution. Les savants ou philosophes de l'époque s'efforcent, chacun à sa manière, de se rapprocher de Dieu en essayant de décrypter ses secrets, ceux de sa Création que beaucoup pensent résider dans les Nombres. Ils ne font en cela que poursuivre l'œuvre de leurs prédécesseurs sumériens, égyptiens ou grecs. Mais, au moins pendant un temps, ils n'agissent plus dans cette sorte de clandestinité longtemps imposée par l'intolérance religieuse officielle. La culture du secret qu'ils s'imposaient n'avait plus pour objet que d'éviter une mauvaise utilisation de leurs découvertes. Ce n'est certainement pas le fait du hasard que chaque étape de ce changement ait été accompagnée par de brillants esprits s'inscrivant dans la lignée de Fulbert : Bernard de Chartres, Guillaume de Conches, Gilbert de la Porrée, Jean de Salisbury, Thierry de Chartres et par quelques autres ayant aussi pour beaucoup vécu ou fait un passage à Chartres.

Les temps changent.

Ils changent beaucoup et dans tous les domaines. Cette période est loin d'être celle habituellement décrite comme obscure, résignée et stagnante. Elle connaît au contraire, comme peu d'autres avant et après elle, une évolution spectaculaire du cadre et du niveau de vie, des sciences, des techniques, de la pensée et des échanges. Évolution d'ailleurs plus ou moins accompagnée, par la réforme grégorienne que l'Eglise veut accomplir depuis le milieu du XIe siècle en cherchant à recouvrer ses propres libertés à l'égard des pouvoirs temporels des rois. Face aux prémisses d'un changement de société, une partie de l'Eglise avait pris conscience depuis quelque temps que les principes de son fonctionnement et son attitude à l'égard des phénomènes sociaux n'étaient plus adaptés à l'époque. D'autant que, tout en professant des principes de vie stricts, le comportement de nombre de ses représentants, qu'ils fussent prêtres ou moines, était loin d'être conforme aux enseignements de l'Evangile. Il lui fallait donc anticiper le changement en accédant à une plus grande autonomie, en accordant elle-même la liberté prônée par Jésus et en renforçant ses rôles de guide et d'éducation.

Ce faisant, cette sorte de décentralisation devait s'assortir d'un contrôle de cohérence des résultats. C'est là que le bât a blessé. Car, inévitablement, le droit à l'autonomie a parfois été confondu avec un désir d'indépendance et a conduit à de nombreuses hérésies. Elles ont pour la plupart répondu à une aspiration à plus de pureté et la plus célèbre a été l'hérésie cathare qui prit naissance au milieu du XIIe siècle et qui refusait l'Eglise compromise par ses richesses, son autoritarisme et sa puissance politique.

Les temps changent. Quels sont les faits ?

Tout d'abord, c'est la fin de l'insécurité, qui entraîne progressivement celle de l'asservissement de l'homme. La France, en effet, ne connaît plus ces grandes invasions autrefois entreprises par les Normands, Hongrois, Slaves ou Sarrasins qui ravageaient périodiquement des contrées entières, tuant les habitants et saccageant leurs ressources. Face à la faiblesse et au manque de moyens des rois, les seigneurs en avaient profité pour littéralement annexer les populations en échange de la protection qu'ils étaient censés leur apporter au nom de la féodalité. La disparition des menaces étrangères rend caduque cette sorte de contrat. La vie humaine prend progressivement conscience de ses possibilités et de ses droits, en même temps que se fait jour l'expression des libertés individuelles. Chacun ressent la fin du règne de l'anonymat ou de la résignation et prépare le moment où il pourra entreprendre par lui-même ce que sa volonté lui dicte. C'est, à tous les niveaux de la société, une véritable révolution qui a lieu. Révolution aussi pacifique qu'irrésistible.

En vérité, l'homme occidental franchit une nouvelle étape de son évolution.

Parallèlement, obéissant à des cycles mystérieux, le climat s'est très nettement amélioré depuis le Xᵉ siècle en devenant moins humide. L'agriculture en bénéficie et voit, année après année, ses rendements augmenter considérablement. D'autant plus que l'assolement triennal remplace le biennal et permet à la terre, non seulement de régénérer plus vite sa fécondité, mais aussi de faire croître plus de produits et d'en produire de meilleurs.

Cet ensemble de modifications favorise l'épanouissement de la vie et a comme conséquence logique une croissance accélérée de la population, qui n'est plus décimée par des envahisseurs et qui peut mieux se nourrir. En contrepartie, pour alimenter toutes ces bouches nouvelles, il faut sans cesse élargir les domaines cultivables. Il en résulte la nécessité incessante d'entreprendre des défrichements toujours plus étendus dans les forêts denses de la France, ce qui constitue l'une des grandes activités collectives de cette époque. Activités pour lesquelles chacun se dévoue pour le profit de tous, ce qui est également une nouveauté.

Cela ne signifie malheureusement pas la fin du fléau des famines et celle, meurtrière, qui a duré quatre années à partir de 1195 en a sinistrement témoigné. De fait, quels que soient les initiatives et les efforts déployés, l'augmentation des surfaces agricoles ne suit pas celle de la population. En outre, lorsqu'une région est frappée de pénurie, elle ne peut pratiquement pas être secourue par ses voisines. En effet, à supposer même que celles-ci, mais ce n'était pas encore un usage établi, consentent un effort de solidarité, elles en seraient empêchées par la très mauvaise qualité et le coût énorme des transports et, d'une manière plus générale, par celui des communications.

De grands progrès ont bien été réalisés dans les systèmes d'attelage et dans le ferrage des chevaux, dont la recette a été empruntée aux Arabes. Mais le réseau des routes est resté sensiblement le même qu'aux époques où les Romains l'avaient construit et il s'avère très insuffisant. Des rois commencent à s'en préoccuper et ordonnent la création de nouvelles voies, tout comme ils commencent à faire paver les rues des villes. De même, on entreprend la construction de ponts permettant de s'affranchir des gués et des aléas dus aux crues, principalement grâce au dévouement des moines pontifes. Le fameux pont d'Avignon, probablement le premier à être construit en pierre depuis la fin de l'hégémonie romaine, date de 1198.

Néanmoins, ces réalisations, engagées tardivement et progressant assez lentement, ne diminueront pas avant des décennies les difficultés ni le coût des transports. Il en résulte que chacun doit trouver sa nourriture à proximité immédiate de son habitat. Mais le nombre de personnes pouvant vivre sur les ressources d'une surface donnée est évidemment limité et celle-ci ne peut s'agrandir suffisamment vite. Enfin, l'augmentation du nombre d'enfants pose le problème des héritages, qui conduisent à un morcellement des terres et obligent donc à encore plus de défrichages, lesquels permettent de faire vivre plus de personnes, qui, à leur tour ont besoin de… C'est une spirale infernale, apparemment paradoxale et pourtant bien réelle : l'amélioration spectaculaire des conditions de vie entraîne leur inexorable dégradation.

Conséquence logique : on assiste à un important exode rural vers les villes, où chacun pense pouvoir trouver un mieux-être pour une moindre dépense et dont le développement devient inévitablement spectaculaire. Cette époque se caractérise donc par un phénomène analogue à celui que connaîtront de nombreux pays en développement au XXᵉ siècle, à savoir une augmentation de la population urbaine beaucoup plus rapide que celle de la population rurale.

Il faut dire que les villes exercent un autre pouvoir d'attraction puissant tenant au fait que les libertés y sont mieux défendues. Grâce aux nouveaux statuts qui leur sont progressivement accordés, les initiatives individuelles peuvent s'y exprimer plus sûrement qu'ailleurs et de nombreuses activités peuvent y être créées et prospérer. De fait, beaucoup de communautés et de villes peuvent désormais acheter des chartes de franchise par lesquelles elles acquièrent une certaine autonomie dans leur gestion. Dès le début du XIIᵉ siècle, sous l'impulsion de Louis VI, dit le Gros, les rois encouragent la création de communes et de villes franches. Leur propre intérêt les y incite fortement, car cela leur permet d'y lever d'autant plus d'impôts et de troupes que ces villes ou communes sont plus prospères et que les échanges commerciaux sont plus importants. Ils favorisent donc, en particulier, la création des foires et des marchés, qui constituent pour eux autant de sources de revenus.

L'autre avantage qu'ils en tirent, et non des moindres, provient de la baisse de l'influence des seigneurs sur les populations rurales, entraînant un renforcement symétrique de leur propre pouvoir qui leur avait si longtemps été contesté ou disputé. La royauté reconquiert son domaine longtemps tombé en d'autres mains.

C'est l'agonie de la féodalité.

Quant aux habitants des villes, même s'ils sont livrés à eux-mêmes et contraints de pourvoir seuls à leurs ambitions respectives tout en devant tenir compte des mêmes prérogatives dont disposent leurs voisins, ils sont maîtres de leur destin.

C'est la naissance du citoyen et, compte tenu de l'absence d'une éducation généralisée, ce sont les premiers pas encore vacillants de la démocratie.

D'autres que les rois tirent un grand avantage de l'expansion urbaine. Ce sont les évêques, ce qui n'est pas surprenant. Depuis longtemps, en effet, leur influence avait été étouffée par celle des grands ordres religieux, des monastères et des abbayes, qui possédaient d'énormes domaines, sans cesse accrus par les dons qu'apportaient ceux qui y venaient, et qui régentaient les populations rurales. Tout comme pour les seigneurs, l'exode rural menace la pérennité de leurs biens et leur emprise sur les hommes jusqu'alors en majorité pliés à des règles strictes de prière, de culpabilisation, de soumission et de repentance, suspendues à un pardon savamment hypothétique et n'ayant d'autre instruction que religieuse. Il n'est donc pas surprenant d'entendre des religieux aussi prestigieux que le futur saint Bernard condamner la vie dans les villes et la lecture de livres. De même que les rois, les évêques trouvent donc dans la croissance des villes l'occasion de ressaisir l'autorité qui leur avait largement échappé et, ce qui est loin d'être négligeable, d'acquérir les moyens financiers qui leur faisaient jusqu'alors cruellement défaut.

Mais cette satisfaction s'assortit de multiples problèmes.

Comment, se demandent les évêques, communiquer avec l'ensemble de cette population, dont le nombre ne cesse d'augmenter, tout en ayant la possibilité de s'adresser à chacun ?

Il n'existe pas encore de véritable autorité ni d'institutions capables de prendre en main les citoyens, sauf à réprimer le moins mal possible les méfaits que provoque inévitablement le rassemblement hétéroclite dans un site relativement confiné de personnes incultes, ne se connaissant souvent pas, pour la plupart de bonne volonté, mais ayant faim tous les jours et donc prêtes à toutes les exactions. En revanche, la foi est très profondément ancrée en chacune de ces personnes, quels que soient leurs vices, leurs mérites, leur éducation ou leur condition sociale. Leur soumission à Dieu est totale et immense à l'Eglise. Même si, parfois, elle relève plus d'une sorte de superstition ou de confiance aveugle que d'une conviction totale et raisonnée.

Comment, continuent donc à s'interroger les évêques, modérer les excès et canaliser les initiatives de ces êtres qui découvrent une liberté dont ils n'auraient jamais pu espérer jouir et dont ils ne sauront pas, d'emblée, se servir d'une manière convenant toujours à la communauté ?

Poursuivant leurs réflexions, ils ajoutent cette autre question :

Comment organiser la vie civique sans disposer d'aucun lieu de discussion et d'éducation des foules ?

Enfin, ils abordent le sujet essentiel de leur mission :

Comment, avec le secours de la Sainte Vierge, guider ces foules sur la voie qui les mènera vers Dieu et sa révélation humaine, Jésus-Christ ?

À chacune de ces interrogations primordiales en ce qui concerne l'avenir de l'humanité, il y a plusieurs réponses possibles. En revanche, il n'en est qu'une qui réponde à toutes. C'est la plus ambitieuse et la plus folle, en tout cas la plus follement onéreuse.

Elle consiste à construire d'immenses lieux de culte pouvant abriter tous les habitants. Dans de tels lieux, il sera possible de leur enseigner les principes essentiels qu'impose toute vie collective et, ce qui est primordial, de les convaincre de se préoccuper de leur salut. Bien évidemment, pour favoriser l'emprise du Très Haut sur leurs âmes et attirer sa grâce sur elles, il faudra que la structure de ces constructions procède le plus directement possible des proportions divines. Cette dernière condition n'est pas nouvelle puisqu'elle préside depuis toujours à la conception des édifices religieux. Mais, pensent toujours les évêques, ces ouvrages romans, tout magnifiques que certains soient, sont pour la plupart ramassés sur eux-mêmes et les plus grands d'entre eux ne répondent pas à nos attentes. N'existe-t-il aucun bâtisseur de génie qui puisse nous apporter cet art nouveau dont nous avons besoin pour construire, selon les nombres sacrés que les recherches de nos savants ont pu dérober à un Dieu certainement complice, de larges édifices pratiquement aussi hauts que longs, dans lesquels la lumière s'engouffrerait pour baigner les fidèles dans la révélation divine ? Et dont le grand volume et les larges ouvertures nous permettraient de disposer suffisamment de statues et de vitraux pour assurer leur éducation ? Quitte parfois, la vie religieuse et la vie laïque étant ainsi étroitement mêlées, à leur laisser la liberté d'y tenir de temps en temps des assemblées profanes, voire d'y tenir des fêtes dont le caractère parfois proche du sacrilège sera toléré l'espace de quelques journées.

Tel était le « cahier des charges » exprimant les besoins ressentis par les évêques dès le milieu du XIe siècle, voire à son début par quelques-uns uns, en particulier le grand Fulbert. Il s'agit, pour l'époque, d'un programme ahurissant, fou, dépassant toutes les limites du concevable et du réalisable.

Incidemment, il faut souligner ici que le cheminement ainsi reconstitué des réflexions des évêques montre clairement qu'il n'y a jamais eu opposition ni rupture entre l'art roman et l'art dit gothique. Il est au demeurant prouvé qu'ils vont continuer à coexister pendant des décennies, contrairement aux affirmations non documentées de certains. Ce qui les a distingués et qui s'est traduit par des conceptions architecturales éloignées provenait fondamentalement de la différence de leurs vocations. Le style roman s'était continuellement amélioré au fil des siècles pour atteindre une pureté extraordinaire avec ses formes circulaires, harmonieuses et trapues correspondant à la ferveur soumise évoquée précédemment. Ce qui allait devenir l'art gothique, et que, sans le connaître encore, les évêques appelaient de leurs vœux, devait tout à la fois inspirer une même qualité de recueillement, mais aussi refléter et accompagner par ses structures la formidable mutation que connaissait la société, mutation qui incitait les hommes à se redresser. Il en résultait deux conditions imposées à cet art à venir.

La première consistait à supprimer les plafonds plats en bois utilisés jusqu'alors et à suspendre à des hauteurs inhabituelles des voûtes de pierres taillées et agencées faisant se lever haut le regard de l'homme et suscitant inconsciemment chez lui un désir d'élévation, comme si elles n'étaient que la dernière étape avant le paradis. Ces voûtes ne sont plus comme un toit que l'on vient poser sur les murs. Parties intégrantes de la structure, ces voûtes en sont les éléments les plus importants. Contrairement au passé, elles en sont entièrement solidaires et non plus pièces rapportées. Avec les murs opposés ou les piliers qu'elles prolongent en une ascension harmonieuse, elles constituent un ensemble ordonné et cohérent. L'abbé Suger a très bien su décrire le sens, la signification de telles structures. Il comparait les clefs de voûte à Jésus, origine et aboutissement de l'humanité, soutien en même temps que but et fédérateur de toutes les âmes. L'ossature est triple (voûte et colonnes), comme Dieu, mais comme Dieu, elle ne fait qu'un. Elle part de la terre, rejoint le ciel pour revenir à celle-ci et y rebondir à nouveau, supportant à chaque endroit les mêmes efforts à travers une finesse et une élégance extrêmes de ses constituants.

La deuxième condition était que l'édifice devait recevoir, capter et ingérer un maximum de lumière, véhicule de la grâce divine. Selon la Bible: « *Dieu dit que la lumière soit et la lumière fut. Et Dieu vit que la lumière était bonne* ». Suger, le premier séduit par la nouvelle architecture, préconisait la « *lux continua* », capable d'aspirer les hommes vers le Ciel. De son côté, Pierre de Sully, chancelier de l'Ecole de Chartres, disait: « *La lumière de l'édifice ne fait pas qu'éclairer, elle illumine* ». Cette même Ecole, où Robert Grosseteste professait que la lumière était à l'origine de la formation du monde, poursuivait sur cette lumière les expériences que l'arabo-égyptien Alhazen avait entreprises en suivant des préceptes d'Euclide, lointain disciple de Pythagore.

Suivant toutes ces mutations, la musique elle-même changeait. Ainsi, à Paris, au cours de la deuxième partie du XIIe siècle, le chef du chœur Léonin et son assistant, qui allait devenir Pérotin le Grand, composaient une nouvelle polyphonie sur la base du choral grégorien avec deux voix auxquelles se mêlait une longue harmonie en contrepoint. Musique et architecture suivaient les mêmes évolutions.

Aussi fou qu'il ait été, ce programme voulu par les Evêques a bel et bien été réalisé en un temps record, sans contrainte d'aucune sorte hors certaines contraintes financières momentanées et, en tout cas, sans mobilisation autoritaire de main-d'œuvre. De fait, il n'a fallu que quelques décennies pour que des villes comme Laon, Amiens, Paris, Reims, Sens, Senlis, Bourges et bien d'autres édifient leur cathédrale, le record de rapidité appartenant sans conteste à Chartres où, cas unique, la construction n'a jamais connu d'interruption. Toutes ces cathédrales deviendront aussitôt autant de foyers de la vie spirituelle et intellectuelle, de centres d'éducation pour les générations locales ou étrangères et aussi de centres d'attraction et de pèlerinages, chacune ayant fait en sorte de pouvoir exposer des reliques.

Ainsi que l'écrit Roland Bechman : « *Le mouvement des cathédrales se situe dans un contexte politique et social très particulier, au confluent des intérêts laïcs et religieux, au début de l'effort centralisateur des rois de France et il coïncide avec le déclin de la féodalité. Les cathédrales sont le symbole, le signal, « l'image de marque » de la cité face aux châteaux des seigneurs* » [43]. De même, nombreux ont été ceux — dont Viollet le Duc — qui ont remarqué que les Cathédrales sont apparues dans les premières villes franches : Senlis, Sens, Laon, Amiens, Bourges, etc.

En définitive, volontaire ou non, la complicité des évêques et de la Royauté aboutit de manière très rapide à, répétons-le, une véritable et énorme révolution pacifique, à une transformation sans précédent des traditions et à une modification si profonde des esprits qu'elle va traverser de nombreux siècles.

D'une part, les habitants des villes deviennent des citoyens, d'autre part, les seigneurs, dont l'autorité sur leurs anciens sujets a en grande partie disparu, prennent conscience de leur appartenance à une nation désormais totalement dirigée par le Roi. Il est symptomatique, à cet égard, que dès 1190, sous Philippe Auguste, l'appellation de Roi des Francs ou des Français (Rex Francorum) soit progressivement remplacée par celle de Roi de France (Rex Franciae), pour devenir définitive en 1204.

Un autre facteur essentiel du changement de société que connaît cette époque est l'accroissement des échanges techniques et intellectuels avec l'extérieur.

À l'origine de tels nouveaux échanges se trouvent, bien évidemment, les croisades. La première avait d'abord été prêchée à Clermont par le Pape Urbain II, puis par de nombreux prédicateurs. Grâce à d'heureux

-----

43/ *Les racines des cathédrales, l'architecture gothique, expression des conditions du milieu.* Éditions Payot, 1984.

concours de circonstances et, en particulier, à la mauvaise volonté manifestée par les musulmans pour se mettre d'accord sur une stratégie commune, elle avait abouti le 15 juillet 1099 à la prise de Jérusalem et à l'établissement de nombreux occidentaux au Moyen-Orient.

Officiellement, le saint motif invoqué pour mener cette croisade était la délivrance du Saint Sépulcre qui était tombé aux mains des infidèles. A vrai dire, ce dernier événement, aussi révoltant qu'il fût pour les croyants, était loin d'être récent. On peut donc penser que l'un des objectifs — au demeurant aussi compréhensible qu'habile — était de tourner vers une vie d'aventures une partie de cette population toujours plus abondante, qui éprouvait inévitablement de grandes difficultés pour s'employer utilement, donc pour se nourrir et qui, si on ne lui donnait d'autres buts, allait inévitablement grossir les rangs déjà trop fournis des malfaiteurs et des assassins.

Par ailleurs, et cela a sans nul doute été l'une des raisons les plus déterminantes en cette fin du XIᵉ siècle, les Turcs venaient de ravir aux Arabes le contrôle des routes commerciales qui approvisionnaient l'Occident. Moins tolérants que ceux qu'ils supplantaient, ils ont interdit les principales d'entre elles aux Chrétiens : celles des épices et de la soie. Tous les négociants d'Europe s'en sont évidemment émus et ont très fortement incité à rétablir la liberté des courants commerciaux, quitte à participer au financement d'expéditions de reconquête. Et, sur la lancée, pourquoi, pensaient-ils, ne pas en profiter pour s'approprier les importants comptoirs qu'étaient les « Echelles du Levant », qui représentaient indéniablement d'alléchantes perspectives de revenus ?

De leur côté, les seigneurs et l'Eglise voyaient dans la possibilité d'entretenir des courants réguliers de pèlerinages l'intérêt de soumettre la Terre Sainte à leur autorité.

De fait, les croisades ont atteint ces objectifs pendant un temps. Mais elles ont également obtenu d'autres résultats importants. Car, à la libre circulation des biens, s'est ajoutée celle des techniques et des idées. C'est ainsi que l'Occident découvre l'étrier, le fer à cheval cloué, de nouvelles méthodes du travail du bois, des métaux, du verre et bien d'autres réalisations ou procédés que l'Orient avait mis au point.

Il est plus que probable que c'est également de la confrontation des savoir-faire européens et arabes en matière d'architecture qu'est né l'art dit gothique. Il n'est pour s'en persuader que de considérer les dates. Après la prise de Jérusalem en 1099, quelques années ont certainement été nécessaires pour stabiliser la situation entre anciens ennemis et pour qu'ils instituent un véritable dialogue. Ainsi, ce n'est qu'en 1118 que, à la demande de Bernard de Clairvaux, sont partis pour la Terre Sainte les neuf chevaliers qui deviendront les fondateurs de l'Ordre du Temple. Le libellé de leur mission, défendre les routes, et leur action réelle sur place restée relativement obscure n'ont pas été en véritable concordance. On peut supposer qu'en réalité consigne leur avait été donnée d'explorer le savoir que les orientaux avaient développé. Ils sont revenus en France en 1128. Douze années plus tard, en 1144, le premier ouvrage gothique est réalisé à Saint-Denis sous l'impulsion de l'abbé Suger. Puis un nombre considérable, étonnant, de chantiers d'églises et de cathédrales gothiques a été entrepris dans un temps très court, prouvant ainsi que de nombreuses équipes de constructeurs avaient pu être formées et maîtrisaient cet art nouveau et technologiquement différent de l'art roman, non pas pour ce qui était des tracés, qui conservaient les mêmes bases d'élaboration, mais en ce qui concerne les principes architecturaux et la taille des pierres.

Au plan philosophique, l'Occident avait oublié que l'origine de sa culture, qu'il pensait lui venir uniquement de la Grèce antique, se situait dans les régions irriguées par le Tigre et l'Euphrate. Or, il constate avec étonnement que ce savoir, qu'il croyait donc être le seul à avoir hérité des Anciens, a été tout autant assimilé et même développé de très admirable façon par ces civilisations étrangères qualifiées de barbares et d'incroyantes. En schématisant, on peut dire que l'Occident et le Moyen-Orient ont longtemps constitué deux foyers indépendants de pensée. Tous deux avaient puisé aux mêmes sources mésopotamiennes, égyptiennes et grecques. Mais chacun a ensuite fait croître de son côté un savoir qui a évolué selon deux branches différentes issues d'un même tronc. L'Occident possède bien déjà quelques notions de cette culture sœur, ne serait-ce que par des rencontres avec elle à Constantinople ou à travers les frontières de la Catalogne. De plus, certains savants arabes ou juifs enseignent dans des universités comme celle de Montpellier. Mais le flux des échanges reste faible et le plus souvent réservé à quelques érudits curieux tels Gerbert d'Aurillac. L'établissement d'européens dans les Etats latins d'Orient permet donc à un plus grand nombre de se pénétrer profondément de la connaissance d'une philosophie et d'une science ayant connu une autre évolution.

En réalité, cette rencontre va constituer un choc très salutaire pour l'Occident, dont la pensée, à la fin du premier millénaire, semble observer une sorte de période d'attente. Au cours de celle-ci, les rares à se distinguer sont Gerbert, devenu, comme nous l'avons vu, le « pape sorcier » et qui, justement, s'était frotté à la culture musulmane, son élève Fulbert, évêque de Chartres et la fameuse Ecole de Chartres.

À l'inverse, en Orient islamique, la pensée est en plein essor, sous l'impulsion, en particulier, de l'ismaélisme, branche du shi'isme représentant le véritable ésotérisme de l'Islam. La « falsafa », qui est la philosophie islamique inspirée des Grecs, y est basée sur un aristotélisme néo-platonisant. Elle culmine avec Ibn Sana, rebaptisé Avicenne en Europe. Connu comme médecin, il a exercé une grande influence sur son temps à travers un travail acharné et une intelligence étonnante. Né en 980 à Boukhara, qui appartenait alors à l'empire perse, il avait assimilé dès l'âge de 17 ans la totalité du savoir de son époque : mathématiques, physique, métaphysique, droit, astronomie, etc. Par la suite, Averroès, né en 1126 dans une Cordoue encore islamique, va séduire l'Europe avec ses commentaires sur l'œuvre d'Aristote. Ses recherches trouvent, comme indiqué plus haut, un écho puissant en France avec la récente Scolastique par laquelle vont s'illustrer, entre autres, Abélard, Albert le Grand et son élève Saint Thomas d'Aquin. Les réponses qu'apporte Averroès à la question : « *Comment être croyant et aristotélicien ?* » font vibrer bien des âmes françaises. De fait, il ne trouve aucune contradiction entre la loi divine et la philosophie. Pour la Scolastique, qui a concrétisé le soudain renouveau de la pensée occidentale et bâti les bases de sa mutation, l'apport de la culture islamique a donc été déterminant. On sait ce qu'il en adviendra officiellement en 1277.

En attendant, en ce XIIe siècle tout préoccupé du progrès de la marche de l'humanité vers la perfection divine, c'est sur la base de ces réflexions unissant science et foi, dans le cadre d'une évolution démographique, sociale, économique et philosophique sans précédent, que vont être conçues et bâties les cathédrales. La réalisation de la Cathédrale de Chartres s'inscrit très précisément dans le créneau de liberté intellectuelle que l'Eglise a laissé de plus ou moins bon gré s'installer chez les philosophes de l'époque.

149

La première moitié du XIIe siècle, qui a connu des réflexions aussi intenses que nouvelles et qui a vu se décider un volume gigantesque de travaux, a été dominée par un certain nombre de figures marquantes et ce chapitre ne saurait se clore sans évoquer trois d'entre elles, le très entreprenant abbé Suger, le saint moine Bernard de Clairvaux et le maître dialecticien Abélard, pour leurs représentativités contrastées de cette époque.

En 1081, neuf ans avant le futur Saint Bernard, Suger naît dans une famille de meilleure condition que ce qu'il a bien voulu dire plus tard. A dix ans, il entame de brillantes études au couvent de Saint-Denis, vraisemblablement au côté du futur roi Louis VI. A 28 ans, il est nommé prévôt, puis abbé de Toury en Beauce, près de Chartres. Ce choix ne devait pas être dû au hasard, car le seigneur du lieu, Hugues de Puiset, mettait la région en coupe réglée et on ne comptait plus ses exactions. Suger engage aussitôt une bataille féroce contre lui. Avec l'aide du roi, qui entendait précisément réduire, voire même anéantir, les droits exorbitants que les seigneurs s'étaient attribués, il parvient à ses fins au bout de quelques années. En 1122, il est élu abbé de Saint-Denis. Un an plus tard, il participe au synode de Latran qui entérine le concordat de Worms conclu entre le Pape Calixte II et l'empereur allemand Henri V. Ce concordat ne dura pas longtemps. Il faut dire que, hormis la bonne entente qui avait marqué les relations entre Gerbert devenu pape et l'empereur Otton, les luttes ont toujours été sévères entre les rêves hégémoniques des monarques allemands et la Papauté. Déjà, en 1077, Henri IV avait été contraint par Grégoire VII de se rendre à Canossa. En 1124, c'est au tour de Henri V d'être excommunié. Ulcéré, il décide de se venger en attaquant Louis VI de France, fidèle allié des papes. Mûrissant une opération de grande envergure destinée à rétablir son image bafouée, il jette son dévolu sur Reims, ville si chère aux rois de France qui y célébraient traditionnellement leur sacre.

C'est alors que Suger déploie tout son génie. Sur ses recommandations, Louis VI appelle aussitôt à l'ost les troupes de tous ses seigneurs laïcs et ecclésiastiques. Pour cette occasion, Suger organise à Saint-Denis une cérémonie fastueuse et solennelle durant laquelle Louis VI prend l'oriflamme de l'église abbatiale devant tous ses vassaux réunis. Cette oriflamme, qui passait pour être le drapeau de Charlemagne, n'était autre que celui du Comté du Vexin que le Roi avait reçu en fief de Saint-Denis. Mais qu'importait! Ce geste revêtait une très haute valeur de symbole : par cet acte, le Roi se faisait le vassal du Saint. Voyant cela, tous les puissants du royaume se rangent immédiatement derrière lui comme un seul homme et clament leur volonté de se lancer ensemble dans des assauts vainqueurs en hurlant dorénavant « Saint Denis » à tue-tête! En fait, ces assauts n'eurent pas lieu, car Henri V, stupéfait et impressionné non pas tant par la détermination des Français que par cette manifestation d'union inattendue de leur part, fit faire demi-tour à ses armées avant même d'atteindre la frontière. Par cette action, Suger et le Roi venaient de fonder la nation française.

Conseiller écouté et ami de Louis VI puis de son successeur Louis VII, Suger fut même désigné comme Régent du royaume durant le temps pendant lequel ce dernier participa à la deuxième croisade. Mais son domaine de prédilection a toujours été son abbaye de Saint-Denis. Adhérant à la démarche Scolastique, il rêvait, comme beaucoup, de la transformer en y bâtissant une Jérusalem céleste.

Quelques siècles auparavant, l'empereur de Byzance avait donné à Louis le Pieux, fils de Charlemagne, les œuvres qu'aurait écrites Denys l'Aréopagyte que Saint Paul aurait envoyé évangéliser la Grèce puis Lutèce. Là, il aurait été décapité mais aurait ramassé sa tête pour aller mourir près de ce qui allait devenir Saint-Denis. En réalité, le véritable auteur devait vivre en Syrie vers le Ve siècle. Mais au début du XIIe siècle il n'était pas bon de prétendre de telles choses et, nous le verrons, Abélard en fit la triste expérience. Suger, lui, n'éprouvait aucun doute et ces écrits l'ont profondément impressionné. Ils justifiaient sa certitude que l'esprit peut s'élever vers ce qui n'est pas matériel, vers Dieu, en prenant appui sur des supports matériels. En outre, Denys soulignait le caractère divin de la lumière et la nécessité que la luminosité matérielle de l'œuvre d'art la plus parfaite éclairât les esprits, illuminât les âmes en les attirant vers la seule vraie lumière qui est le Christ. Suger voulait donc une église lumineuse et aussi couverte d'or et de joyaux que la Jérusalem céleste décrite par Saint Jean dans l'Apocalypse. Faisant fi des nombreuses contestations, il alla jusqu'à proclamer à tous ses convictions en faisant inscrire ces mots sur les battants en bronze doré du portail de son nouvel édifice :

Toi qui veux célébrer la beauté de ces portes,
N'admire ni l'or ni la dépense mais plutôt l'artifice.

L'œuvre resplendit d'une noble lumière. Que son éclat
Illumine ton esprit afin que, guidé par des vérités lumineuses,
Il parvienne à la vraie lumière, là où le Christ est la vraie porte.
Comment la vraie lumière est présente en ce monde, les portes d'or le révèlent.
Notre esprit enténébré s'élève au vrai par le moyen des choses matérielles
Et, voyant la Lumière, il ressuscite de la chute originelle.

Celui qui allait devenir Saint Bernard a eu une vie différente. Fils de Tescelin le Sor, sire de Fontaine, non loin de Dijon, il était né en 1090. Il fit ses études à Châtillon-sur-Seine. Elles concernaient essentiellement la grammaire et la rhétorique et n'incluaient pas les disciplines telles que la logique, la dialectique ou les mathématiques, ce qui, plus tard, expliquera en grande partie ses réticences sinon son rejet vis-à-vis des nouvelles cultures qui se développaient.

Le 21 mars 1098, jour de la fête de Saint Benoît, l'abbé Robert de Molesme fonda à peu de distance du domaine de Fontaine ce qu'il appela le Nouveau Monastère, à Cîteaux. Déjà, en 1075, il avait fait une tentative de vie communautaire avec quelques ermites dans la forêt de Molesme d'où il tira son nom. C'était bien dans l'air du temps : beaucoup, imitant les Pères du désert, allaient rechercher la vérité dans la solitude austère. Cette communauté subsista quelque temps et elle accueillit, entre autres épris d'absolu, celui qui deviendrait Saint Bruno et qui devait par la suite fonder la Chartreuse. L'abbaye de Cîteaux se développa rapidement et essaima considérablement. Les cisterciens, surnommés les moines blancs en raison de la couleur symbolique de leur habit, menaient une vie fondée sur l'ascèse, la prière, la méditation et le travail avec interdiction de posséder des hommes et de percevoir des droits comme la dîme.

Cet idéal semblait parfaitement correspondre aux aspirations du jeune Bernard de Fontaine car, en 1112, il demanda à l'ordre de l'accueillir. Mais il était loin de venir seul : il était accompagné de quatre de ses frères, de deux oncles maternels et de pas moins de trente représentants des meilleures familles de Bourgogne. Il ne resta à Cîteaux que le temps d'y être distingué par le deuxième abbé, Etienne Harding, et il fut ordonné prêtre par Guillaume de Champeaux alors évêque de Châlons-sur-Marne. En 1115, Harding le chargea de créer l'abbaye de Clairvaux qui devait demeurer toute sa vie son lieu de prédilection. Guillaume de Saint-Thierry la décrivait ainsi : « *une solitude enfouie au plus épais de la forêt et resserrée dans un défilé de montagnes* ». Cela correspondait bien à ce que voulait Bernard qui écrivait : « *O beata solitudo, O sola beatitudo* » et qui, au cours de sa vie a créé plus de deux cents autres établissements analogues dont il qualifiait les sites « *d'horribles et vastes solitudes* ». Il transposait ses règles de vie à l'architecture à qui il demandait de mener l'homme à la transcendance divine à travers une perfection des formes fonctionnelles les plus dépouillées, admettant un maximum de lumière et favorisant la prière et le silence.

La grande qualité de ses écrits et de son éloquence et son implication totale pour la foi, jointes à sa rigueur de vie lui valurent très jeune un considérable renom de sainteté, d'autant qu'on ne tarda pas à lui attribuer des miracles. Son idée directrice était la réforme de l'Eglise dans le sens d'une plus grande moralité et surtout d'une plus grande austérité. Il voulait de toute son âme aider l'humanité à gagner son salut, mais il considérait que la meilleure aide qu'il pouvait lui apporter consistait à lui démontrer que l'ascèse, le dépouillement et l'amour indiquaient la seule voie pour y parvenir.

Contrairement à Suger, ce n'étaient pas les rois qu'il influençait durant sa vie active, mais les papes, donc la Sainte Eglise. Il a même prouvé qu'il était faiseur de pape puisque c'est un moine de Clairvaux qui devint le pape Eugène III en 1145. Par ailleurs, bien qu'étant fondamentalement un homme mystique, ses méditations le poussaient parfois à être aussi un homme aux actions énergiques et de grande ampleur, ayant, par exemple prêché la deuxième croisade à Vézelay ou ayant forcé en public l'empereur Conrad III à prendre la croix. Toutefois sa rigueur s'apparentait souvent à de la rigidité et il donnait souvent le sentiment qu'il estimait être le seul à détenir la loi et, pour tout dire, qu'il passait son temps, en bon sectaire, à donner des leçons aux autres. Ainsi s'est-il attaqué à Abélard qui ne pouvait s'empêcher de proclamer haut et fort — avec un art consommé du discours — ce qu'il pensait, persuadé lui aussi qu'il détenait la vérité malgré les lacunes de sa culture, en particulier dans le domaine scientifique. Bernard redoutait le talent et la dialectique d'Abélard. Aussi, en 1140, pendant le concile de Sens au cours duquel avait été prévue une joute oratoire entre ces deux champions, usa-t-il d'une manœuvre en faisant approuver auparavant une liste d'accusations à l'encontre d'Abélard qui n'eut pas l'occasion de s'exprimer et fut donc condamné et provisoirement excommunié.

Puis Bernard mena une campagne très sévère contre Gilbert de la Porrée pendant le concile de Reims en 1148. Gilbert était alors évêque de Poitiers, mais il avait auparavant passé de nombreuses années à l'Ecole de Chartres, dont il avait été chancelier de 1124 à 1140. Or, cette Ecole inspirait les plus vives réticences à Bernard du fait de la trop grande ouverture d'esprit dont elle faisait preuve en s'intéressant aux sciences de la nature et de l'univers. Ces réticences de Cîteaux s'atténuèrent lorsqu'un ancien élève d'Abélard, Jean de Salisbury, cistercien qui avait été secrétaire et ami de Thomas Becket et avait assisté à son assassinat en 1170, fut nommé évêque de Chartres.

Quelle différence entre les deux hommes Suger et Bernard, pourtant tous deux puits de science et si unis dans le même idéal et la même volonté! Le premier voulait libérer l'homme tout en le guidant un peu à son insu vers le salut, tandis que l'autre prônait une sorte d'asservissement et d'expiation constante, conditions essentielles et uniques en vue de ce même salut. En fait, ils incarnaient à eux deux, l'un très moderniste et l'autre conservateur, l'ensemble des qualités indispensables à la conduite d'une vie, d'un royaume ou de l'humanité sur les voies du progrès. N'était-ce pas atteindre à l'idéal que de parvenir à réunir en chaque homme, en chaque société ou en chaque roi des caractéristiques aussi antinomiques que le courage et l'abnégation, la volonté et la soumission, le réalisme et la sainteté, l'intuition et la réflexion, la méditation et l'action?

Pierre Abélard, très brillante intelligence dévouée à la quête Scolastique, excellent dialecticien, relativement égocentriste et toujours prêt à l'affrontement, se situait, si l'on peut dire, entre ces deux personnages.

C'était l'aîné d'une famille de petite noblesse vivant dans l'Ouest de la France, à Pallet, près de Nantes. Après que son père lui ait donné une bonne éducation, il partit à 20 ans pour les écoles: Nantes, Angers, puis Chartres où Thierry lui enseigna le Quadrivium. Mais, s'il se distingua en musique, il s'avéra imperméable aux mathématiques et aux sciences de la nature. C'est Thierry qui donna à ce mauvais élève néanmoins intéressant son « cognomen » (son surnom): Aboelardus, dont on ne sait plus ce que cela signifie, francisé ensuite en Abélard. Enfin il se rend à Paris pour suivre les leçons de Guillaume de Champeaux dans le cloître Notre-Dame de l'île de la Cité. Très vite, s'estimant — peut-être à juste titre — supérieur à ce maître, il se rend insupportable en critiquant avec talent chacune de ses paroles. Sûr de lui et de sa supériorité magistrale, il quitte provisoirement Paris et ouvre à son tour une école d'abord à Melun puis à Corbeil. Le succès est immédiat, sa renommée et le nombre des étudiants qui veulent suivre ses cours sont en croissance accélérée. Abélard est en effet un personnage paradoxal : autant sa vanité sans limite l'amène-t-elle immanquablement à vouloir ridiculiser les soi-disant détenteurs de la vérité, quel que soit leur niveau, et donc à s'en faire de farouches ennemis, autant est-il d'une patience sans limite avec ses élèves qu'il sait écouter, persuader et patiemment instruire. L'un de ses biographes, Jean-Pierre Letort-Trégaro, le décrit [44] : « *Une mémoire exceptionnelle, une éloquence riche, une aptitude à n'être jamais à cours de réponse dans les controverses les plus difficiles, font de ses leçons un enchantement* ». Ces succès se font au détriment de l'audience de Guillaume de Champeaux. La notoriété de celui-ci était pourtant importante. Il avait fondé la Congrégation des Chanoines de Saint Victor dont les rituels ont ensuite été transmis par Godefroy de Bouillon aux neuf chevaliers qui s'étaient rendus à Jérusalem en 1119 et avaient, sur les instructions de Bernard de Clairvaux, fondé l'Ordre des Templiers. Plein d'amertume, il fit organiser un tournoi oratoire public avec Abélard. Mais ce dernier lui fit perdre pied et le conduisit à de telles contradictions qu'il ne s'en remit jamais et disparut. En conséquence, Abélard devint le « Magister » de l'abbaye de la montagne Sainte-Geneviève puis du cloître Notre-Dame. Le même J.-P. Letort-Trégaro commente ainsi la suite : « *Avant Abélard, Paris était réputé dans le monde du savoir. Grâce à lui, cette réputation va s'amplifiant. Dans toute l'Europe de ces clercs qui cheminent de ville et jargonnent entre eux en latin, dans les abbayes et dans les tavernes, sur les routes et le long des fleuves, il n'est bruit que du prodigieux professeur « Magister Petrus Aboelardus », qui près des rives de la Seine, dispense un enseignement comme le monde n'en a pas connu depuis Aristote. Et de partout, on accourt pour l'entendre. On passe la Manche, on passe le Rhin, on franchit les Alpes pour se rendre à Paris* ».

La chasteté d'Abélard était réelle et connue, ses pulsions trouvant vraisemblablement exutoire dans l'intensité de ses activités. Mais il tomba soudain éperdument amoureux de la nièce de Fulbert, comme lui chanoine de Notre-Dame (et sans aucune parenté avec le grand Fulbert). Âgée de seize ans, Héloïse se distinguait par sa beauté et l'ampleur de sa

-----
— 44/ *Pierre Abélard*, Éditions Payot & Rivages, 1997, p. 64.

culture, ce qui était relativement rare chez les jeunes femmes à cette époque. L'amour réciproque qu'elle lui voua persista toute sa vie. Ensemble, ils conçurent un fils qu'ils appelèrent Astrolabe (!). La fureur de l'oncle, renforcée par quelques malentendus, fut terrible. Abélard eut juste le temps de faire abriter sa nouvelle petite famille à l'abbaye des moniales d'Argenteuil avant de se faire mutiler par des châtreurs de porcs commandités par Fulbert. Cette affaire consterna tout le monde. Fulbert fut chassé de Paris et les châtreurs furent eux-mêmes châtrés, aveuglés et exécutés.

Après cette épreuve, Abélard devient moine à Saint-Denis dont l'abbé est Adam. Mais très vite, dès que sa nature profonde réussit à surmonter sa douleur morale, il redevient odieux, dénonçant à bon droit tous les manquements aux règles communautaires. Adam le persuade donc de se retirer au prieuré de Maisoncelles-en-Brie. Là, il se consacre à la rédaction d'un traité théologique dans lequel il veut faire comprendre le mystère de la Sainte Trinité et de la consubstantialité de Dieu, de son fils Jésus et du Saint Esprit. Bien que ses écrits soient éloignés de toute hérésie, certains de ses anciens ennemis à la rancune tenace réussissent à le faire comparaître au concile de Soissons en 1121. Malgré la défense énergique de Geoffroy de Lèves, évêque de Chartres, et de son ancien professeur Thierry, il se retrouve quelques semaines en prison. À sa sortie, il retourne à Saint-Denis. Très bientôt, il s'y manifeste en voulant démontrer la non authenticité des textes de Denys qui allaient si fort convaincre Suger. L'abbé, excédé et ne sachant pas qu'il avait raison, le menace de le faire déférer devant la justice du Roi.

Abélard s'enfuit et trouve refuge chez un ami, le comte Thibaud II de Champagne, petit-fils de Guillaume le Conquérant. Sur ces entrefaites, l'abbé Adam meurt et son successeur Suger fait preuve de mansuétude. Thibaud donne un terrain sur les bords de l'Arduzon à Abélard qui y crée un oratoire et une école dédiés au Saint-Esprit : le Paraclet, mot signifiant intercesseur consolateur. C'est là qu'il continue à travailler sur son traité théologique et qu'il met la dernière main à son fameux « Sic et non » relevant les contradictions des propos rapportés des différents Pères de l'Eglise et les expliquant par de mauvaises interprétations de vocabulaire. Puis, élu abbé de l'abbaye de Saint-Gildas-en-Rhuys en Bretagne, il quitte le Paraclet qu'il fait confier à Héloïse. Dans sa nouvelle fonction, il est confronté à des moines frustes et à demi sauvages qui tentent plusieurs fois de l'assassiner. On le retrouve ensuite à Paris tenant école sur la montagne Sainte-Geneviève. Parmi ses élèves, Jean de Salisbury, déjà évoqué, qui l'écoutait avec autant d'admiration que de passion. N'avait-il pas ce talent unique, sinon d'expliquer, de faire comprendre les mystères de la religion ?

Mais, précisément, pour de nombreux religieux conservateurs, un mystère doit demeurer mystérieux. Guillaume de Saint-Thierry, ancien élève d'Abélard devenu cistercien, en est un exemple qui dénonça par de multiples libelles adressés à Bernard la non « conformité » de l'enseignement de son ancien Maître. Une grande fête religieuse devant être célébrée début juin 1140 à Sens en présence du roi Louis VII et de sa jeune reine Aliénor d'Aquitaine et organisée par Bernard de Clairvaux, l'occasion était belle d'y faire venir Abélard sous le prétexte de débattre avec Bernard. Le débat n'eut pas lieu car non seulement Abélard ne put prendre la parole, mais il fut mis en accusation, déclaré hérétique puis excommunié par le pape Innocent II et il fut ordonné que tous ses livres soient brûlés.

Très éprouvé par ce surcroît d'épreuves, Abélard décida de se rendre à Rome pour plaider sa cause. Terriblement fatigué, il s'arrêta en route à l'abbaye de Cluny où l'abbé Pierre de Montboissier, dit Pierre le Vénérable, homme de très grande bonté l'accueillit et l'y laissa vivre comme il le voulait. Pierre parvint à faire se réconcilier ces deux fortes personnalités si opposées qu'étaient Bernard et Abélard et obtint la levée de l'excommunication. Finalement, usé par une vie aussi pleine, Abélard s'éteignit le 21 avril 1142 mais, selon son désir, fut inhumé au Paraclet. Héloïse lui survécut de 22 ans et se fit enterrer à son côté.

Selon J.-P. Letort-Trégaro : « *Abélard, parce qu'il fut la personnalité la plus marquante du monde des écoles, parce qu'il cristallisa contre lui les haines de tous les tenants de l'orthodoxie, parce que le bris de son verbe est contemporain de la mise en place d'un système répressif destiné à conforter l'autorité de l'Eglise détentrice de la vérité révélée, mérite de retenir l'attention des hommes d'aujourd'hui épris de liberté, même s'il ne fut pas, comme on l'a trop souvent dit, le premier martyre de la libre pensée… Ce précurseur, dont on se plaît à souligner que sa pensée est vite devenue dépassée, demeure néanmoins exemplaire par ses recherches, sinon par ses découvertes, et en tout cas par son destin exceptionnel dans un siècle insolite* ».

Après cette brève restitution de ce que certains ont appelé la renaissance du XIIe siècle, venons-en maintenant à Notre-Dame de Chartres qui en est la plus belle expression et dont on peut dire que sa naissance eut lieu dans la nuit du 10 au 11 septembre 1194.

Au cours de cette nuit, un violent incendie, comme il s'en était déjà trop souvent produit, ravagea une partie de la ville. Des dizaines de maisons, dont le palais de l'évêque Renaud de Mouçon, cousin germain du roi Philippe Auguste, avaient été anéanties. Le feu avait aussi largement détruit la superbe cathédrale érigée quelques décennies auparavant par le grand Fulbert. Seuls avaient été épargnés les deux tours et le Portail Royal composant sa façade occidentale construite soixante ans plus tôt. Comme toujours, la population tout entière avait spontanément participé à la lutte contre le sinistre pour sauver Notre-Dame. On peut supposer que l'Evêque et le légat du Saint-Père, le cardinal Melchior de Pise, qui se trouvait être alors de passage à Chartres, s'y étaient eux-mêmes employés. Au matin du 11 juin, l'angoisse qui étreignait les Chartrains provenait de ce que, d'après eux, cette catastrophe traduisait de manière évidente, brutale et inattendue la désaffection divine. La preuve en était que le Voile de la Vierge, la Sancta Camisa, avait vraisemblablement disparu dans le brasier, de même que l'antique statue de la Vierge Noire. En outre, et c'était loin d'être négligeable, ces destructions risquaient de considérablement diminuer le flux des pèlerinages jusqu'alors constamment en augmentation, donc d'affecter notablement les activités de leurs différents commerces.

Le Chapitre, à l'époque le plus important et le plus riche de France, partageait ces mêmes inquiétudes en redoutant de voir fondre ses revenus importants.

Dès cette même matinée, Melchior de Pise, dont on ne sait pas précisément pourquoi il se trouvait à Chartres lors de ce coup du sort, et l'évêque ont tenu une ou plusieurs réunions avec le Chapitre. Melchior le connaissait bien pour avoir, peu de temps auparavant, servi de conciliateur dans le règlement d'un conflit qui l'avait opposé à l'évêque. En définitive, tous convinrent qu'il importait, comme d'habitude, de reconstruire la Cathédrale au plus vite, dans l'intérêt du renom et de la richesse de Chartres. De surcroît, l'évêque et le légat, basant leur raisonnement sur la certitude qu'une mise de fonds initiale constituerait un excellent investissement pour en engendrer d'autres, firent accepter au Chapitre d'y consacrer une partie importante de ses propres revenus pendant les trois premières années de la construction et de bien le faire savoir afin de créer un effet d'entraînement à l'extérieur.

De fait, plusieurs faits incitaient à ne pas laisser traîner les choses. Tout d'abord, le nouveau style d'architecture, dont Chartres avait sagement attendu qu'il atteigne sa meilleure expression, était maintenant maîtrisé. Ensuite, il est plus que probable que les grandes lignes des tracés étaient déjà arrêtés depuis quelques années, sinon quelques décennies. Enfin la « concurrence » se faisait pressante. Ainsi, l'archevêque de Bourges bouillait d'impatience et voulait détruire sa cathédrale Saint-Etienne, venant pourtant d'être agrandie, pour, dès l'année suivante, en édifier une autre selon le nouvel art français. Il parlait d'un ouvrage immense pourvu de cinq nefs soutenues par des arcs-boutants. Or, si Chartres était prospère et bénéficiait de nombreux appuis, Bourges jouissait alors de la sollicitude des rois et en particulier de Philippe Auguste. En effet, depuis que le royaume de France avait acheté le vicomté de Bourges en 1100, étendant ainsi pour la première fois le domaine capétien au-delà de la Loire, Louis VII et son fils n'avaient cessé de lui porter assistance afin de mieux taquiner l'Aquitaine et d'énerver l'Anglais. Il importait donc d'entreprendre au plus tôt la nouvelle Notre-Dame de Chartres.

Deux ou trois jours plus tard, l'évêque convia toute la population à une cérémonie solennelle qui allait faire passer de la tristesse résignée à un grand espoir. Il avait fait dresser sur ce qu'il avait pu faire déblayer du parvis une sorte d'autel, en l'occurrence une grande table recouverte de linges précieux. Avec le légat du Saint Père, il se tenait debout, face aux habitants. Derrière eux, tous les religieux se pressaient en un demi-cercle compact. Les assistants, encore éprouvés et angoissés, faisaient une mine grise qui reflétait aussi bien le temps que les évaluations qu'ils faisaient de leur avenir.

C'est alors qu'un petit cortège s'approcha de l'autel et y déposa la châsse contenant le Voile de la Vierge ainsi que la statue de la Vierge Noire. Pour tous, c'était un miracle. Il s'expliquait ainsi : lorsque l'incendie avait commencé à menacer sérieusement la Cathédrale, quelques clercs courageux s'étaient précipités à l'intérieur afin de sauver les si précieuses reliques. Mais celles-ci étaient assez encombrantes. De plus, le feu progressait très vite, entraînant son cortège fatal d'effondrement de lourdes poutres enflammées, d'écoulement de plomb en fusion et de fumées masquant les issues et suffoquant ceux qui les respiraient. Unique espoir de salut pour ces clercs héroïques : trouver refuge dans la crypte de Fulbert, où la Sainte Chemise saurait bien les protéger. En effet, à peine y furent-ils descendus qu'un éboulement se produisit, bloquant la porte en fer qu'ils venaient de rabattre et sans la fermeture de laquelle la crypte elle-même eût été ravagée. Ils étaient provisoirement sauvés, mais ils manquaient d'eau et d'air. Après que le cataclysme eût paru se calmer, ils s'acharnèrent pendant de longues heures à se ménager une sortie à l'air libre. Grâce à leurs prières à Notre-Dame et au prix d'efforts obstinés, ils y parvinrent et purent enfin porter, avec la châsse sacrée et la Vierge Noire, ce qui devenait le message de paix et de pardon de Marie.

Autre point important dévoilé à la population afin de stimuler son enthousiasme et encourager sa participation : démarrée bien après Notre Dame de Paris, leur cathédrale serait achevée bien avant. On évoquait même un délai ahurissant par sa brièveté, de l'ordre de trente années. Jamais on n'aurait connu une telle rapidité pour une entreprise aussi imposante.

Ce récit issu de chroniques plus ou moins d'époque masque certaines coïncidences troublantes.

Tout d'abord, cela a déjà été noté, cet incendie a lieu cinquante ans jour pour jour après l'inauguration par Suger à Saint-Denis de la première construction gothique.

Soixante ans auparavant, l'incendie qui frappa la cathédrale de Fulbert et permit d'édifier les tours occidentales et le Portail Royal attire trois remarques. L'emplacement de ceux-ci correspond exactement aux dimensions de la future cathédrale. Cela signifie que celles-ci étaient déjà connues en 1134. À la réflexion, ce n'est pas surprenant car les chapitres antérieurs nous ont montré qu'à partir de la première, chaque cathédrale successive érigée sur ce site a dérivé de la précédente conformément à un raisonnement géométrique simple. Il y a donc tout lieu de croire qu'au moins l'emprise générale de celle que nous voyons aujourd'hui était alors connue, voire prévue. La deuxième remarque consiste à constater que cette façade occidentale a été complètement épargnée par le feu en 1194. Il est vrai que peu de bois devait entrer dans sa structure, contrairement au plafond de la nef de la cathédrale de Fulbert. Mais le chœur et l'abside de celle-ci ne s'étaient pas effondrés. Enfin, sitôt après l'incendie, le chantier de construction a été entrepris apparemment sans aucune hésitation, ce qui conduit à penser que les plans correspondants étaient disponibles. Dernier point : quel heureux hasard que Melchior de Pise, le légat du pape, se soit trouvé à Chartres en cette circonstance cruciale. Ne pourrait-on pas qualifier de providentiel l'incendie du 11 juin 1194 ?

Mais, mettons ici un terme à ces suppositions qui, en dépit de leur plus ou moins forte probabilité, ne modifient en rien le sujet principal qui est le tracé de Notre-Dame de Chartres.

Chapitre XII

LE PLAN GENERAL

L'analyse des édifices antérieurs, dont il ne subsiste que quelques vestiges plus ou moins parlants de prime abord, est relativement ardue, on l'a vu. Elle n'a pu être menée à bien que grâce à l'esprit de méthode, au pragmatisme, à l'honnêteté intellectuelle et au souci d'éviter des interprétations trop hâtives dont ont fait preuve ceux, très peu nombreux, qui en ont fait les relevés (au premier rang desquels se tient bien évidemment Charles Stegeman). Grâce également à une volonté obstinée, non seulement de retrouver les intentions des Maîtres constructeurs successifs basées sur les fameux Nombres, mais aussi de reconstituer les prescriptions qu'ils donnaient aux exécutants et les instruments qu'ils utilisaient. Il va sans dire que cela représente un travail d'exploration considérable qui, pour chaque sujet abordé ou chaque hypothèse prise en compte, aboutit le plus souvent à une impasse. Mais qui parfois débouche sur ce qui est manifestement la vérité, c'est-à-dire sur ce qui a véritablement été conçu et réalisé. Dans ce cas, la joie légitime qui en découle est grande. Mais aussi atténuée la plupart du temps par le fait que la simplicité du résultat, si évidente après coup, aurait dû sauter aux yeux beaucoup plus tôt. Cette joie mêlée d'autocritique doit quelque peu s'apparenter à celle de nos anciens lorsqu'ils pensaient avoir découvert l'un des secrets de la Création que Dieu avait mis en œuvre.

En abordant l'étude de la cathédrale actuelle, on se sent beaucoup plus en confiance car, contrairement aux précédentes, elle est bien réelle et s'offre à nos yeux. De ce fait, on ne pense pas être contraint de formuler des hypothèses à partir de restes à interpréter. On peut y faire des mesures précises et, à cet égard, John James [45] a effectué un travail très important bien que non exhaustif et parfois sujet à caution. Ses relevés en plan constituent un support capital pour les réflexions relatives à la restitution des tracés des Maîtres d'œuvre et peuvent être complétés par des mesures prises sur place. On pourrait donc penser possible de voir se dégager rapidement les lignes directrices du parti choisi aussi sophistiqué qu'il ait pu être.

Ce n'est pas le cas. En dépit de l'énorme volume des données, l'étude détaillée est loin d'être aussi facile qu'on pourrait le croire au départ. Au demeurant, cela n'est pas surprenant, sinon il y a longtemps que ce parti aurait été exposé et le présent travail n'aurait pas de raison d'être. Cette difficulté d'interprétation de l'existant a suscité différentes hypothèses qui ont elles-mêmes soulevé de nombreuses diatribes ou polémiques. Ainsi, par exemple, certains ont avancé qu'au départ, en 1134, il avait été envisagé de ne construire qu'une seule tour. D'autres ont pensé que le Portail royal avait été construit en retrait de sa position actuelle et qu'il avait ensuite été démonté et rebâti à l'emplacement où nous le connaissons.

En réalité, les discordances de raisonnement proviennent de deux faits principaux. Au cours du temps important qui s'est écoulé entre les premières réflexions sur les futurs tracés, le début de leur concrétisation et la progression finale de leur mise en œuvre, il y a eu alternance ou superposition de plusieurs partis et parfois, comme pour le déambulatoire, des modifications ont été imposées par le Chapitre en cours d'exécution. Ainsi qu'il a déjà été évoqué, les premiers plans ou leurs ébauches ont vraisemblablement été dressés dès 1134, date à laquelle la position du Portail Royal a été fixée en concordance rigoureuse avec l'implantation du futur édifice. Certains en doutent car, disent-ils, on ne pouvait à l'époque se permettre d'anticiper l'avenir, seul Dieu, maître du temps, pouvant le faire. Il est par contre indiscutable que des travaux préalables, qui seront

-----
— 45/ *Chartres, les constructeurs*, déjà cité.

mentionnés dans la suite, ont eu lieu sur ces tours avant 1194 afin qu'elles soient adaptées au mieux à la cathédrale projetée. Il est donc certain que plusieurs Maîtres d'œuvre sont intervenus et que le Chapitre, dont la composition se modifiait évidemment avec le temps, a pu également plus ou moins infléchir ses idées. Tous les changements successifs étaient bien basés sur les mêmes principes symboliques fondamentaux et respectaient l'option générale choisie en ne faisant donc apparaître que des différences très faibles par rapport à elle, mais elles étaient suffisantes pour introduire les petites distorsions que nous constatons aujourd'hui.

En second lieu, ainsi que l'a fort bien découvert et décrit J. James, d'année en année plusieurs équipes de constructeurs ont alterné. Chacune a apporté ses méthodes de travail et son unité de longueur, son pied qui, sensiblement égal au pied punique, en différait parfois très légèrement de sorte que les dessins théoriques présidant aux tracés, en principe indépendants de la valeur du pied, s'en trouvèrent néanmoins parfois légèrement affectés.

Enfin un troisième fait intervient : il doit exister des subtilités qui échappent encore à l'examen. Un exemple est donné par la largeur intérieure de la nef dont il sera question plus loin. Par rapport à l'axe longitudinal, la moitié Nord de cette largeur est d'une dizaine de centimètres supérieure à ce qu'elle est côté Sud (16,18 m contre 16,08 m). La réaction première est de penser que J. James a mal implanté l'axe longitudinal et qu'il suffit de prendre comme bonne la moyenne arithmétique de ces deux valeurs. En fait, ce serait une erreur car on s'aperçoit que chacune d'elle est en relation avec le cercle passant par les centres des quatre gros piliers de la croisée du transept et s'en déduit par un raisonnement géométrique simple. Mais il reste à trouver pourquoi le Maître d'œuvre a voulu cette différence pourtant minime.

Soulignons enfin, avant d'entrer dans le vif du sujet, que trop d'auteurs mettent les écarts entre ce qu'ils avancent et ce qui est constaté sur le compte des approximations « inévitables » des travaux de maçonnerie à une époque ne disposant pas des moyens perfectionnés d'aujourd'hui. Lorsque l'on constate l'extrême précision dont ont fait preuve les tailleurs de pierre et la minutie de la pose sans lesquelles ces ouvrages aussi fins n'auraient pu non seulement s'élever mais aussi résister au temps avec ce qu'il apporte comme atteintes parfois très vigoureuses, cela fait injure au talent de nos ancêtres.

Dans le cadre de la présente étude, tout résultat concernant les longueurs, largeurs et épaisseurs n'a été jugé digne d'être pris en considération que s'il différait de moins de 1/1 000ᵉ de la mesure constatée sur place [46].

Les chapitres suivants font état de l'analyse des différentes parties de la cathédrale : les tours, le transept et ses porches, la nef et son labyrinthe, le chœur et l'abside.

Mais il est auparavant nécessaire d'exposer comment se présente son organisation générale, à savoir : ses dimensions principales, l'emplacement du transept, le positionnement des pôles ou centres sacrés ainsi que celui des travées qui en découle. Enfin, d'évoquer son orientation.

Dans son ouvrage remarquable, J. James écrit : « *La plupart des spécialistes pensent qu'il dut y avoir une figure convenant à toutes les églises, qui aurait été le « secret » des Maîtres, jalousement caché aux non initiés. Il n'existe à Chartres aucun indice de cela* ». Au moins en ce qui concerne Chartres avec ses cinq cathédrales successives, il trompe involontairement ses lecteurs. Nous l'avons déjà constaté et allons encore en avoir des preuves. Cela surprend de la part d'un architecte qui s'est pourtant livré à de nombreuses études graphiques. Mais celles-ci ne s'attachent qu'à de petites parties de l'ouvrage. Elles ne concernent pas l'ensemble de l'édifice (en dehors de ce qu'il a nommé la Figure de la création, au demeurant inexacte). Cela est regrettable car s'il avait su s'abstraire du détail, nul doute que ce serait lui, le signataire du présent ouvrage. À sa décharge, son propos initial était de relever dans les maçonneries la « signature » des différentes équipes qui ont participé à la construction de l'édifice.

On a vu précédemment l'importance revêtue par la « figure mère » (cf. chapitre VIII) grâce à laquelle ont pu être définies au moins les cathédrales carolingienne et romane et aussi, à supposer, comme c'est plus que pro-

-----

— 46/ Cette option est assez contraignante à plusieurs égards, mais finalement fructueuse. En effet, elle impose une rigueur telle qu'elle élimine toute idée préconçue aussi séduisante soit-elle. Elle amène donc à un approfondissement des réflexions jusqu'à ce que la véritable solution apparaisse, laquelle est généralement d'une simplicité insoupçonnée au départ. Mais en contrepartie, elle conduit à ne pas « traiter » certaines parties de l'édifice, à vrai dire peu nombreuses et non essentielles.

bable, qu'elles aient existé, la paléochrétienne et la mérovingienne. On va constater qu'il en est de même pour la cathédrale actuelle.

La figure XII-1 montre comment cette figure mère permet de la positionner sur l'axe longitudinal en définissant sa longueur extérieure **AB**. Elle est suffisamment parlante par elle-même, mais précisons que, **c** étant dans l'alignement de **a'b**, le point **A** se situe dans le prolongement de **dc**. Quant à **B**, il se situe dans le prolongement de **dg**. Ce point **g** peut être déterminé de

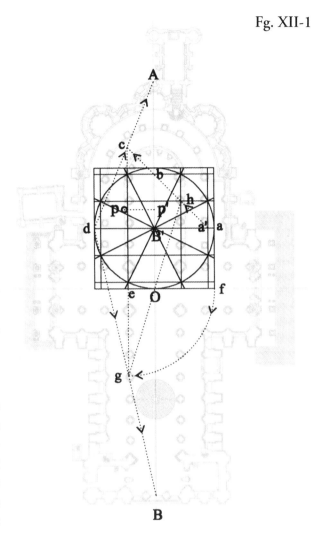

Fg. XII-1

deux façons : soit en étendant **hO**, soit en traçant un quart de cercle de centre **e** et de rayon **ef**.

Plusieurs remarques sont à faire au sujet de cette figure. Tout d'abord, le centre **O** de la cathédrale se situe précisément au milieu de la « base » de la figure mère, en lieu et place du point qui avait été baptisé **B"**. En outre, il apparaît que **Op'**, qui mesure la distance du centre du puits à l'axe transversal de l'édifice, mesure $50/\varphi$, soit 30,9 mc, ou 25,35 m, et que le rapport des longueurs **Op'** et **pp'** est de φ^2. On constate donc, comme cela a été le cas pour les cathédrales précédentes, que les dimensions

167

Fg. XII-2

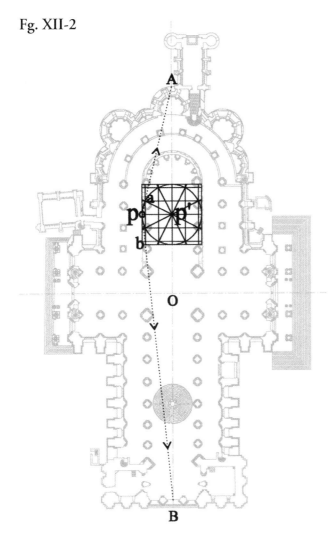

de la cathédrale actuelle sont en relation directe avec le puits des Saints-Forts.

Une autre manière fort simple d'aboutir au même résultat tout en impliquant directement le puits des Saints-Forts est indiquée sur la figure **XII-2**. Construisons la figure originelle associée à ce puits, le rayon du cercle initial étant **p'p**. Le prolongement de **pa** donne **A**. Celui de **pb** donne **B**.

Les deux manières de procéder pour déterminer la longueur hors tout de la cathédrale ne laissent planer aucun doute quant à cette longueur. Par contre, si elles sont excellentes sur le papier, elles auraient été rigoureusement inapplicables sur place. En effet, la construction a été entreprise avant que ce qu'il subsistait de la cathédrale de Fulbert, en particulier son chœur, n'ait été démoli. Force a donc été de trouver une autre façon de faire pour matérialiser cette longueur sur le terrain.

En fait, il y en a plusieurs et la figure **XII-3** présente l'une d'elles, choisie ici parce qu'elle implique le puits mais sans qu'elle ait la prétention d'être celle qui a été réellement mise en œuvre. Elle part du point **C** distant de 50 mc de p'. On trace une figure originelle de centre **C** et de dimensions indifférentes. Cela a très bien pu être le fameux instrument « portable » évoqué au chapitre II, sur lequel des instruments de visée pouvaient s'adapter et dont on pense que les Maîtres s'étaient équipés. Afin que la figure soit lisible, on a représenté ici une dimension beaucoup plus grande de cet instrument. Le prolongement de **CD** définit le point **A** et celui de **CE** aboutit en **B**.

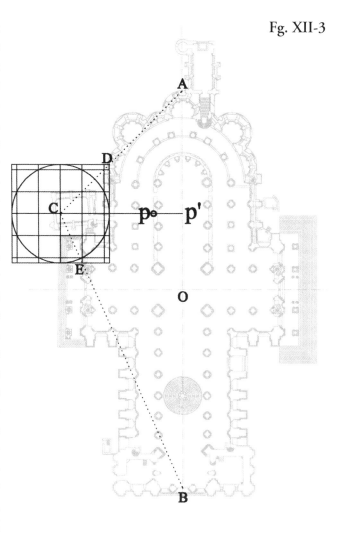

Fg. XII-3

Il résulte de ce qui précède que la longueur hors tout de la cathédrale mesure exactement 100φ, c'est-à-dire 161,8 mc ou 132,76 m. Notons en passant qu'elle est passée inaperçue chez la plupart des auteurs. Elle n'apparaît pas non plus nettement sur le plan de J. James car il n'a pas coté le seuil de l'ouvrage auquel elle se rattache.

Cela signifie qu'en sept siècles, la longueur de la première cathédrale avec son narthex a été multipliée par près de six (par $\varphi^2\sqrt{5}$ pour être précis). Nous verrons ultérieurement que la largeur extérieure de sa nef a, de

169

Fg. XII-4

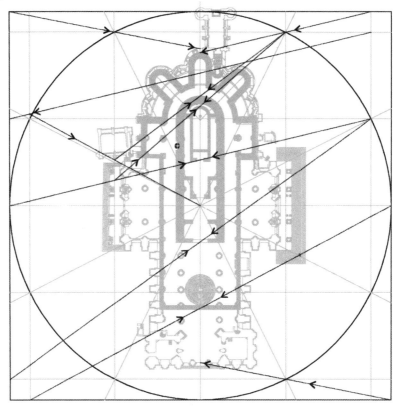

son côté été multipliée par plus de quatre (par $\varphi^3 = 4{,}236$).

Cette longueur de la cathédrale, que confirme ce que l'on peut mesurer sur place, est indubitable. Cependant, il est légitime de se demander si elle ressortit bien de la logique de développement des édifices successifs. La figure mère, on vient de le voir, l'engendre simplement. Mais ce n'est pas une preuve suffisante car elle aurait pu en engendrer d'autres tout aussi facilement. La figure XII-4, qu'il n'est nul besoin de commenter, démontre qu'il existe bien une cohérence totale entre les longueurs des cinq cathédrales. Elle se fonde sur une figure originelle de vastes dimensions puisque le rayon du cercle initial pris en considération mesure 100 mc. On voit que les cinq édifices s'y trouvent définis de manière parfaite, c'est-à-dire que dans chaque cas il n'existe jamais une quelconque approximation, ne serait-ce que d'un millimètre. Bien entendu, il ne s'agit que d'une

LE PLAN GÉNÉRAL

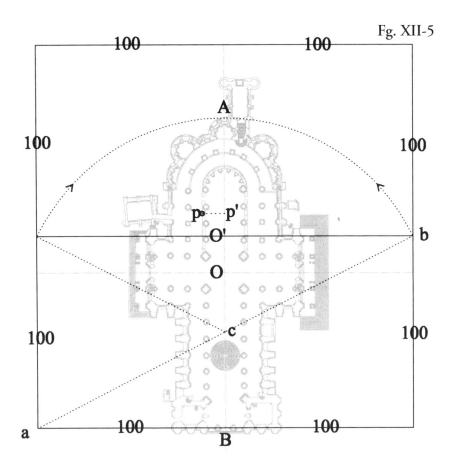

Fg. XII-5

démonstration a posteriori, car il serait plus que douteux que les premiers Maîtres d'œuvre aient imaginé un dessin aussi gigantesque. Mais cela corrobore bien le fait que, comme dans toute activité ou création, dès lors qu'un principe de raisonnement est adopté et développé, quitte à s'adapter aux circonstances, de nombreux recoupements non prévus au départ peuvent être mis en évidence. Et surtout, ce qui n'est pas négligeable en la circonstance, cette figure confirme non seulement la pertinence du cheminement intellectuel entrepris depuis le début de la présente étude, mais aussi l'évidence de l'existence à l'emplacement indiqué des deux premières cathédrales.

Pour matérialiser la longueur de 100φ mc, reprenons le principe de la figure I-4 du chapitre I en y multipliant l'échelle par 100. Cela donne la figure XII-5 où **ab** coupe l'axe longitudinal en **c** et où le cercle de centre

Fg. XII-6

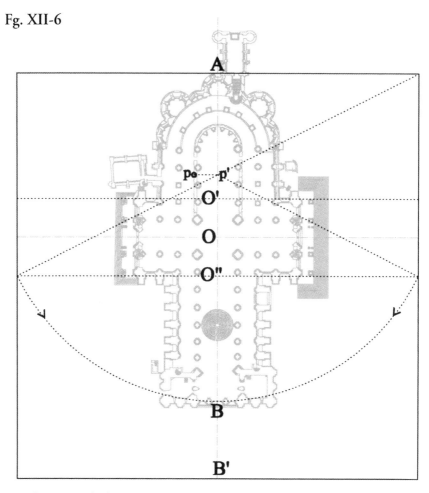

c et de rayon **cb** donne **A**. Le centre **O'** du carré de départ est facile à déterminer à partir du puits puisque, si l'on appelle **p** le centre de celui-ci, on a **pp'** = **O'p'**. Il sera montré plus loin que ce point **O'** marque la limite extérieure orientale du transept. Cette figure est assez riche et, pour ceux que cela intéresse, on vérifie par exemple que **O'A** = 100/φ, **OO'** = 50/φ², **Op'** = 50/φ et **p'A** = **Bc** = 50.

Bien entendu, le même résultat peut s'obtenir en considérant (**fg. XII-6**) un carré dont la base supérieure passe par **A**, la base inférieure par **B'**, avec **AB'** = 200 mc et dont le centre est **O"**. Ce dernier point correspond à la largeur extérieure occidentale du transept. Le centre du cercle déterminant **B** n'est autre que **p'**.

La superposition des deux dessins précédents donne la figure XII-7 et

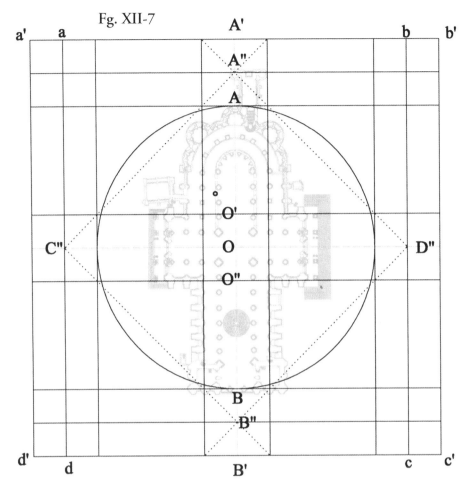

Fg. XII-7

le rectangle abcd que l'on complète par le cercle et le carré circonscrit à la cathédrale. De plus, le carré **A"D"B"C"** permet de déterminer des segments longitudinaux et transversaux qui viennent compléter la figure. Ce dessin sera très utile pour définir la plupart des dimensions de la cathédrale. Parfois, il sera nécessaire d'avoir recours au carré **a'b'c'd'** qui en découle directement et dont chaque côté mesure 238,2 mc.

Si l'on se limite aux seuls contours de la cathédrale (**fg. XII-8**) on constate que le dessin contient beaucoup de dimensions remarquables. Ainsi, **AC** mesure 100 mc. Cela indique une marche à suivre pour déterminer le parement extérieur du transept, puisque le cercle de centre **A** et de rayon **AO"** coupe le cercle circonscrit précisément en C. Le dessin symétrique, c'est-à-dire le cercle de centre **B** et de rayon **BO'** = 100 mc, dé-

Fg. XII-8

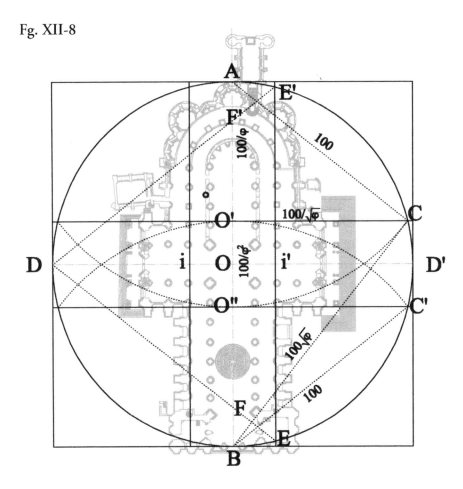

finit l'autre parement en C'. La largeur extérieure du transept est donc définie par O'O".

Par ailleurs, il est facile de montrer que O'A (de même que O"B, iD et i'D') mesure $100/\varphi$ mc = 61,8 mc. Il en résulte que O'C mesure $100/\sqrt{\varphi}$ mc, soit 78,6 mc. Cette longueur est très sensiblement égale à 25π (la différence étant légèrement inférieure à 1/1 000e), ce qui signifie que le cercle ayant la même longueur que le carré dont le demi-côté mesure 78,6 mc a pour rayon 100 mc.

De même, la longueur de BC est de $100\sqrt{\varphi}$ mc = 127,2 mc. Dans ce cas, qui est un peu l'inverse du dernier, le cercle ayant pour rayon cette valeur a la même longueur qu'un carré dont le demi-côté mesure 100 mc.

Toujours dans le même type de sujet, en reliant les points D et E d'une

LE PLAN GÉNÉRAL

part et **D** et **E'** d'autre part, on détermine les points **F** et **F'** sur l'axe longitudinal. **OF** = **OF'** mesure la longueur **OA** divisée par $\sqrt{\varphi}$, à savoir donc 50 $\sqrt{\varphi}$, soit 63,6 mc. C'est le demi-côté du carré dont le périmètre égale celui du cercle circonscrit à la cathédrale. **F'** marquait probablement la limite de l'arrondi du premier déambulatoire autour du chœur avant qu'il ne soit dédoublé. De son côté, le segment **BF** devait initialement définir la largeur des tours.

Enfin — mais ce dessin est très riche et recèle d'autres caractéristiques — signalons que **O'O"** mesure $100/\varphi2 = 38,2$ mc.

Lorsque l'on entre dans la cathédrale après avoir franchi le Portail royal et traversé le narthex correspondant à l'emprise des tours au niveau du sol, on compte trois travées [47] de longueurs croissantes pour arriver au centre du labyrinthe. Puis quatre autres travées sensiblement de même longueur aboutissent aux gros piliers de la croisée du transept. Certains ont voulu voir dans le partage de la nef en trois et quatre travées un rappel des sept arts libéraux enseignés à l'Ecole de Chartres : une année pour le trivium et une autre pour le quadrivium. C'est fort possible, mais aucun document ne le confirme.

Une fois la croisée franchie, quatre travées d'une longueur totale équivalant celle des dernières permettent d'accéder au « centre sacré ». Celui-ci se trouve donc en symétrie avec le centre du labyrinthe par rapport à l'axe transversal. Si l'on assimile la largeur de la croisée à deux travées, 10 travées (nombre de la perfection) séparent le labyrinthe du centre sacré.

Mais la notion de centre sacré peut prêter à confusion. Tout d'abord, il ne faut pas le confondre avec le centre du rond-point du chœur qui, en l'occurrence, se situe un peu plus loin du centre de la cathédrale que la quatrième travée. Ensuite, pour préciser ce à quoi il correspond précisément, on peut hésiter entre l'emplacement de l'autel ou, plus exactement du tabernacle, et celui de l'officiant, deux définitions également valables. En fait, il vaudrait mieux parler de « foyers », points d'irradiation principaux aussi bien de l'esprit des fidèles que dc la structure elle-même. En

-----

— 47/ Peut-être faut-il rappeler que, dans le cas de la nef et du chœur, les piliers sont (plus ou moins) alignés, à deux ou quatre sur une ligne perpendiculaire à l'axe longitudinal. Une travée correspond à l'espace entre deux de ces lignes consécutives et sa longueur représente la distance entre ces lignes. Dans le cas du transept, ces lignes sont évidemment parallèles à l'axe longitudinal.

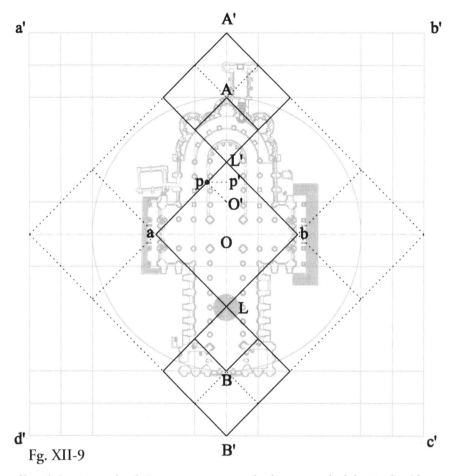

Fg. XII-9

effet, il s'avérera plus loin que, par exemple, le centre du labyrinthe (dans sa location initialement fixée, car elle aussi a varié) a régi les dimensions intérieures des tours.

Dans la genèse de l'élaboration des tracés, lesquels, répétons-le, ont visiblement suivi quelques évolutions au cours du temps, un premier couple de foyers **L** et **L'** a dû être déterminé de manière simple et quasiment évidente (**fg. XII-9**) grâce au carré de diagonale **A'B'** et les intersections de ses côtés avec le carré contenant la cathédrale. On constate que **aL'** passe par le centre du puits et que **p'L' = p'O' = p'p** (=$50/\varphi^3$ mc, soit 11,8 mc ou 9,68 m).

On voit que ce dessin permet aussi de retrouver la longueur **AB** de la cathédrale. Il évoque irrésistiblement avec ses trois carrés accolés selon leurs diagonales ce que J. James a nommé la Figure de la Création. À la

Le plan général

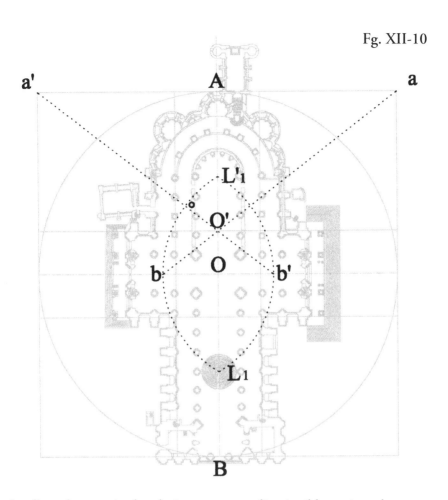

Fg. XII-10

suite d'une longue étude relativement compliquée, il la restitue dans son livre. Elle ressemble beaucoup aux trois carrés contenus dans le segment **AB** mais excède légèrement celui-ci en situant **B** à la limite extérieure des maçonneries du Portail royal. Malheureusement, les dimensions qu'il donne ne correspondent pas tout à fait avec celles qu'il a lui-même mesurées sur place (il s'en faut de 83 cm pour la distance par rapport à **O** sur une longueur réelle de 69,68 m).

La distance **OL'** est de 42,7 mc (=50 $\sqrt{5}/\varphi^2$) ou 35,04 m. À partir du centre, elle couvre cinq travées en y incluant la moitié de l'écartement des piliers de la croisée du transept. Cela correspond pour chaque travée une longueur de 8,541 m, soit 7 m. En réalité, cela est surtout vrai pour la première travée comptée à partir de **O**, ce l'est moins pour la deuxième travée et ce ne l'est plus au-delà. Ainsi, les deux piliers déterminant la quatrième travée à partir de la croisée (ou la cinquième à partir de **O**) sont à une distance moyenne de l'axe transversal **OL'**1 de 35,5 m (**fg. XII-10**), valeur très voisine de 43,3 mc, c'est-à-dire 25√3 mc.

Les points **L**1 et **L'**1 situés aux extrémités de cette distance sont faciles à déterminer. Les prolongements de **aO'** et de **a'O'** donnent **b** et **b'**. Chacun de ces points est situé à 25 mc de **O**. Les cercles de centre **b** et **b'** et de rayon **bb'** se rencontrent en **L**1 et **L'**1 et la distance de chacun de ces points à **O** est de 25√3 = 43,3 mc.

Nous nous trouvons donc devant deux foyers possibles dans le chœur. Mais, à la réflexion, il n'est pas nécessaire de choisir l'un plutôt que l'autre. En effet, si l'on s'aventure à « décrypter » leur formulation mathématique, on voit que la première, qui mêle intimement √5 et φ, désigne clairement l'homme, voire l'homme supérieur, l'officiant. La seconde a évidemment trait à Dieu et indique l'emplacement de l'autel. La conclusion est donc simple : ce sont ces deux foyers qui ont été choisis par les Maîtres. Les Maîtres et non pas le Maître car il est vraisemblable qu'un foyer a été pris en considération en premier et que le second lui a été adjoint par la suite.

En faveur de la première option milite la mesure de 8,541 mc pour l'écartement des deux premières travées. Le chapitre XIV va montrer comment cette valeur a été obtenue et la raison pour laquelle elle est devenue « incontestable ».

Pour supporter la seconde, il y a d'abord le relevé effectué dans le chœur. Et surtout, comme déjà signalé, la position très importante que possède **L**1 vis-à-vis du dimensionnement des tours.

Il s'avère pourtant que ce qui précède n'a pas fait le tour du sujet car la mesure **OL**1 relevée sur place n'est pas de 43,3 mais de 43,1 mc, cote du centre du labyrinthe.

Comme on va le voir tout de suite, cette valeur n'a pas été prise au hasard.

Mais pour savoir comment elle a été déterminée, il faut d'abord évoquer une figure qui sera plus d'une fois sollicitée pour dégager certaines parties de l'ouvrage et dont on a vu le principe de construction dans le chapitre II. Il s'agit (**fg. XII-11**) du cercle ayant pour centre **O**, celui de la cathédrale et pour rayon **Op**, **p** étant le centre du puits des Saints-Forts, ce qui confirme le rôle fondamental que ce puits a joué dans toutes les cathédrales. Le puits n'apparaît pas au niveau du sol de la cathédrale puisque

Fg. XII-11

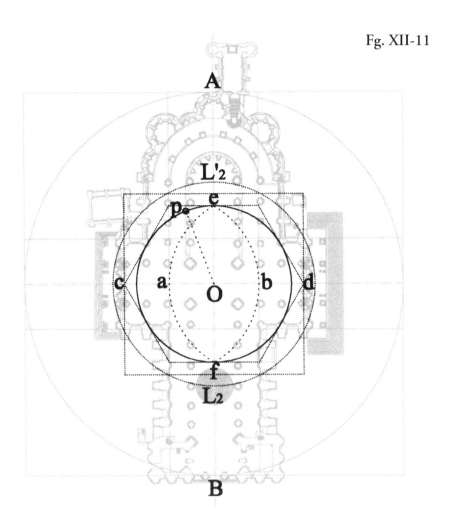

son débouché se situe dans la crypte. Mais il ne fait pas de doute que, compte tenu de son importance symbolique, un ou des repères indiquant sa position aient été ménagés au moment de la construction ou, au moins, de la réalisation des tracés. La longueur de ce rayon est de 33,08 mc (50 √3/φ2) ou 27,14 m. Il existe un autre moyen de le trouver. Les deux cercles de centres **a** et **b** et de rayon **ab** se rencontrent sur l'axe longitudinal en des points **e** et **f** distants de **O** de 33,08 mc.

En multipliant ce rayon par 2/√3 (voir chapitre II), on obtient les segments **Oc** et **Od** qui mesurent 38,2 mc (50/φ2). Pour les déterminer, on peut également noter qu'ils constituent la fiagonale **cd** de l'hexagone circonscrit au cercle précédent et qui apparaît sur le dessin en traits pointillés. Construisons maintenant le carré centré sur **O** et passant par **c** et

d. Le cercle de même surface que ce carré a pour diamètre **L2 L'2**. **OL2** et **OL'2** mesurent exactement 43,1 mc (donc égal à 38,2/0,886227 mc).

En définitive, il apparaît qu'après que le centre du labyrinthe ait été fixé en **L**, puis en **L1**, point à partir duquel a été conçu le tracé en plan des tours, il a été définitivement positionné en **L2**, centre actuel, afin d'introduire le principe de la quadrature du cercle qui sera aussi appliqué en d'autres endroits. Cela confirme le fait que plusieurs projets se sont succédé au cours du temps, non pas au gré des marottes des Maîtres successifs ou des membres du Chapitre, mais dans le cadre d'une élaboration toujours plus poussée des connaissances.

À la fin de cette analyse ardue dont la complexité résulte de l'alternance de plusieurs projets successifs, tous aussi pertinents les uns que les autres et montrant l'évolution du savoir dans le domaine de l'exploration des Nombres, il faut, sans que cela relève d'un certain masochisme intellectuel, évoquer un autre centre ou foyer dans l'arrondi du chœur. C'est le point de convergence des axes des chapelles radiales de la cathédrale de Fulbert. Ce même point était également le centre du demi-cercle que constituait le chevet de la cathédrale carolingienne. Il sera conservé dans le nouvel édifice et il en sera question plus loin, mais il s'agit plus d'un foyer de construction que d'un centre sacré.

Il serait bon maintenant d'évoquer l'orientation de la cathédrale. Le chapitre V a montré comment celle de l'axe longitudinal des cinq cathédrales a pu être défini. En ce qui concerne l'actuelle, son axe subit des variations, surtout au-delà du rond-point du chœur. Il semble animé d'un mouvement d'ondulation. Ou plutôt de reptation : le serpent n'est-il pas le tentateur de la Connaissance ? L'axe oscille en effet entre deux orientations si voisines l'une de l'autre qu'on ne peut pas les distinguer à l'œil nu. L'orientation générale est de 42°8 [48], mais prend parfois l'inclinaison de 43°1.

La figure **XII-12** indique la manière dont elles sont obtenues. Le cercle de centre **O** et de rayon **OA'** amène au point **a**. L'angle que forment **OA** et **Oa** vaut 42°8. Pour ce qui est de l'autre angle, c'est un peu plus com-

-----

— 48/ Rappelons que, pour des raisons de facilité de calcul, les angles sont exprimés ici en degrés centésimaux et non en degrés sexagimaux.

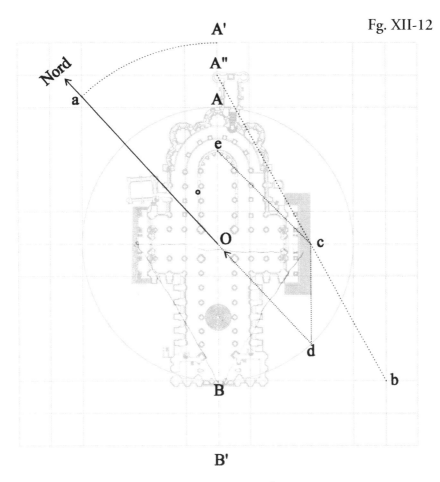

Fg. XII-12

pliqué. La jonction de **A"** et de **b** passe par **c**. À ce point correspond **d** sur le cercle circonscrit à l'ouvrage. **Od** et **dc** forment l'angle 43°1. Sur le dessin, **dO**, figuré en pointillé, n'a pas été prolongé comme il devrait l'être car à cette échelle ce prolongement est indiscernable de **Oa**.

Le point **c** utilisé pour retrouver l'orientation de 43°1 marque également la limite de l'escalier du porche Sud. La longueur de **Oc** est de 55,28 mc (40 $\sqrt{5}/\varphi2$), soit 45,36 m.

Elle définit également e, point qui marque l'extérieur de l'arrondi du chœur O [49].

— 49/ Il s'agit plus précisément de l'intersection avec l'axe longitudinal du cercle englobant l'extérieur des six piliers entourant ce chœur.

À l'issue de ce chapitre, nous sommes en possession des éléments permettant de déterminer toutes les dimensions internes et externes de la cathédrale. Comme la suite va le montrer, elles sont toutes issues de dessins géométriques le plus souvent simples et parfois un petit peu plus complexes.

Il demeure toutefois une question relative aux unités de longueur. Si l'unité de base mc valant 0,82 m est demeurée immuable au cours des siècles et a encore régi les mensurations de la cathédrale actuelle, il n'en va pas de même pour la longueur des pieds utilisés par les différents exécutants. J. James l'a bien remarqué dans son étude puisqu'il en a recensé huit, depuis le pied anglais jusqu'au pied teuton, en passant par le pied romain ou le pied du Roi et dont les longueurs respectives varient de 0,275 à 0,354 m.

Il est difficile de déceler tel ou tel de ces pieds dans chaque partie d'ouvrage. Néanmoins, il semble que les grandes dimensions de la cathédrale aient pu correspondre à deux longueurs de pied. Le premier mesure $\varphi/5$ mc = 0,3236 mc ou 0,2655 m. Ainsi, la longueur totale hors tout mesurerait 500 pieds. Le second pied lui est lié. Il vaut le premier multiplié par 10/9, soit 0,3595 mc ou 0,295 m. Ce n'est autre que le pied romain [50]. Multiplié par 450 il donne la même longueur totale.

Trois autres s'apparentent au pied punique se rencontrent relativement souvent. L'un mesure $10/\varphi^7 = 0,3444$ mc (0,2826 m), l'autre $8\sqrt{5}/30\sqrt{\varphi} = 0,3442$ mc (0,2824 m) et le troisième $16/10\varphi^2 \sqrt{\pi} = 0,3448$ mc (0,2829 m). Les différences entre eux peuvent paraître suffisamment faibles pour qu'on n'en tienne pas compte, mais, s'ils sont multipliés par 100 ou plus, les résultats obtenus peuvent varier de 5 à 10 cm, ce qui n'est pas négligeable.

Chacune de ces longueurs peut être déterminée géométriquement avec une exactitude rigoureuse à l'aide de figures originelles analogues à celle décrite précédemment. La démonstration n'en est pas rapportée ici afin de pas accentuer le côté rébarbatif de l'exposé, mais que l'on soit sûr qu'elle existe réellement.

— 50/ En toute rigueur, ce pied romain serait plutôt égal à $2\varphi^6/100 - 0,35888$mc, soit 0,2945 m.

Nous pouvons maintenant aborder l'analyse des différentes parties de la cathédrale, à savoir successivement : les tours et le Portail royal, le transept, sa croisée et ses porches, la nef et le labyrinthe et enfin le chœur et l'abside.

Il ne s'agit pas là d'un ordre normal. En effet, lorsqu'un fidèle entrait dan la cathédrale, il y avançait selon un parcours jalonné par des étapes revêtant un grand symbolisme et dont l'enchaînement correspondait à celui d'une sorte d'initiation progressive et voulue (cela est d'ailleurs vrai lorsqu'on la visite de nos jours). Il n'abordait donc pas le transept avant d'avoir parcouru la nef, voire son labyrinthe. Mais ce symbolisme très élaboré s'initiait principalement dans certaines parties de l'ouvrage, tout particulièrement en son centre, ce qui n'est pas pour surprendre, pour s'étendre ensuite aux autres. Comme conséquence, le cheminement intellectuel de la présente étude est différent du parcours voulu pour les êtres par les concepteurs.

Chapitre XIII

LES TOURS
ET LE PORTAIL ROYAL

La façade occidentale a toujours été admirée et célébrée comme un chef-d'œuvre et elle a été maintes fois louée pour son équilibre dans sa diversité, pour sa majesté, en un mot pour sa beauté. L'étude présentée ici, qui concerne uniquement les assises, va faire apparaître que sa conception a également été un chef-d'œuvre de par la qualité et le raffinement très subtil des tracés qui ont présidé à son édification.

Ainsi qu'il l'a été signalé plus haut, cette façade a fait et fait encore l'objet de controverses vigoureuses de la part d'historiens et de spécialistes pour savoir quand, comment et selon quels principes elle a été conçue et construite. Pour se ménager un cheminement entre ces controverses, dans lesquelles les arguments sont aussi péremptoires que ceux qui les contredisent, un livre récent écrit par Brigitte Kurmann-Schwarz et Peter Kurmann [51], fait état de leurs recherches approfondies et constitue un bon guide, bien qu'il ne réponde pas à toutes les questions que l'on est amené à se poser.

— 51/ *« Chartres, la cathédrale »* collection Le Ciel et la Terre, Éditions Zodiaque, mai 2001.

En ce qui concerne dans un premier temps la chronologie, la seule certitude que l'on puisse avoir est que les tours Nord et Sud ainsi que le Portail royal, actuellement parties intégrantes de la cathédrale actuelle, ont
été construits bien avant que celle-ci n'ait été entreprise en 1194. Selon la
version la plus communément admise, l'incendie qui a ravagé Chartres
en 1134 marque le moment où il est décidé de construire cette façade nettement décalée à l'Ouest de la cathédrale de Fulbert [52]. L'intention de
Geoffroy de Lèves, l'évêque d'alors, était très vraisemblablement d'opérer
une extension de cette dernière de manière à pouvoir accueillir un plus
grand nombre de fidèles. Pour leur part, les Kurmann procèdent à l'analyse suivante : « *Tout semble indiquer que la façade à deux tours actuelle ait
été un agrandissement de l'édifice de Fulbert. La façade occidentale d'origine
n'était plus satisfaisante, surtout depuis que l'abbé Suger avait inventé un
nouveau modèle avec la construction de la façade occidentale de Saint-Denis.
On décide donc à Chartres d'édifier un massif occidental puissant, digne de
l'immense cathédrale romane. Comme cette construction nouvelle se situait
hors œuvre, les travaux de sa construction ne dérangeaient en rien les services
religieux. On pouvait donc se donner le temps d'en ériger les différentes parties les unes après les autres. Un concept global de base avait certainement été
déterminé, mais on le modifia constamment en cours d'exécution pour l'adapter aux ambitions croissantes des maîtres d'ouvrage* ».

Selon plusieurs auteurs, la tour Nord, dite *le clocher vieux*, a été entreprise en premier dès 1134. Mais, alors que son financement paraissait assuré (n'oublions pas que Chartres était l'un des évêchés les plus riches de
France), les travaux correspondants ont été interrompus à maintes reprises, comme si le parti initial choisi donnait lieu à hésitations ou à remaniements.

Beaucoup d'hypothèses ont été émises à ce sujet. Les auteurs précédents, après avoir écarté les moins vraisemblables, les regroupent en trois
principales.

Selon la première hypothèse, la façade de la cathédrale de Fulbert reste debout à peu près intacte et le Portail royal est construit très près de
celle-ci. Les deux tours sont construites à leur emplacement actuel, mé-

-----

— 52/ Bien que les plus nombreux se soient ralliés à cette hypothèse, la date est contestée par jan Van Der Meulen et Jürgen Hohmeyer dans « *Chartres. Biographie der Kathedrale* ».

nageant ainsi entre elles l'espace nécessaire à un narthex.

Selon la seconde, la façade de Fulbert est détruite et la nef romane est prolongée jusqu'aux tours avec deux portails successifs implantés directement à l'Est et à l'Ouest de celles-ci.

Enfin, pour la troisième hypothèse, la plus simple, le Portail est directement construit là où nous le connaissons et la nef de Fulbert est prolongée jusqu'à lui.

Les auteurs penchent pour la troisième hypothèse mais pensent que les trois ont été successivement envisagées et âprement discutées, ce qui expliquerait les atermoiements relatifs à la tour Nord.

En tout état de cause, lorsque tous se furent finalement mis d'accord aux alentours de 1144, le Portail et la tour Sud ont été construits simultanément, ainsi que le démontre la continuité des assises de leurs pierres, contrairement au cas de la tour Nord.

Pendant dix années, donc, les seuls travaux auxquels on pouvait assister étaient ceux de la seule tour Nord et encore ne s'élevait-elle que par petits à-coups ponctués de longs arrêts. Cette situation peu habituelle devait certainement provoquer l'étonnement, voire l'inquiétude des Chartrains, des pèlerins, des visiteurs et des donateurs. C'est pourquoi on peut penser que, dès qu'il parvint enfin à un consensus, le Chapitre entreprit de rassurer tout le monde en faisant une annonce publique digne de provoquer l'enthousiasme et d'entraîner un nouveau courant de dons. Cela semble bien avoir été le cas puisque la chronique rédigée en 1184 par Robert de Torigny décrit l'engouement des habitants qui, n'ayant pas pour la plupart les moyens de faire des dons, décidèrent en cette année 1145 de participer eux-mêmes à la construction en s'attelant aux lourds fardiers qui transportaient les pierres de la carrière de Berchère jusqu'à la cathédrale en affrontant avec ardeur la forte pente du tertre où se tient la cathédrale.

Les travaux de la tour Sud et du Portail royal ne connurent par contre aucune interruption et s'achevèrent en 1160 en un délai exceptionnellement court.

Ceci étant, il est très surprenant qu'à l'occasion et au travers des innombrables controverses déjà évoquées, deux sujets importants, car relatifs à la conception même des ouvrages, n'aient jamais été abordés et encore moins traités.

Fg. XIII-1

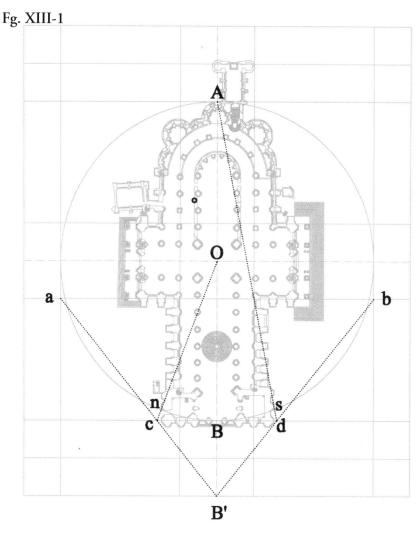

Le premier tient dans la question suivante : pour quelle raison le Portail royal a-t-il si précisément été implanté à l'emplacement où il se trouve ? Bien sûr, on l'a vu, il pouvait facilement être défini à partir de la figure mère. Mais ainsi, la longueur totale de la nouvelle cathédrale de Fulbert mesurait 159,79 mc et, dans les géométries de conception, elle ne provenait pas naturellement de la précédente [53]. Cela dérogeait à la règle constatée dans l'évolution des ouvrages successifs à partir du paléochré-

-----
— 53/ Bien que cela lui fasse correspondre un cercle circonscrit dont la surface vaux exactement 20 000 mc2, qui est la même que celle d'un carré de 100x√2 mc de côté.

tien. N'y aurait-il donc pas eu anticipation sur ce qu'allait être la cathédrale suivante ? Certains objectent que ce n'était pas pensable à l'époque et que cela eût été gravement pécher que de vouloir ainsi se substituer à Dieu. Et pourtant, serait-il impensable qu'un Maître de Chartres, connaissant inévitablement les principes de croissance des édifices, ne se soit jamais demandé, ne serait-ce que par simple curiosité intellectuelle, comment pourrait se présenter la future cathédrale s'il devait y en avoir une ? Il y a une forte présomption d'estimer qu'en 1134, il a été décidé de faire la moitié du chemin vers celle qui serait construite plus tard.

Le deuxième sujet va le confirmer. En effet, l'emprise latérale des tours n'est pas symétrique par rapport à l'axe longitudinal. La différence d'environ 70 cm est relativement faible mais nettement décelable à l'œil nu. Or, personne n'a semblé s'interroger sur sa raison d'être et encore moins sur sa valeur. On sait que le célèbre Vitruve était alors porté en grande estime. Il n'appréhendait pas la notion de symétrie de la même façon que nous aujourd'hui. Pour lui, c'était l'expression d'une harmonie ou d'une unité commune, ne signifiant pas forcément des distances rigoureusement égales de part et d'autre d'une droite, d'un axe ou d'un plan. Nul ne peut contester l'harmonie des deux tours, mais comment y est-on parvenu et de quoi cette différence a-t-elle résulté ?

La réponse tient dans la figure **XIII-1** et celles qui la suivent. Et elles indiquent très clairement que la largeur de chacune de ces tours est directement liée à la structure et aux futures dimensions de cette cathédrale qui n'existait pas encore mais dont on savait déjà localiser tout à la fois sa longueur **AB** égale à $100\varphi = 161,8$ mc, son centre **O**, donc le cercle circonscrit qui joue un rôle capital, et les carrés ou rectangles qui l'entourent décrits dans le chapitre précédent. Nous connaissons déjà la droite **ab** délimitant le parement occidental du transept. La jonction de **a** et de **B'** et celle de **b** et de ce même point déterminent les points **c** et **d**. Les segments **Bc** et **Bd** sont égaux, chacun mesurant $50/\varphi = 30,90$ mc (25,35 m). C'est à partir de ces segments égaux qu'ont été déterminées d'une manière étonnamment simple les largeurs inégales des tours. En effet, **Oc** coupe le cercle circonscrit en n qui marque la largeur de la tour Nord, laquelle vaut 28,867 mc $= 50/\sqrt{3}$. De manière analogue, **Ad** le coupe en s qui définit la largeur de la tour Sud qui est de 29,814 mc $= 40\sqrt{5}/3$.

Il va sans dire que retrouver cette construction géométrique à la fois

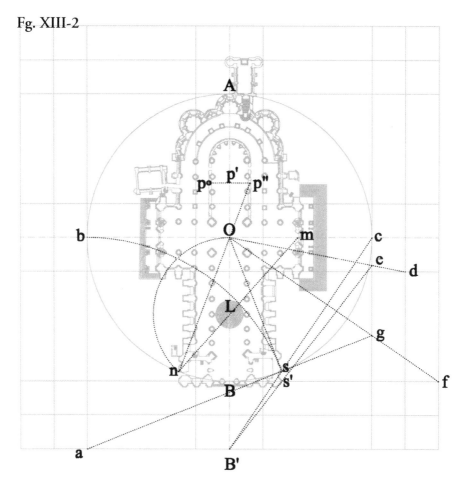
Fg. XIII-2

aussi dépouillée que riche procure une grande satisfaction. On ne peut qu'être confondu d'admiration devant la pure simplicité du dessin. On peut supposer que Vitruve l'aurait appréciée du fait que la diversité ainsi obtenue est issue d'une même unité. Et cette unité de référence n'est autre que la longueur de la future cathédrale. Cela balaye définitivement les doutes émis concernant la connaissance dès 1134 de l'allure et des dimensions de la cathédrale d'aujourd'hui.

La figure **XIII-2** donne la confirmation, s'il en était besoin, de la validité de ces résultats.

Tout d'abord, reprenons le point **L1** du chapitre XII, à savoir le centre du futur labyrinthe tel qu'il avait un moment été envisagé et qui va régir une bonne partie des dimensions des tours. Pour plus de commodité, nous l'appellerons dorénavant **L**. Le segment **OL** mesure 25 = 43,3 mc. Traçons le cercle de centre **L** et de rayon **LO**. Il recoupe le cercle circonscrit exactement en n, ce qui justifie le positionnement de ce point. En passant, on constate que l'inclinaison de **nL** sur l'horizontale est de $\sqrt{5}/2$. Ainsi, le prolongement de **nL** aboutit en **m** sur le diamètre **bc** et **Om** mesure 38,73 mc = $10\sqrt{3}\sqrt{5}$. Remarquons que le carré dont le côté vaut deux fois **Om** a une superficie de 6000 mc² et le cercle de même surface a un rayon de $100/\varphi\sqrt{2}$.

En ce qui concerne l'emplacement du point **s**, il y a encore plus de confirmations. Ainsi, le cercle de centre **a** et de rayon **ab** intersecte le cercle circonscrit en **s**. De plus, **as** est la tangente en **s** au cercle circonscrit à la cathédrale. En conséquence, le rayon **Os** est perpendiculaire à **as**. On peut d'ailleurs retrouver cette tangente autrement : en reliant **O** et **f**, on obtient le point **g** et **ga** est cette tangente en **s**. On pourrait à juste titre objecter au dessin précédent (**fg. XIII-1**) la difficulté qu'il y aurait eu à l'époque de matérialiser la droite **As** à travers l'édifice existant. En fait, il existe deux solutions de rechange. Nous venons de voir la première qui permet de tracer **Os**. La deuxième tient dans le fait que, **e** étant à l'intersection de **Od** avec le carré circonscrit, **B'e**, segment qui n'interfère en rien avec la cathédrale de Fulbert, coupe le cercle au même point **s**.

Enfin, **B'e** détermine **s'** et **Bs'** est la largeur de la tour Sud. Cette dernière solution graphique n'interfère pas non plus avec l'édifice existant.

En définitive, il semble bien que soit élucidé le problème posé par la disparité des tours et que leurs largeurs soient bien définies. Mais il demeure une question à laquelle on ne peut répondre dans l'état actuel de l'étude. Pourquoi est-ce la tour Sud qui est plus large que la tour Nord et non l'inverse ? Cela est d'autant plus étonnant que si l'on prolonge **nO** jusqu'au niveau du centre **p** du puits des Saints-Forts, on aboutit à **p''** qui est son symétrique parfait. À première vue pour un homme du XXIᵉ siècle, il aurait donc paru plus pertinent d'intervertir les tours. Mais il est certain que cela n'avait pas échappé au Maître de l'époque et il reste à trouver les raisons pour lesquelles il a effectué ce choix.

Il existe une autre méthode pour déterminer, non seulement la largeur hors tout des tours et ainsi les confirmer une nouvelle fois, mais aussi pour trouver leurs dimensions internes. Ce qui la caractérise, ainsi que pour beaucoup d'autres parties de la cathédrale comme nous le verrons, c'est

Fg. XIII-3

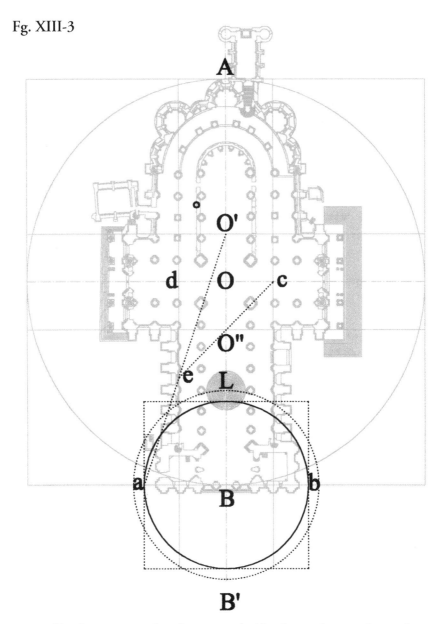

une utilisation poussée des éléments relatifs à la quadrature du cercle aussi bien en périmètre qu'en surface. Il sera éventuellement bon pour le lecteur de se reporter au chapitre II pour se les remémorer.

Sur la figure **XIII-3**, traçons le cercle de centre **B** et de rayon BL. On

-----
— 54/ Cela est exact au 3/10 000ᵉ près.

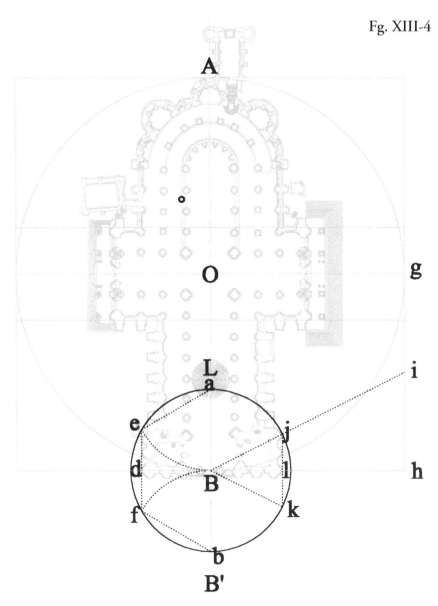

Fg. XIII-4

découvre que le côté **ab** du carré dont la surface est la même que celle de ce cercle mesure 200/3 mc et donc que **Ba** = **Bb** = 100/3 = 33,333 mc [54]. Remarquons que nous aurions pu suivre le cheminement inverse, c'est-à-dire commencer par déterminer par exemple la longueur **Ba**. Il suffit pour cela de prolonger **cO"** en **e** sur la parallèle à l'axe longitudinal passant par **d** (rappelons que **Oc** = **Od** = **OO'** = **OO"** = $50/\varphi 2$ = 19,1 mc), puis de prolonger **O**'e jusqu'en **a**, de dessiner le carré de côté **ab** et enfin de construire le cercle de même surface ce qui donne finalement L. Retenons que l'inclinaison de **La** par rapport à **LB** est de 0,886 (c'est-à-dire que **Ba** = 0,886 x **BL**) qui est l'une des caractéristiques de la quadrature en surface du cercle. Nous en rencontrerons une autre plus loin.

Avec la figure **XIII-4** qui change la dénomination antérieure de certains points, inscrivons dans la partie gauche du cercle de rayon 100/3 mc la moitié d'un hexagone régulier **aefb**, **e** étant l'intersection du cercle avec l'arc de centre **a** et de rayon **aB** et **f** celle avec l'arc de centre **b** et de rayon **bB**. La jonction de **e** et de **f** donne **d**. **Bd** est la largeur de la tour Nord.

Appelons maintenant **i** le milieu entre les points **g** et **h**. **Bi** (dont l'inclinaison sur **Bh** est donc de O, 5) coupe le cercle en **j** dont le symétrique est **k**. Le segment **jk** donne **l**. **Bl** (qui mesure **Bj** x 2/√5) est la largeur exacte de la tour Sud.

En définitive, en procédant autrement que sur la figure **XIII-1**, on retrouve le même principe qui consiste à partir d'une valeur unique, ici le rayon du cercle de 100/3 mc, pour d'aboutir à deux longueurs différentes mais cohérentes entre elles (le rapport de ces deux longueurs est de 1,25/√3/√5).

À ce stade, on peut faire une remarque légèrement intrigante qui consiste à noter que le rayon de 100/3 = 33,333 mc est très peu différent de celui du cercle, dont il a déjà été fait état, ayant le même centre que la cathédrale et passant par le centre du puits. Ce rayon mesure 33,079 mc. La question pourrait donc se poser de savoir si nous n'avons pas fait fausse route en choisissant un autre cercle que ce dernier.

En réalité, les largeurs que nous venons de trouver pour les tours grâce au premier cercle concernent l'emprise extérieure de leurs assises qui forment un redent, ou plus précisément des assises de leurs contreforts. Dès que l'on remonte au-dessus, la largeur diminue légèrement et elle est déterminée par l'utilisation des mêmes raisonnements et dessins appliqués au second cercle. Compte tenu des très faibles différences, ces dessins seraient à leur échelle indiscernables des précédents. Mentionnons simplement que les largeurs correspondantes sont, $75/\varphi^2 = 28,65$ mc pour ce qui est de la tour Nord et pour la tour Sud : $100 \sqrt{3} / \varphi^2 / \sqrt{5} = 29,59$ mc.

Fg. XIII-5

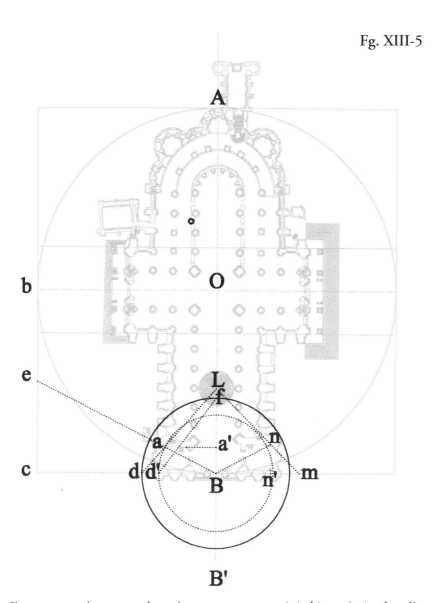

Essayons maintenant de voir comment ont été déterminées les dimensions des salles intérieures situées à la base des deux tours et supposées avoir constitué le narthex. Elles sont, on le sait de dimensions différentes mais, de prime abord, on ne voit pas ce qui caractérise chacune d'entre elles. La figure **XIII-5** est très instructive à cet égard.

En ce qui concerne la tour Nord, on peut faire deux constatations en reliant les points **L** et **d**. La première est que **Ld** passe par le point « **a** »

Fg. XIII-6

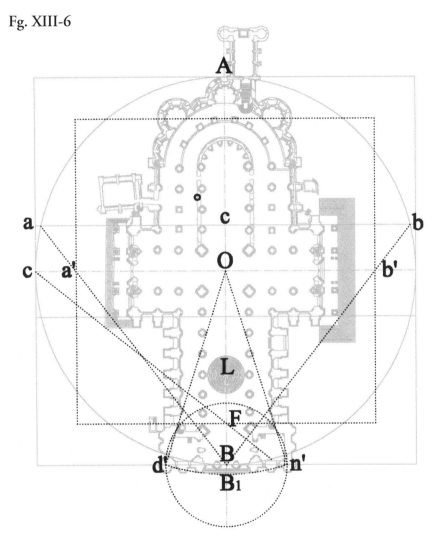

qui situe le coin Nord de la salle de la tour. Si on rappelle **a** en **a'** sur l'axe longitudinal, la seconde est que **aa'** vaut deux fois la longueur **Ba'**. Par conséquent, **e** étant le milieu de **bc**, **Be** et **Ld** se coupent en **a**. En valeur absolue, **aa' = 2Ba' = 2 x 20/√3** = 23,094 mc [55].

Dans le cas de la tour Sud, on fait également deux constatations. Situons le point **m** tel que **Bm = BL**. On s'aperçoit que **Lm** passe par le point **n** qui correspond au coin Sud de la salle abritée par la tour. Par

-----
— 55/ La précision est de 1,4/10 000e, c'est-à-dire 3 mm sur 9,5 m.

ailleurs, en appelant **n'** le rappel de **n** sur **BM**, on trouve d'une part que **nn'** mesure $10\sqrt{5}/\sqrt{3}$ = 12,91 mc, d'autre part que le rapport des longueurs **nn'** et **Bn'** est égal à 0,52272, l'une des valeurs (cf. chapitre II) attachées à la quadrature du cercle en termes de surface.

Revenons à la tour Nord et traçons le cercle de centre **B** et de rayon **Ba** dont la longueur mesure 25,82 mc (le double de **nn'**), c'est-à-dire $20\sqrt{5} / \sqrt{3}$. Ce cercle de diamètre **d'n'** permet aussi de retrouver graphiquement les largeurs des tours. En effet, l'hexagone régulier qui lui est circonscrit donne celle de la tour Sud. De même, celle de la tour Nord est égale au rayon multiplié par $\sqrt{5} / 2$. Mais nous allons bientôt voir que ce cercle a encore une autre utilité.

Le moment est maintenant venu de déterminer l'emprise longitudinale des tours, leur profondeur.

Côté occidental, leur façade dépasse le point **B**, qui correspond au seuil du Portail royal, et se situe en **B1**. Ce point se trouve aisément (**fg. XIII-6**). Reprenons le dernier cercle précédent de diamètre **d'n'** et dont le rayon mesure $10\sqrt{5} / \sqrt{3}$ = 12,91 mc. Le cercle de centre **O** et de rayon **Od'** = **On'** détermine **B1** sur l'axe. La longueur **OB1**, ici égale à 84,93 mc ou 69,68 m, correspond bien avec les mesures de J. James qui a trouvé 69,67 m.

En ce qui concerne la limite orientale des tours, il semble bien qu'ait été choisi un premier parti et qu'il ait commencé à être exécuté. Puis il a été modifié lorsque la décision a été prise de construire la cathédrale actuelle. Voire un peu avant, quand la nef de la cathédrale de Fulbert a été prolongée jusqu'aux tours, si cela a véritablement été le cas. Rien n'est certain mais le plan actuel des façades orientales des tours, fatalement tourmenté du fait des modifications intervenues après leur construction, pourrait faire penser que leur limite ait été initialement le côté passant par **F** du carré dont le périmètre égale la longueur du cercle circonscrit à la cathédrale actuelle. Chaque côté de ce carré est égal à **a'b'**, segment obtenu par l'intersection de Ba et de Bb avec l'axe transversal. Comme nous l'avons vu dans le chapitre XII, **ac** = **bc** = $100 / \sqrt{\varphi}$. Donc **Oa'** = **Ob'** = OA $/ \sqrt{\varphi}$ et 4**a'b'** donne la longueur du cercle circonscrit avec une précision inférieure au 1/1 000e.

Quelles sont les modifications apportées ensuite ? En fait, elles n'ont pas été les mêmes pour les deux tours qui, encore une fois, manifestent

Fg. XIII-7

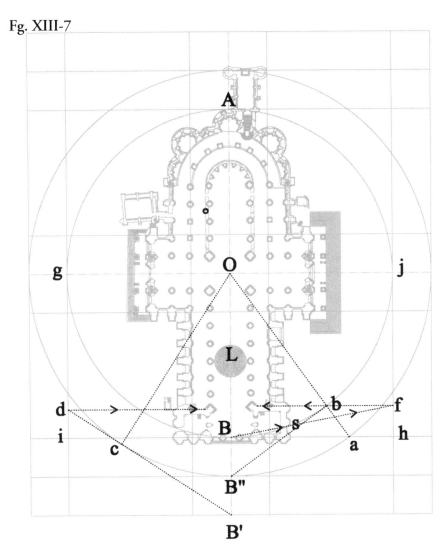

leur propre personnalité. Mais la suite va montrer que leurs configurations, bien que différentes, sont issues d'un principe unique.

La figure XIII-7 comporte le cercle de rayon **OB"** = 100 mc. La tangente à ce cercle menée depuis **B'** est **B'c**. Prolongeons **B'C** en **d** sur le côté Nord du cercle circonscrit à la cathédrale. L'horizontale passant par **d** définit la nouvelle limite orientale de la tour Nord. La longueur de **dg** est de 66,765 mc, soit 54,78 m alors que les relevés de J. James varient de 54,76 à 54,79 m, ce qui ne laisse aucun doute quant à la justesse de la solution. Par contre l'axe du gros pilier situé à la limite entre la tour et la nef

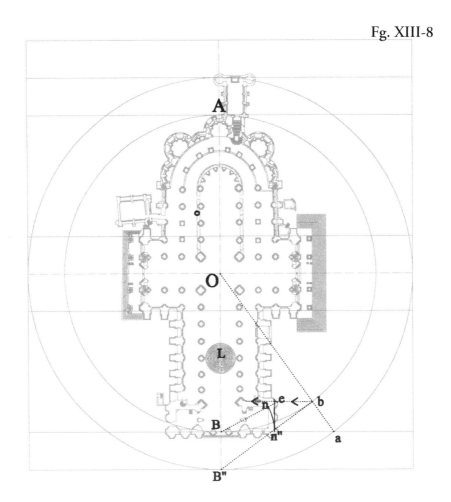

Fg. XIII-8

est plutôt de 200/3 = 66,666 mc, mais nous y reviendrons dans le chapitre XV consacré à la nef.

Il faut remarquer que la longueur de **di**, c'est-à-dire la distance entre la face arrière de la tour et la longueur de la cathédrale au niveau du seuil du Portail royal est égale à 10 mc (à 6 millièmes de mc près). Cela n'est pour l'instant qu'une constatation mais il conviendrait probablement de l'approfondir car ce n'est certainement pas le fait du hasard.

Côté Sud, le cercle de rayon 100 coupe **Bh** en **a**. La droite **Oa** donne **b** sur le cercle circonscrit de rayon 50φ. Ce point **b** peut également être également obtenu de deux autres manières. D'abord en menant la tangente à ce dernier cercle à partir de **B"**. Ensuite, relions **B** à **s**, ce point du cercle circonscrit que nous avons déjà rencontré et qui donne la largeur

199

totale de la tour Sud. Le prolongement de **Bs** donne **f** qui se situe rigoureusement au niveau de **b**. La distance **jf** est égale à $25 / \varphi^2 = 65,45$ mc = 53,70 m, ce qui correspond exactement à celle mesurée par J. James.

Un autre fait a été observé (**fg. XIII-8**). En se rappelant le point **n** de la figure **XIII-5**, nous prolongeons **Bn** jusqu'à son intersection **e** avec l'horizontale passant par **b** et nous trouvons que **e** est à une distance de l'axe longitudinal égale à 29,59 mc. Ce point **e** marque donc la largeur de la tour hors assise.

En conclusion de ce chapitre, il s'avère que cette façade occidentale a fait l'objet réflexions poussées et très élaborées. Mais ce que la présente étude, basée sur l'existant, a retrouvé ne peut évidemment pas rendre compte des différentes hypothèses qui ont alors été évoquées et certainement âprement discutées par les Maîtres pendant les années qu'a pris l'élaboration de la conception. Par ailleurs, les résultats présentés ici n'ont pas la prétention d'être exhaustifs et il est probable qu'une poursuite de la prospection mènerait à des constatations complémentaires. Enfin, il convient de souligner une fois de plus la subtilité de l'application du principe qui consiste à partir d'une donnée unique (segments égaux ou simples cercles) pour parvenir à des résultats différents, en quelque sorte personnalisés, et pourtant cohérents.

Chapitre XIV

LE TRANSEPT ET SES PORCHES

À Chartres, le transept revêt un caractère inhabituel de par son ampleur et sa position dans l'édifice. La cathédrale de Fulbert avait la réputation, certainement justifiée, d'être la plus vaste de la Chrétienté. D'ailleurs, pour chacun des édifices, l'objectif initial fixé aux constructeurs avait toujours été de réaliser un ouvrage capable d'accueillir un maximum de fidèles, sa structure et son architecture en étant en quelque sorte les résultantes. Ce souci, issu de la croissance démographique et de la volonté de mieux éduquer la population, a été constant chez tous les évêques concernés. C'était donc celui, en particulier, de Renaud de Mousson, évêque en 1194 et de ses proches prédécesseurs, lesquels, on l'a vu, ont certainement contribué à la conception de la nouvelle cathédrale. Déjà, à la suite du report à l'Ouest de sa façade occidentale sous la forme de l'actuel Porche royal, l'allongement correspondant de la nef avait encore augmenté la capacité d'accueil de l'ouvrage de Fulbert.

Mais la nouvelle cathédrale devait être encore plus vaste. Mais sa conception était tributaire de contraintes incontournables. Tout d'abord, il n'était pas question de supprimer le Porche royal qui n'avait été achevé que très récemment. Ensuite, on ne pouvait techniquement envisager d'augmenter la largeur de la nef qui constituait déjà un record en la ma-

Fg. XIV-1

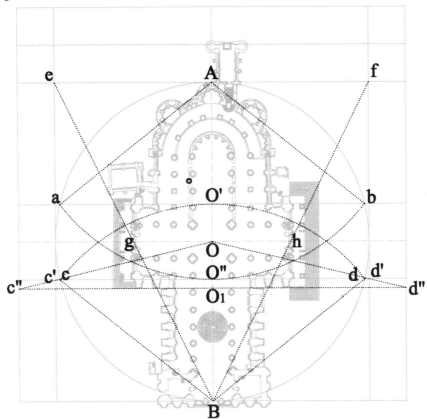

tière. Il fallait donc utiliser au mieux les fondations de la cathédrale de Fulbert. Y compris à l'Est où serait conservé le principe des chapelles rayonnantes, quitte à les élargir quelque peu. Par ailleurs, la logique de croissance des cathédrales successives, cette sorte de « loi » que nous avons vu se dégager, déterminait de manière impérieuse la longueur de la nouvelle. Par contre, les structures entourant le chœur pouvaient être élargies. Et surtout, la dernière option possible afin que l'édifice puisse disposer au total d'une surface supérieure à celle du précédent, consistait à prévoir un transept de très grandes dimensions. En outre, devant se situer en avant du chœur, la seule possibilité d'implantation de son centre se situait donc précisément au centre de l'ouvrage lui-même.

Voyons donc plus précisément comment ce transept a été conçu en harmonie avec l'ensemble de l'édifice.

202

LE TRANSEPT ET SES PORCHES

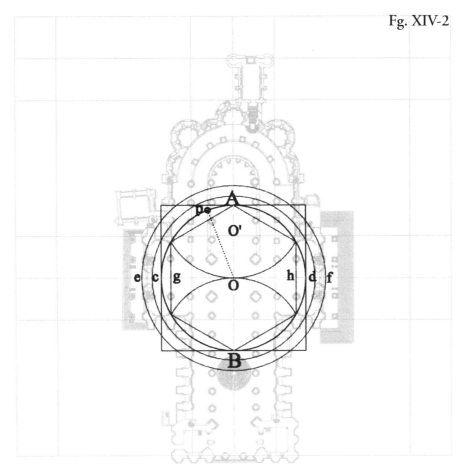

Fg. XIV-2

La figure **XIV-1** rappelle d'abord (voir le chapitre XII) comment ont été déterminées les limites **O'** et **O"** de sa largeur. Le cercle de centre **A** et de rayon **Aa** qui égale **Ab** et mesure 100 mc (82,05 m), donne le point **O"** sur l'axe longitudinal. La ligne **ab** constitue la limite extérieure orientale du transept. Symétriquement, à partir du point **B** on aboutit à la ligne **cd** qui en est la limite occidentale avec son point **O'**.

De plus, les prolongements de **Oc'** et de **Od'** (**c'** et **d'** ne devant pas être confondus avec **c** et **d**) donnent **c"** et **d"** sur le côté du grand carré de 200 mc de côté ayant permis de dessiner la longueur de la cathédrale. La ligne **c"d"**, qui coupe l'axe longitudinal en **O1**, correspond à l'emprise des contreforts occidentaux du transept. À titre indicatif, **OO1** mesure $100/\varphi 3 = 23,6$ mc, soit 19,36 m.

Dans le sens Nord-Sud, la longueur de ce transept est matérialisée par

203

g et **h**, points issus des segments **Be** et **Bf**. La longueur **gh** est donc égale à la moitié de celle de **AB**, c'est-à-dire à 50φ = 80,9 mc. Elle correspond aux seuils des grandes portes clôturant le transept et donnant accès aux porches Nord et Sud. Naturellement, des maçonneries se situent à chaque extrémité de cette partie de l'ouvrage, chacune abritant deux escaliers mettant en communication avec les niveaux supérieurs. Leurs épaisseurs vont être déterminées dans ce qui suit. Elles vont l'être à partir d'un cercle dont l'importance s'avère avoir été capitale dans le choix de la plupart des dimensions internes ou externes de la cathédrale.

Ce cercle (**fig. XIV-2**), que nous avons déjà évoqué dans le chapitre XII (voir fig. **XII-11**), n'est autre que celui qui a pour centre **O**, le centre même de la cathédrale et donc du transept, et pour rayon **Op**, **p** étant le centre du puits des Saints-Forts. Compte tenu de ce que nous avons vu auparavant concernant ce puits et de l'influence considérable qu'il a exercée sur les cathédrales précédentes, il n'est pas surprenant que ce cercle, évidemment invisible sur place et donc aussi discret que le puits qui l'a engendré, ait été un porteur potentiel de nombreuses dimensions de l'ouvrage.

Traçons le carré circonscrit à ce cercle de diamètre **AB**. Il apparaît en traits noirs. Grâce au chapitre II, on sait comment dessiner le cercle de même superficie que ce carré. Il a pour diamètre **cd**. Les points **c** et **d** correspondent aux parements internes des extrémités du transept. **Oc** = **Od** = 37,32 mc, soit 30,6 m. Les mesures correspondantes effectuées par J. James sont respectivement de 30,53 et 30,54 m côté Est et de 30,72 et 30,69 m côté Ouest, la moyenne de ces mesures étant exactement 30,62 m [56].

Toujours sur la même figure, on sait également tracer le cercle ayant cette fois un périmètre égal à celui du carré. Il a pour diamètre **ef**. Les points **e** et **f** donnent la limite des parements externes du transept. **Oe** = **Of** = 42,117 mc, soit 34,56 m alors que J. James indique 34,53 et 34,59 m. De même que ci-dessus, la précision du résultat est excellente et confirme la validité du raisonnement suivi pour y parvenir.

Exploitons encore cette figure en inscrivant un hexagone régulier dans

-----

— 56/ Les dimensions réelles correspondent très bien en moyenne aux résultats « théoriques ». Mais il faut remarquer qu'elles sont sensiblement inférieures côté Est à ce qu'elles sont côté Ouest. Cela est également vrai en ce qui concerne les dimensions externes et internes du chœur, sans qu'une explication ait pu en être trouvée : contraintes dues à des obstacles ou à la nature défavorable du sous-sol ?…

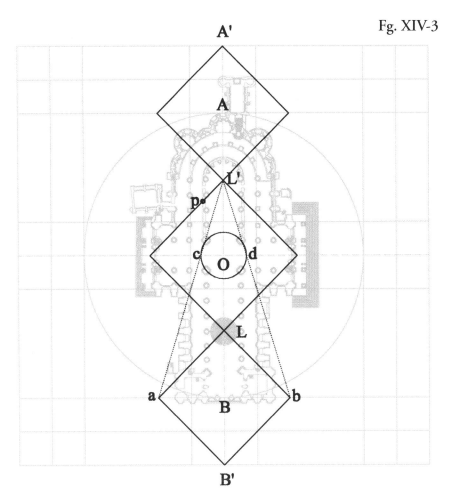

Fg. XIV-3

ce fameux cercle (qui n'a d'ailleurs pas fini de nous surprendre). Nous avons vu comment le faire simplement en traçant les deux cercles de centres **A** et **B** et de rayons **AO** et **BO**. Nous obtenons ainsi les points **g** et **h** sur l'axe transversal. On constate que **Og** = **Oh** = 28,65 mc, soit 23,50 m [57]. Cela représente l'écartement par rapport à l'axe longitudinal des piliers marquant le passage du transept au chœur et les longueurs trouvées correspondent également très bien aux relevés de J. James.

Abordons maintenant la croisée du transept, à savoir les quatre piliers de fortes dimensions conçus, du fait de leur position dans la cathédrale et

-----
— 57/ On notera que cette longueur est égale à 1,5 fois OO', c'est-à-dire $75/\varphi^2$.

205

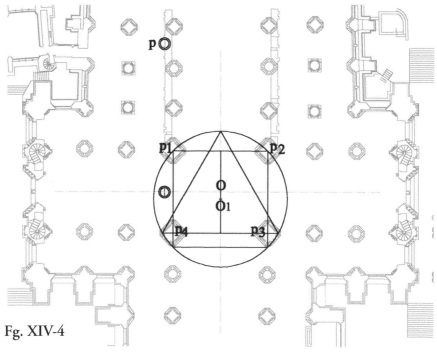

Fg. XIV-4

de la structure générale de celle-ci, pour résister à des reports de charges énormes.

Cette croisée constitue, pourrait-on dire, l'antichambre du chœur. Elle revêt donc une valeur symbolique importante et il est indispensable que sa propre conception la traduise. Elle surprend par le fait qu'elle ne correspond pas à un carré mais à un rectangle dont le rapport de la longueur des côtés est de $0,8541 = \sqrt{5}/\varphi^2$. Cela fait dire à J. James qu'il s'agit d'une travée ad quadratum dont le rapport de la largeur à la longueur est de $6/7 = 0,8571$, ce qui est effectivement assez proche.

À l'origine, plusieurs manières de voir ont certainement dû s'affronter lors de la conception de cette partie d'ouvrage importante. La première (**fig. XIV-3**) découle logiquement de la figure XII-9 qui conduisait aux deux « foyers » L et L'. Les liaisons de L' avec **a** et avec **b** donnent les points **c** et **d**. On trouve que **Oc** et **Od** mesurent chacun $13,196$ mc $= 25\sqrt{5}/\varphi^3$ (soit 10,83 m). Le cercle de diamètre cd aurait très bien pu être celui qui passe par le centre des piliers de la croisée et c'est sans doute celui qui a été entériné dans un premier temps. Mais les dimensions relevées sur place ne le confirment pas et correspondent à un rayon très légèrement inférieur.

Fg. XIV-5

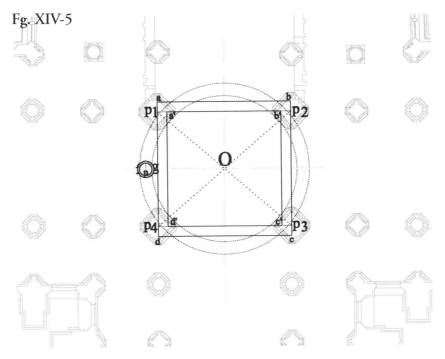

Jean Villette, chartrain déjà cité et qui s'est longtemps livré à des études approfondies de la cathédrale et en particulier de son tracé, pense, après d'autres hypothèses, que c'est ce qu'il a appelé la « figure de l'alchimiste » qui a fixé les dimensions de la croisée. Il 'agit d'un dessin à la fois simple et complexe (**fig. XIV-4**). Au départ, un cercle de centre **O1** passant par les milieux **p1** et **p2** de deux piliers et qui englobe un carré dont le côté est égal à la distance entre ces milieux. Dernière caractéristique pour déterminer le cercle, la base du triangle équilatéral inscrit qu'il contient passe par les milieux **p3** et **p4** des deux autres piliers. Cela correspond à une longueur **OO1** égale à 1,4644 mc, ou 1,20 m.

Cette figure élaborée et savante donne des résultats très proches de la vérité constatée sur place et pourrait peut-être correspondre effectivement à un symbolisme alchimique par essence obscur. Mais, outre le fait non négligeable qu'on ne voit pas très bien, en pratique, comment ni à partir de quels éléments elle aurait pu être dessinée, cette hypothèse, toute précise qu'elle soit [58], ne résiste pas à l'explication qui suit et qui confirme à la fois la simplicité et la continuité des raisonnements des Maîtres.

— 58/ La précision est de 6/10 000ᵉ, ce qui est remarquable.

En nous fiant à l'importance primordiale, « stratégique », que revêt le puits des Saints-Forts dans la conception de tous les ouvrages, supposons (**fig. XIV-5**), comme a dû le faire celui qui était en charge de définir cette structure névralgique, que ce puits de centre **p** soit translaté sur l'axe transversal de la cathédrale. Son diamètre intérieur est représenté par le segment **fg** d'une longueur de 1,857 mc. En nous rappelant la figure **V-6**, on sait que **Of** mesure 12,7322 mc et **Og** 10,8746 mc. Traçons maintenant les deux cercles de rayons respectifs **Of** et **Og**.

Pourquoi, dira-t-on une telle « gymnastique » assez paradoxale dont on ne voit pas bien l'intérêt? La réponse tient dans la constatation extraordinaire que nous allons faire.

Déterminons les carrés de mêmes périmètres que ces cercles. Il s'agit des carrés **abcd** et **a'b'c'd'**. En prolongeant les côtés **a'b'** et **c'd'** du petit carré vers le plus grand, nous obtenons les points **p1**, **p2**, **p3** et **p4**. Ce sont les centres des quatre piliers de la croisée du transept. Leurs espacements sont dans le même rapport que celui des deux rayons utilisés, à savoir $\sqrt{5}/\varphi^2 = 0,8541$, de sorte que **p1p2** = **p3p4** = 20 mc (soit 16,410 m) et **p2p3** = **p1p4** = 17,082 mc (soit 14,016 m).

Ce résultat apparemment incontestable est loin de sauter aux yeux puisque, sauf erreur, personne n'en a jamais fait état. Il montre en définitive que l'explication se trouve dans la conjonction d'un retour au puits, c'est-à-dire à la source des intentions premières et à celle des tracés successifs, et de la mise en œuvre de la quadrature du cercle si riche en symbolisme.

Il résulte de ce qui vient d'être exposé que le diamètre du cercle qui passe par le centre des quatre piliers de la croisée mesure 26,3 mc, soit 21,58 m.

Pour être très précis, il convient de signaler que les relevés de J. James indiquent de petites variations de coordonnées pour l'implantation des piliers, de sorte que l'on peut en déduire plusieurs valeurs pour ce diamètre : elles varient entre 26,3 mc, valeur que nous venons de trouver, et 26,18 mc (ce qui égale $10\varphi^2$). Leur moyenne est de 26,23 mc (21,52 m). De ce fait, la croisée ne constitue pas un rectangle absolument régulier et la raison de cela n'est pas apparente. D'aucuns mettraient cela sur le compte de l'imprécision de l'exécution. Ce n'est certainement pas le cas. En effet, nous verrons plus loin que la longueur de ce diamètre est en relation avec d'autres dimensions de la cathédrale telles que le cercle liant

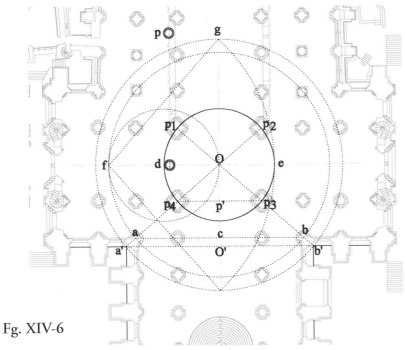

Fg. XIV-6

le centre du transept à celui du puits, le diamètre du labyrinthe ou la largeur intérieure de la nef. En particulier, nous avons déjà mentionné que cette dernière se décomposait en deux parties inégales. Il se trouve que ces deux parties sont en relation directe avec les deux valeurs extrêmes constatées du diamètre, à savoir : 26,3 et 26,18 mc. Au stade actuel, la présente étude ne peut en fournir l'explication.

Par contre, il semble bien que le diamètre que nous venons de définir (d'une longueur de 23,6 mc) ait un rôle directeur incontestable dont la figure **XIV-6** traduit un aspect démonstratif.

Doublons le rayon **Od** en **Of**. Le cercle de rayon **Of** détermine les points **a** et **b**, centres des piliers marquant la liaison entre la nef et le transept. Ils se trouvent à une distance de l'axe transversale égale à **Oc**, qui est le double de **Op'** et vaut donc 17,082 mc (14,01 m). Pour sa part, **ab** mesure 2 x 20 mc (32,82 m).

Multiplions maintenant **Od** par $\sqrt{5}$. Il suffit pour cela de tracer le cercle de centre **f** et de rayon **fe**. Il coupe l'axe longitudinal en **g** et **Og** = **Od** $\sqrt{5}$. Traçons enfin le cercle ayant pour rayon **Og**. Il est intersecté par le prolongement des segments **Oa** et **Ob** en **a'** et **b'**. Ces deux points se situent au niveau de ce qui avait été appelé **O'**, marquant la position de

Fg. XIV-7

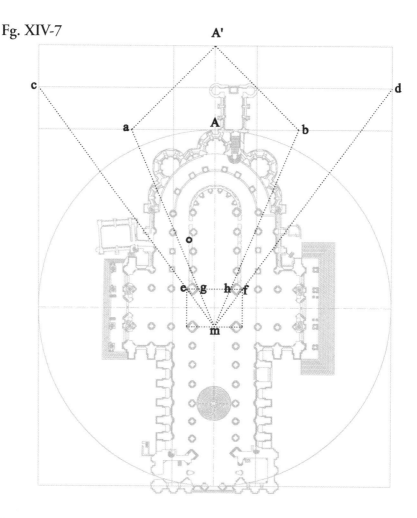

la largeur extérieure du transept côté occidental. De même, **a'b'** est la largeur extérieure de la nef et **O'a'** = **O'b'** = $10\sqrt{5}$ = 22,36 mc (18,35 m). C'est donc grâce au cercle de la croisée que sont déterminées les limites extérieures des maçonneries du transept et de la nef.

Cette croisée possède d'autres propriétés. Ainsi (**fig. XIV-7**), si **eg** et **fh** sont les largeurs de ses piliers Est et **m** le milieu entre les piliers Ouest, les prolongements de **me** et de **mf** aboutissent en **c** et **d**. De même, les jonctions de **a** et de **b** à **m** donnent **g** et **h**. Cela est évidemment vrai en opérant dans l'autre sens.

Occupons-nous maintenant des grands porches existant aux extrémi-

Fg. XIV-8

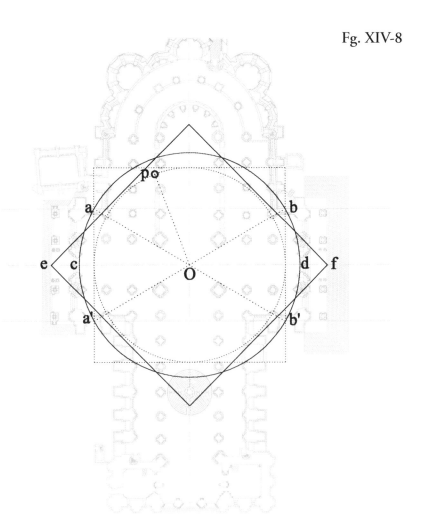

tés Nord et Sud du transept.

Ils abritent chacun une plateforme sensiblement au même niveau que celui du sol de la cathédrale et sur lequel s'élèvent des colonnades complexes. Nous allons d'abord déterminer la largeur de cette plateforme. Pour cela, revenons au cercle passant par le centre du puits (**fig. XIV-8**) et à son carré circonscrit. Ce dernier coupe les lignes des parements extérieurs du transept en **a** et **b** d'une part et en **a'** et **b'** d'autre part. Le cercle de rayon **Oa** (ou **Ob**) a pour diamètre **cd**. Nous l'avons déjà rencontré et son rayon, de $100/\varphi^2 = 38{,}2$ mc vaut celui du précédent multiplié par $2/\sqrt{3}$. Deux des sommets du carré de même surface sont **e** et **f**. Ces points définissent la largeur des plateformes ci-dessus. Elle correspond à **Oe** = **Of**

Fg. XIV-9

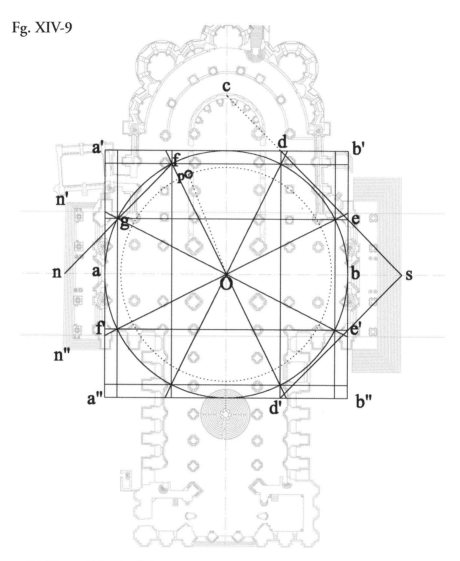

= 47,87 mc (39,28 m) [59].

À partir de ces plateformes descendent deux escaliers qui, du fait de la pente transversale du sol sur lequel se tient la cathédrale, ont une emprise différente et c'est au Sud qu'ils sont le plus imposants. Afin de les déterminer, nous allons mettre à contribution (**fig. XIV-9**) le dernier cercle

-----
— 59/ Une autre méthode très simple pour trouver ces points **e** et **f** (avec le même résultat) part du premier cercle « équipé » de sa propre figure originelle. La représenter ici ferait double emploi.

Fg. XIV-10

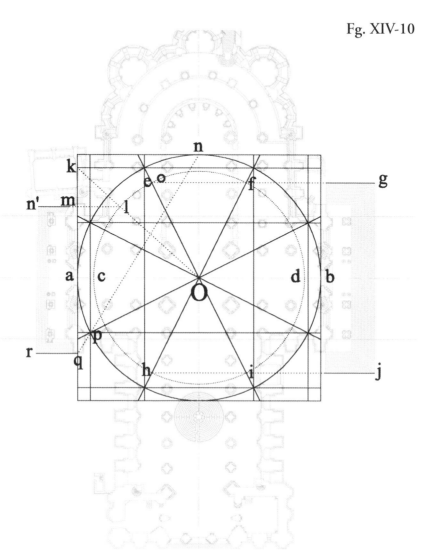

ci-dessus dont le diamètre est **ab**. On dessine la figure originelle qui lui est attachée. En prolongeant le segment **ed**, on obtient le point **s** qui marque la largeur de l'escalier Sud. Elle est telle que **Os** = 55,28 mc = 200/($\varphi\sqrt{5}$), soit 45,36 m. Remarquons en passant que le prolongement du segment **ed** dans l'autre sens donne le point **c** sur l'axe longitudinal. Situé à la même distance de **O**, il correspond au demi-cercle englobant les petits piliers qui entourent le chœur.

Au Nord, c'est le prolongement de **fg** qui fournit le point **n**. Il se situe à une distance de 51,24 mc (300/$\varphi^2\sqrt{5}$) du centre **O**, soit 42,04 m. Mais

Fg. XIV-11

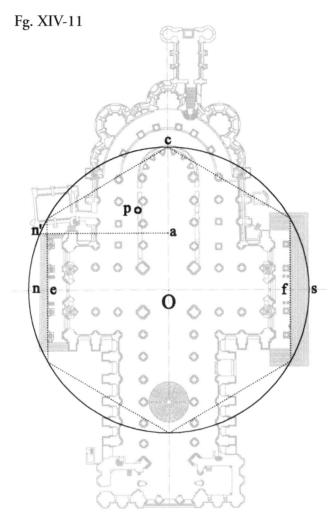

on s'aperçoit que la ligne **n'nn"** donnant la largeur totale de l'escalier n'est pas parallèle à l'axe longitudinal. Et que seul le coin **n"** correspond à cette distance. Nous verrons sur la figure **XIV-11** comment celle de **n'** à l'axe, qui est légèrement inférieure, a pu être déterminée [60].

Le même dessin va permettre de trouver (**fig. XIV-10**) comment ont été fixées les emprises longitudinales des escaliers. Les deux cercles précédents y sont mis à contribution.

La longueur de l'escalier Sud est délimitée par **g** et **j**. Ces points sont obtenus en prolongeant **ef** pour **g** et **hi** pour **j**.

En ce qui concerne l'escalier Nord, **n'** se situe au même niveau que **l**, intersection de **Ok** avec le cercle passant par le centre du puits. La longueur **am** mesure les deux tiers du rayon de ce cercle, soit **am** = 22,05 mc.

— 60/ La recherche concernant cette sorte d'anomalie qu'est le non parallélisme à l'axe de **n'nn"** suscite diverses solutions très alléchantes de par leur subtilité. Il reste qu'elle provient tout bonnement des divers remaniements de voirie au cours du temps qui auraient modifié la largeur initiale de l'escalier dont on peut d'ailleurs constater que sa dernière marche s'engage à l'Est sous l'asphalte actuel.

Enfin, en reliant **n** et **p**, on obtient le point **q**, qui correspond à **r**. La longueur de **aq** est de 23,6 mc (100/φ^3).

Traçons (**fig. XIV-11**) le cercle de centre **O** et dont le rayon **Os** correspond à l'emprise de l'escalier Sud. Nous avons vu qu'il passe également par le point **c**.

Nous savons inscrire un hexagone régulier dans ce cercle. Il coupe l'axe transversal en **e** et **f**, points que nous avons déjà trouvés sur la figure **XIV-8** et qui dé-limitent la surface plane abritée par les porches.

Par ailleurs, on remarque que le cercle passe par ce fameux point **n'**, coin Nord-Est de l'escalier du porche Nord. La distance de **n'** à l'axe longitudinal est **an'** = 50,69 mc. Il se trouve qu'elle est égale à la moitié de la diagonale du carré de même surface que le cercle circonscrit à la cathédrale. La largeur au niveau de n serait de **On** = 50,9288 mc. Cela représente quatre fois la longueur de 12,7322 mc attaché au puits et l'on note que 0,9288 mc n'est autre que le rayon interne du puits. Cela procède-t-il d'une volonté du concepteur ?

Fg. XIV-12

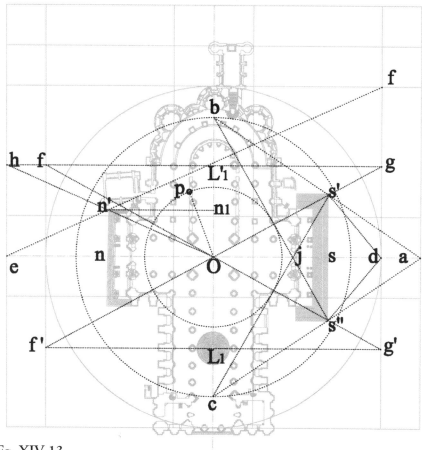

Fg. XIV-13

Sous chacun des deux porches, six colonnades les soutiennent. Essayons de voir comment elles ont été implantées (**fig. XIV-12**). Sachant qu'elles sont symétriques par rapport aux deux axes de la cathédrale, il suffit d'en examiner, par exemple, la seule partie Sud-Ouest.

Nous repartons des mêmes cercles que ceux des figures XIV-9 et 10. Le prolongement de **cd** donne **e** et **fe** conduit à **g**. **Og** est l'écartement de l'alignement des centres de ces colonnades. Il mesure 46,065 mc = $100\sqrt{5}/3\varphi$ (37,8 m).

Sur **h'h"**, le point **n** s'obtient à partir de **am** et le segment **nb** prolongé fournit le point **p**. Le segment **gp** mesure 17,841 mc (14,64 m) et est égal à $50/\varphi\sqrt{3}$.

Le prolongement de **fh** donne **n** et **nb** donne **q**. La longueur de **gq** est de 5,345 mc, soit 4,38 m.

Enfin, déterminons le point **j** obtenu par le cercle de centre **i** (ou **i'**) et de rayon **ii'**. Le prolongement de **aj** donne **k** sur **h'h"** et **kb** aboutit en **l**. La longueur de **gl** est de 8,423 mc ou 6,91 m. Elle correspond à $100/(\varphi^4\sqrt{3})$.

On a déjà remarqué que beaucoup d'éléments différents de la cathédrale, mensurations, proportions ou orientations, sont liés entre eux, en un mot que « tout se tient ». Nous en verrons encore de nombreux exemples, mais attardons-nous pour l'instant au dessin de la figure **XIV-13**.

Premier point : le prolongement de **Os'** détermine les points **g** et **f '**. De même, **Os"** fournit les points **g'** et **f**. Les jonctions **fg** et **f 'g'** passent par les points **L1** et **L'1**. Ils ne sont autres que les foyers évoqués dans le chapitre XII, éloignés de 43,3 mc de **O**, c'est-à-dire d'une distance égale à $25\sqrt{3}$ mc (35,53 m).

Considérons ensuite le cercle passant par le centre du puits ainsi que celui de rayon double (qui sera d'ailleurs très sollicité dans la suite) et qui a pour diamètre **bc**. Les tangentes au premier cercle menées à partir des points **b** et **c** aboutissent rigoureusement en **s'** et **s"**. Elles passent par le point **j** sur l'axe transversal et **Oj**, d'une longueur de 38,2 mc, est le rayon du cercle que nous venons d'utiliser à plusieurs reprises.

Encore étonnant, mais facilement explicable : les droites **ab** et **ac** passent par **s'** et **s"**.

À titre documentaire, le rapport des longueurs **ss'** ou **ss"** à **sd** est égal à $\sqrt{3}/2$.

Enfin, en poursuivant **L'1f** en **h**, on s'aperçoit que **Oh** passe par **n'** à la condition que la longueur **n'n1** soit égale à 50,9288 mc, valeur que nous avons rencontrée plus haut. Par contre, la droite **ef** passerait par **n'** si cette dernière longueur est de 50,69 mc, autre valeur évoquée.

Ce sont là quelques constatations auxquelles arrive l'étude et il va y en avoir d'autres Mais il n'est évidemment pas certain que toutes aient été trouvées. Elles confirment que la construction dont nous nous occupons constitue un tout cohérent, non seulement en lui-même mais aussi avec toutes celles qui l'ont précédée, y compris le puits.

Chapitre XV

LA NEF

On a vu dans le chapitre précédent (cf. la figure **XIV-6**) comment la croisée du transept permet entre autres de déterminer les points qui donnent la largeur extérieure des murs limitant la nef. Cette largeur totale est de 20 = 2 x 22,36 mc, soit 2 x 18,35 m. Elle est légèrement supérieure à celle de la nef de la cathédrale de Fulbert qui était de 2 x 21,11 mc ou 2 x 17,32 m.

Sur la figure **XV-1**, nous retrouvons les points **a** et **b** (baptisés a' et b' sur la figure **XIV-6**), qui sont dans le prolongement des segments reliant le centre **O** de la cathédrale à ceux des piliers occidentaux de la croisée, **p**4 et **p**3. On peut les déterminer d'une autre façon. Si l'on construit le carré **cdef** de même surface que le cercle passant par le centre du puits (rayon **Op**), les côtés **cd** et **cf**. passent par eux confirmant ainsi leur position. Signalons en outre, mais cela n'a pas d'importance dans ce chapitre, que le côté **ed** de ce carré passe par l'extrémité Sud du diamètre extérieur du puits parallèle à l'axe transversal de la cathédrale.

De plus, si l'on prolonge les deux côtés **dc** et **fc**, on parvient à deux autres points **g** et **h** qui semblent marquer la limite occidentale des murs de la nef. La longueur **Oi** mesure 63,82 mc, soit 52,37 m. À peu de choses près, on la retrouve sur le plan de la tour Nord de J. James et non sur ce-

Fg. XV-1

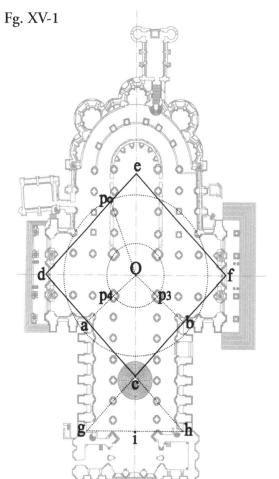

lui de la tour Sud. Mais n'oublions pas que les maçonneries de la partie orientale de ces tours, soit lors du prolongement de la nef de Fulbert, soit lors de la construction de la cathédrale suivante, ont subi des remaniements plus ou moins importants dont rien ne permet actuellement de les définir. D'ailleurs, il a été fait état dans ce qui précède d'une hypothèse de longueur très peu différente (63,6 mc) répondant également à une logique attrayante (limite du carré de même périmètre que le cercle circonscrit à la cathédrale, voir chapitre XII).

La figure suivante XV-2 représente le carré **abgh** « équipé » de sa figure originelle (hormis le cercle initial). Les deux segments **dd1** et **d'd'1** ne correspondent pas à la largeur intérieure de la nef que nous allons découvrir tout de suite mais aux centres des piliers latéraux qui sont engagés dans les murs. La distance de ces centres à l'axe longitudinal est égale à **pd** et **pd'**, soit exactement 20 mc, ou 16,41 m. Par la même figure, on peut déterminer l'emprise latérale des arcs-boutants. La liaison **jk** donne **l**. Le prolongement de **lm** fournit **n** et **pn** aboutit en **q** qui en marque la limite. La longueur **cq** est égale au sixième de la longueur de la cathédrale, soit $50/\varphi = 26,97$ mc ou 22,13 m.

En reliant **d"** et **e**, on obtient **f**. La distance **cf**. mesure $40/\varphi = 24,72$ mc (20,28 m). Traçons le demi carré **rfr'** (le dessin de l'autre moitié vien-

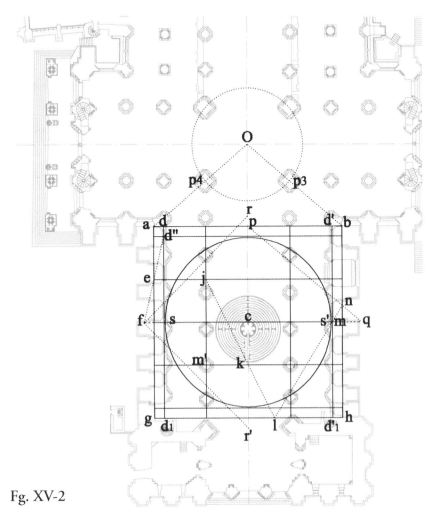

Fg. XV-2

drait se mélanger fâcheusement avec les tracés qui viennent d'être effectués). Le cercle de centre **c** ayant la même surface que celle du carré complet a pour diamètre **ss'** et ne doit pas être confondu avec le cercle de rayon **cm** qui en est très proche. C'est ce diamètre qui représente la largeur intérieure de la nef. Sa valeur est de deux fois 19,724 mc, soit 2 x 16,185 m et on s'aperçoit qu'elle représente exactement 1,5 fois le diamètre du cercle trouvé dans le chapitre précédent et passant par les centres **p3** et **p4** des piliers de la croisée.

Mais en réalité, 19,724 mc ne mesure que la moitié sud de la largeur de la nef. Comme il a déjà été signalé, la moitié Nord lui est très légèrement inférieure. En effet l'autre valeur du rayon du cercle de la croisée est de 5φ2 = 13,09 mc (10,73 m). Multiplié par 1,5, on obtient 19,635 mc ou 16,11 m. Les deux valeurs ainsi trouvées correspondent rigoureusement aux mesures rapportées par J. James.

On vient de rappeler que la limite orientale des deux tours avait pu changer au cours du temps écoulé entre la construction de leurs assises et celle de la nef que nous connaissons. Pour sa distance à l'axe transversal, on a évoqué deux valeurs également vraisemblables. Cela n'est pas ici d'un grand intérêt. Par contre, il est important de connaître la longueur de cette nef.

Côté Est, la jonction de la nef avec le transept a été déterminée et on a vu qu'elle est en relation directe avec la croisée. Dans l'autre sens, c'est-à-dire vers l'Ouest, c'est moins net. Si l'on considère (figure **XV-3**) que la limite de la nef correspond aux deux gros piliers marquant le passage du narthex situé dans l'emprise des tours, il y a problème en ce sens que leurs distances à l'axe transversal ne sont pas les même. Leur différence est relativement faible, de l'ordre de 35 centimètres. On pourrait la mettre sur le compte des modifications apportées aux tours et tout simplement en faire la moyenne. Mais cela serait faire peu de cas du grand souci de précision dont faisaient preuve nos anciens. Ce serait surtout commettre une grave erreur masquant la vérité. En effet, en examinant plus attentivement, on voit que la distance de **i**, axe du pilier Nord, à l'axe transversal, égale à **kO**, est de 200/3 = 66,666 mc (66,67 mc d'après le plan de J. James). Aussi surprenante est celle de la distance à l'axe de **j** qui marque le pilier Sud et égale à **lO**. Elle est exactement égale à deux fois le rayon du cercle de rayon **Op** passant par le centre du puits, à savoir 66,158 = 2 x 33,079 mc, soit 54,28 m.

Ces deux mesures sont tellement précises qu'elles ne peuvent pas être le fait du hasard. La dernière tient sa justification en elle-même compte tenu de la grande importance du cercle passant par le centre du puits et dont nous allons encore voir d'autres implications. Quant à la première, il faut se rappeler (cf. chapitre XIII) que parmi les différentes méthodes possibles (qui se confirment donc l'une l'autre) pour déterminer la largeur de chacune des tours, le cercle de 200/3 mc de diamètre a été utilisé. Ces deux longueurs ont donc bien été délibérément choisies. D'ailleurs la suite va nous le confirmer.

Étudions maintenant le travelage, c'est-à-dire l'espacement des travées

LA NEF

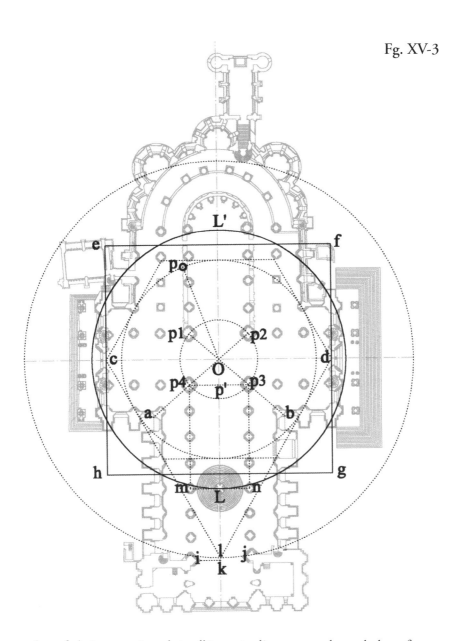

Fg. XV-3

que la nef abrite et qui est loin d'être régulier tout au long de la nef.

Il faut distinguer deux secteurs. Celui compris entre le centre O de la cathédrale et le centre L du labyrinthe où l'espacement des quatre travées séparant les piliers de la croisée de ceux marquant l'entrée dans la nef, sans être régulier, varie relativement peu. En revanche, celui situé à l'Ouest du labyrinthe contient trois travées dont l'espacement, à première vue très irrégulier est inférieur aux précédents.

Il a déjà été rappelé que certains ont voulu voir dans ce partage 3+4 le rappel de l'enseignement des sept arts libéraux à l'Ecole de Chartres, les trois premiers servant de base et d'introduction aux quatre autres plus importants. Peut-être ont-ils raison mais on peut tenir un autre raisonnement si l'on considère que la croisée compte pour deux travées. Dans ce cas, on en compte cinq entre **O** et **L**. Et comme **L'** est le symétrique de **L**, il y en a dix entre le labyrinthe et le centre du chœur et le nombre 10 était pour Pythagore le symbole de la perfection, la tétraktis.

Commençons par le premier secteur. Si l'on numérote les travées de 1 à 5 dans le sens Ouest-Est, on a vu que la cinquième **Op'** mesure 8,541 mc ($10\sqrt{5}/\varphi^2$), soit 7,008 m. En reportant cinq fois cette longueur, on retrouve exactement la figure **XIV-3** où **OL** = 42,7 mc (35,04 m). Quand on sait que les dimensions de la croisée sont directement issues de celles du puits et que l'on constate l'harmonie de cette figure, nul doute que les Maîtres concepteurs aient été fortement tentés d'adopter cette solution.

Par la suite, ils ont probablement pris conscience du fait que la formulation de cette longueur, avec φ et $\sqrt{5}$, symbolisait uniquement l'humanité. Ils ont alors opté pour une autre mesure représentant la divinité : $25\sqrt{3}$ = 43,3 mc (35,53 m), ce qui correspond à une travée de 8,66 mc ou 7,10 m. C'est d'ailleurs à cette dernière valeur de **OL** qu'est attachée toute la conception des tours telle que décrite par le chapitre XIII.

En réalité, on constate aujourd'hui que ni l'une ni l'autre des deux solutions précédentes n'ont finalement été adoptées. Les relevés sur place montrent en effet que la longueur de **OL** est de 35,37 m, soit 43,1 mc.

Nous allons tout de suite voir comment les Maîtres sont parvenus à cette mesure. Mais auparavant, faisons une très courte pause pour constater qu'entre les soixante années séparant l'incendie de 1134 et celui de 1194, la structure de la future cathédrale qui est devenue celle que nous connaissons a fait l'objet de profondes réflexions et certainement de nombreux débats entre les tenants de telle ou telle solution. En outre, compte tenu de ce long délai, plusieurs concepteurs différents, Maîtres, Evêques ou membre du Chapitre, sont certainement intervenus, chacun apportant sa propre connaissance symbolique. Le prouvent en particulier les trois valeurs trouvées pour la longueur **OL**, dont au moins les deux dernières sont incontestables puisque l'une existe et l'autre est directement attachée aux tours, la première étant vraisemblable. Cela met une

Fg. XV-4

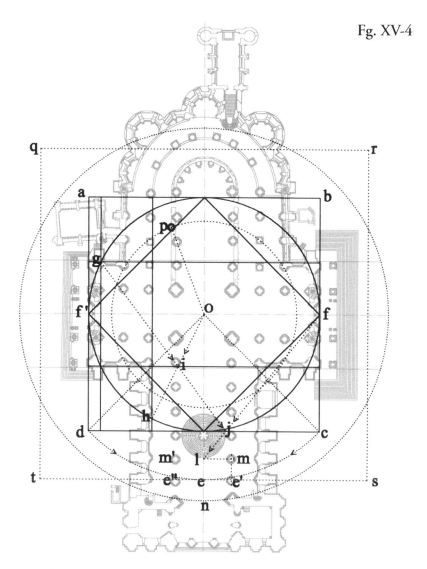

pierre dans le jardin de ceux qui affirment que nul à l'époque ne se serait permis de telles anticipations, comme il a déjà été mentionné ici.

Traçons (figure **XV-3**) l'hexagone régulier circonscrit au cercle de rayon Op. Nous trouvons ainsi les points **c** et **d** que nous les connaissons déjà. **Oc** = **Od** = **Op** x 2/√3 =38,2 mc (31,34 m). On voit en passant qu'en prolongeant les côtés de l'hexagone issus de **c** et de **d**, on trouve qu'ils convergent au point **l** qui correspond au point **j** du pilier Sud et que **Ol** est le double de **Op**, mesurant donc 66,158 mc. Sur **cd**, construisons le carré **efgh**. Nous savons construire le cercle de même surface que ce carré. Son rayon **OL** mesure 43,1 mc qui correspond très bien avec les relevés effectués. Cela signifie qu'après de nombreux « tâtonnements » ou plutôt élucubrations, c'est à la plus savante, basée sur la quadrature du cercle, que se sont ralliés les concepteurs.

Comme conséquence, l'écartement entre les travées le long de **OL** est de 43,1/5 = 8,62 mc (7,073 m), hormis **Op'** qui mesure 7,008 m.

Les trois travées situées à l'Ouest du labyrinthe, dont l'espacement est à première vue anarchique et ne peut pas se rattacher à l'un quelconque de ceux qui précèdent, ont fait, on s'en doute, l'objet de nombreux commentaires, hypothèses et essais d'interprétation. Pour la plupart des commentateurs, on avait essayé d'insérer vaille que vaille trois travées entre la nef de Fulbert et les nouvelles tours et l'on ne pouvait pas trouver de réelle logique dans leur agencement mutuel. Ce qui suit montre que, même si elle est bien dissimulée dans la structure d'ensemble, une logique d'implantation de ces travées a bel et bien existé.

Commençons par la figure **XV-4**. Elle montre le cercle de rayon **Op** et celui de rayon **On**, double de **Op**. On a vu que ce point ici baptisé **n** correspond au pilier Sud de l'entrée de la nef. Partant du cercle de rayon **Op**, on dessine le carré ayant la même superficie et dont les diagonales sont confondues avec les deux axes de la cathédrale, l'une d'elles étant **ff'**. On a **Of** = **Of'** = 41,46 mc (34,02 m). Le carré **abcd** est celui qui enveloppe le cercle dont le diamètre est **ff'**. Afin de ne pas encombrer le dessin, seule une partie de la figure originelle correspondante y est représentée.

Oh passe par le point **i**. le prolongement de **gi** donne **j** et celui de **fj** aboutit en **l** sur l'axe longitudinal. **Ol** mesure la distance du centre du pilier **m**, soit 51,246 mc ou 42,047 m, cote égale à celle relevée sur place. On remarque que **l** coïncide non seulement avec le seuil de la façade occidentale de la cathédrale de Fulbert mais aussi avec l'extrémité du diamètre du labyrinthe. On remarque également que **Ol** = **On**$\sqrt{3}/\sqrt{5}$ [61].

Traçons maintenant le cercle de centre **O** et passant par **c** et **d** (cela revient à multiplier **Of** par $\sqrt{2}$). Il coupe l'axe longitudinal en **e** qui est au même niveau que le centre du pilier **e'**. **Oe** mesure 58,63 mc, ou

-----
— 61/ À partir de la figure originelle propre au cercle de rayon **On**, il est très facile de trouver **l**. Afin de na pas alourdir un exposé déjà suffisamment pesant, le dessin n'a pas été représenté ici.

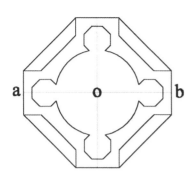 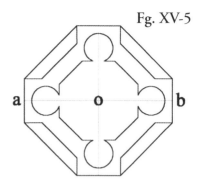

Fg. XV-5

48,107 m, alors que J. James a mesuré 48,11 m [62]. C'est la cote du pilier de centre **e'**.

Le point **e** peut être trouvé autrement car le carré **qrst** qui quadrature en terme de surface le cercle de rayon **On** coupe l'axe précisément en **e**.

Nous venons de trouver comment ont été déterminés dans la partie Sud de la nef les points **n**, **e'** et **m** et nous constatons une fois de plus l'importance de la mise en œuvre d'une manière ou d'une autre de la quadrature du cercle. Dans la partie Nord, les homologues **m'** et **e"** n'ont pas les mêmes coordonnées. Par contre, pour situer le point **e"**, on opère exactement comme cela a été fait pour **m**, en prenant comme rayons des cercles générateurs non plus 33,079 mc (cercle passant par le puits) et son double 66,158 mc, mais $100/3 = 33,333$ mc et $200/3 = 66,666$ mc. On trouve ainsi que **m'** se situe par rapport à l'axe transversal à une distance de 59,082 mc, soit 48,48 m, alors que les relevés indiquent 48,50 m. Pour ce qui est du pilier **m'**, il faut se rapporter à la figure **XV-2** sur laquelle on voit que son centre se situe exactement à l'intersection de deux segments composants de la figure originelle tracée. La distance à l'axe transversal de m' est donc égale à 51,459 mc, soit 42,22 m à comparer aux 42,20 m relevés.

Voici donc élucidé le « mystère » de ces trois travées menant du narthex au labyrinthe.

Venons-en aux piliers eux-mêmes.

— 62/ La longueur de **Oe** est égale à celle de **On** multipliée par $\sqrt{2}/\varphi$. Même remarque que dans la note précédente.

Fg. XV-6

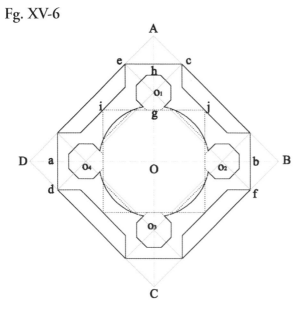

Selon leur position dans la travée, ils sont libres ou engagés dans les murs. Ils reposent sur une assise polygonale à première vue identique d'un pilier à l'autre (figure XV-5). Ils comportent chacun un fût de colonne relativement imposant auquel sont accolées quatre colonnettes plus petites. Mais d'une travée à l'autre, il y a alternance entre des fûts de section circulaire auxquels sont associées des colonnettes de section hexagonale et l'inverse, à savoir des fûts hexagonaux assortis de colonnettes circulaires. Ces deux sortes de piliers sont reproduites en coupe sur la figure. En dehors de leur différence d'apparence, ils ont donc des dimensions principales ab identiques dans une même travée. Par contre et bien que la prise de mesures précises soit en l'occurrence difficile, il apparaît que ces dimensions varient d'une travée à l'autre, au moins entre la croisée et le labyrinthe. Les différences sont minimes et comprises entre 0,5 et 1 centimètre. L'explication en est simple : la longueur **Oa** (ou **Ob**) est égale au cinquième de la travée, de sorte que valant le plus souvent 1,724 mc elle s'abaisse à 1,708 mc près de la croisée mais peut aussi atteindre 1,732 mc.

Afin de ne pas surcharger le présent exposé, nous n'étudierons ici que le pilier représenté à gauche sur la figure **XV-5**, sachant que la conception des deux a respecté les mêmes principes.

Un examen attentif conduit à plusieurs constatations. La première (figure **XV-6**) est que l'assise du pilier s'inscrit dans un carré **ABCD**. La deuxième constatation est que les centres **O1**, **O2**, **O3** et **O4** des colonnettes se situent à la jonction des segments tels que **cd** et **ef**. Selon la troi-

Fg. XV-7

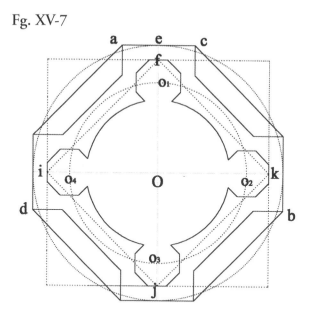

sième, les hexagones qui constituent les colonnettes s'appuient sur l'hexagone inscrit dans le cercle du fût. J. James en avait fait son hypothèse qui se trouve justifiée. Dernière constatation (pour l'instant), le carré de côté **ij** construit sur ce dernier hexagone donne l'emplacement des plinthes.

En poursuivant l'analyse (figure **XV-7**), on voit que le carré **fijk** qui détermine la limite extérieure des colonnettes n'est autre que le carré de même surface que le cercle de rayon **OO1** passant par le centre de celles-ci. En outre, si l'on trace le cercle de rayon **Oe**, le carré qui le quadrature en terme de surface passe très précisément par ces quatre points **f**, **i**, **j** et **k**. C'est ici la confirmation, au demeurant non surprenante, du souci qu'avaient les constructeurs de concevoir la moindre partie selon des principes aussi précis que symboliques.

Fg. XV-8

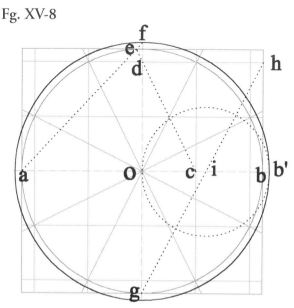

Comment, au vu de ces constatations, reconstituer leur « parcours » intellectuel de conception

229

Fg. XV-9

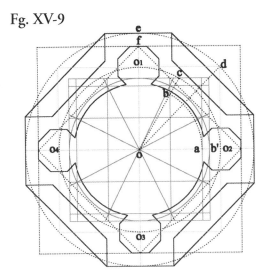

des piliers ?

Ils sont partis de la figure originelle la plus simple (figure XV-8) dans laquelle le rayon du cercle initial **Oa** = **Ob** mesure tout simplement 1 mc pour aboutir à une autre assez proche dans laquelle le rayon **Of** = **Ob'** mesure 1,056 mc, soit $2\sqrt{5}/\varphi 3$ (ou 0,866 m). Pour cela, on peut procéder de deux manières. Dans la première, le prolongement de **cd** donne **e** et **ae** aboutit en **f**. Dans la seconde, **i** étant obtenu par **gh**, le cercle de centre **i** et de rayon **iO** donne **b'**. Sur la figure XV-9, on retrouve **Ob'**. Le cercle de rayon **Oa** fournit le point **b** et **Ob** aboutit en **c**. Le cercle de rayon **Oc** passe par les centres des colonnettes et, par exemple, **OO2** mesure 1,219 mc (1 m). Le carré de même surface que ce cercle donne l'emprise **Of** des colonnettes. Si l'on trace maintenant le carré passant par le centre des colonnettes et dont l'un des sommets est **d**, le cercle de rayon **Od** (et qui mesure donc $OO2\sqrt{2}$) détermine la demi-largeur de l'assise du pilier en **Oe**. Enfin le carré de même surface que ce dernier délimite l'emprise **Of** des colonnettes. **Of** mesure $4/\varphi^2$ = 1,528 mc ou 1,25 m.

En ce qui concerne le fût lui-même, son rayon est égal au cinquième de la travée divisée par $\sqrt{\pi}$, soit 1,724/1,7724 = 0,9726 mc, ou 0,798 m.

On ne peut qu'être émerveillé devant la richesse et l'élaboration extrême de cette conception qui fait appel à toutes les connaissances symboliques de l'époque.

Il a été signalé que certaines assises avaient des largeurs très légèrement différentes. Il a été vérifié qu'elles étaient issues de raisonnements analogues. Mais les restituer ici alourdirait trop cet exposé déjà dense et porterait probablement à son comble son caractère indigeste. Le lecteur sera donc certainement soulagé d'être simplement persuadé de leur réalité.

Chapitre XVI

LE LABYRINTHE

Il a plusieurs fois été indiqué que le sol de la nef comporte un labyrinthe dont le centre est symétrique du celui du chœur par rapport à l'axe transversal de la cathédrale. Il s'agit d'un ouvrage circulaire constitué par des pierres noires et blanches qui ont été incorporées dans le dallage. Ces pierres dessinent un cheminement blanc très contourné. Mais, contrairement à ce que l'on pense habituellement d'un labyrinthe, il présente la particularité qui est que l'on ne peut pas s'y perdre.

Il existe d'autres labyrinthes ou il en a existé de semblables dans des édifices religieux tels qu'à Sens, Reims, Amiens, Ravenne, Saint Omer ou à Rome. Le plus ancien, qui remonte aux Ve ou VIe siècles, s'étant situé à Orléansville, actuellement Chieff en Algérie du Nord.

Ils avaient une forme circulaire, carrée ou octogonale, mais celui de Chartres était incontestablement le plus grand. Ils ont pour la plupart été détruits aux alentours du XVIIe siècle par des clergés qui n'en comprenaient plus la raison d'être ou qu'agaçait tout simplement le bruit fait par les enfants qui y avaient trouvé un terrain de jeu idéal.

En fait, les labyrinthes datent de bien avant l'ère chrétienne puisque l'on en a découvert en Crète, en Grèce, chez les Mayas, dans les anciens pays Celtes et même chez les Indiens Hopis aux Etats-Unis. Mais la tra-

CHARTRES OU LES CATHÉDRALES DU NOMBRE

dition la plus forte se rattache à la Crète où se déroula le célèbre combat entre Thésée et le Minotaure. Ainsi, il existait à Chartres jusqu'à la Révolution une plaque de cuivre scellée au centre du labyrinthe et sur laquelle, d'après de nombreux témoins, était représenté ce combat.

Cet affrontement a eu lieu dans ces temps forts reculés où la Crète du roi Minos damait le pion à Athènes et en profitait pour étendre l'influence de sa civilisation que l'on nomme Minoenne.

D'après la légende, Minos, afin de se faire confirmer la confiance des dieux demanda à celui de la mer, Poséidon, de lui faire un présent qu'il pourrait aussitôt lui sacrifier, rituel que Sig Lonegren [63] formule : « *Ce que tu donnes te sera rendu* ». Minos reçut donc un taureau blanc venu de la mer et dont la beauté était telle qu'il préféra oublier sa promesse. Poséidon, furieux, se vengea. Il rendit Pasiphae, l'épouse royale, tellement amoureuse de ce taureau qu'elle décida de s'accoupler avec lui. La chose n'était certes pas des plus simples. Elle s'adressa donc en secret au génial inventeur Dédale (on lui doit, paraît-il, le fil à plomb, mais cela n'a évidemment rien à voir). Celui-ci mit au point le modèle d'une vache dans lequel la reine prit place et la copulation put avoir lieu. Malheureusement, l'enfant qui en naquit, le Minotaure, était monstrueux : un corps d'homme surmonté d'une tête de taureau. Pour ne rien arranger, il avait un caractère aussi épouvantable que féroce qui en faisait un danger permanent impossible à circonvenir. Minos (pourquoi ne l'a-t-il pas fait abattre ?…) décida donc de l'enfermer dans un lieu dont il ne pourrait sortir et il s'adressa à son tour à Dédale qui construisit un labyrinthe où fut emprisonné le Minotaure et qui était constitué d'un enchevêtrement inextricable de salles et de couloirs. Son appétit insatiable ne se satisfaisait que de chair humaine et l'assouvir représentait un réel problème. Or, précisément à cette époque, l'un des fils de Minos mourut en Grèce d'un coup de corne du taureau de Marathon [64]. A titre de réparation, Minos exigea qu'Athènes lui fournisse tous les ans sept jeunes hommes et sept jeunes filles robustes pour agrémenter le menu du Minotaure. Simultanément, soupçonnant la complicité de Pasiphae et de Dédale, il fit enfermer ce

-----

— 63 /« *Les labyrinthes, mythes traditionnels et applications modernes* ». Éditions Dangles. 1993.

— 64/ Que de taureaux !… mais il ne faut pas oublier que l'époque se situait dans l'ère astrologique du taureau, de même qu'il y eut l'ère du bélier (d'où en particulier, de nombreuses représentations de l'agneau), puis celles des poissons.

dernier dans le labyrinthe (comment n'y a-t-il pas été dévoré?) avec son fils Icare. Bien que concepteur de l'ouvrage, il ne put en trouver l'issue. Il eut alors l'idée d'imiter les oiseaux et, si effectivement il y parvint, on sait ce qu'il est advenu d'Icare qui, désobéissant à son père, s'approcha trop du soleil et tomba dans les flots pour s'y noyer.

La Grèce n'était alors pas en mesure de s'opposer à cette sorte d'impôt et deux « livraisons » furent effectuées. C'est à l'occasion de la troisième qu'est intervenu Thésée, fils du roi Egée. À force de supplications et de détermination, il obtint l'autorisation de s'y joindre. Dès son arrivée à Cnossos, il séduisit Ariane, l'une des filles de Minos. Celle-ci le mena au labyrinthe dans lequel Thésée entra et chemina en déroulant le fil d'un écheveau conservé par Ariane demeurée à l'extérieur. Il trouva le Minotaure, le tua et ressortit avec le fil pour guide. Il prit ensuite le chemin du retour vers Athènes accompagné d'Ariane mais, à la demande de Dionysos qui était tombé amoureux de cette dernière, il l'abandonna en route sur l'île de Naxos. Choqué par cette séparation, il en oublia ce qui avait été convenu avec son père et ne remplaça pas les voiles noires de son esquif par des blanches, symboles de la victoire. Ègée le guettait du haut des falaises et crut donc qu'il avait péri. De désespoir, il se précipita dans la mer qui, dès lors, porta son nom.

Telle est l'histoire que nous avons héritée des Anciens. Mais nul n'ignore que, bien souvent, lorsqu'une civilisation en supplante une autre, elle emprunte les légendes de celle-ci et les adapte à ses propres traditions. Il en va d'ailleurs de même pour les religions et le Christianisme lui-même ne s'en est pas privé. Dans le cas de cette célèbre épopée, il est très vraisemblable qu'elle résulte d'un tel transfert.

En effet, en Egypte, le Livre des Morts raconte que le pharaon Amménémès avait fait construire dans une vallée trois mille salles souterraines étagées sur plusieurs niveaux et reliées entre elles par des conduits obscurs. C'était là qu'attendaient les âmes des morts. Elles étaient destinées, soit à une errance éternelle, soit à une participation au domaine divin à la condition que le chemin d'accès leur fût indiqué. Le Dieu Anubis, détenteur de tous les mystères et que l'on a par la suite identifié à Hermès, maître de l'ésotérisme, patron du commerce, mais aussi des voleurs, Anubis, donc, était chargé d'aller chercher les âmes qu'il choisissait et de les guider vers Osiris. Pour cela, il tenait l'extrémité d'un fil et donnait l'autre à l'âme sélectionnée, charge à elle de ne pas le lâcher sous peine d'être définitivement perdue.

L'analogie entre les deux histoires est frappante. Dans chacune d'elles les sujets sont la mort, le salut et la condition pour parvenir à celui-ci. Mais elles diffèrent malgré tout car, pour les Grecs, il s'agissait simplement d'échapper à la mort, tandis que les Egyptiens évoquaient la nécessité qu'avait chacun de se préparer pour mériter l'accès à Dieu. Bien évidemment, les Chrétiens préfèrent cette seconde version, qui, en réalité, a été la première. Mais la légende de Thésée est tellement connue que c'est elle qui a été retenue.

Dans le labyrinthe Chrétien, il n'y a qu'une seule voie, un seul chemin sans aucune dérivation et nul ne s'y perd, à la condition de savoir le suivre. Il est le fil d'Ariane ou celui d'Anubis. C'est la foi et la grâce qui guident les comportements, quels que soient les méandres de la vie et les tentations d'égarement. Sa structure et les secrets fondamentaux non encore retrouvés qu'il contient certainement avaient pour objet, dans l'esprit des concepteurs, d'influencer les fidèles ou les visiteurs et d'infléchir les orientations de leur âme. Et il y a suffisamment d'espace pour qu'ils puissent suivre ce chemin non seulement par les yeux, mais physiquement, debout ou à genoux.

Concentrons-nous sur le labyrinthe existant à Chartres (figure **XVI**-1) et cherchons comment ont été définies ses dimensions.

Deux livres qui en traitent font autorité. D'abord celui déjà cité de J. James qui en a fait un dessin coté assez fidèle. Ensuite, *Chartres, le labyrinthe déchiffré* [65] dont les auteurs sont John et Odette Kettley-Laporte. Mais dans le cas de ce dernier, il s'agit moins d'un décryptage ou d'un véritable déchiffrement qui devrait consister à trouver la définition des chiffres et à les interpréter, que d'une description fournissant des dimensions qui, d'ailleurs, ne correspondant pas toujours avec celles fournies par J. James.

En fait, force est de constater que, même si ces livres sont très utiles et constituent une bonne base de départ, personne ne semble avoir trouvé la manière dont a été conçu cet ouvrage. Une première raison en est que

-----
— 65/ Éditions Jean-Michel Garnier. 1997

Fg. XVI-1

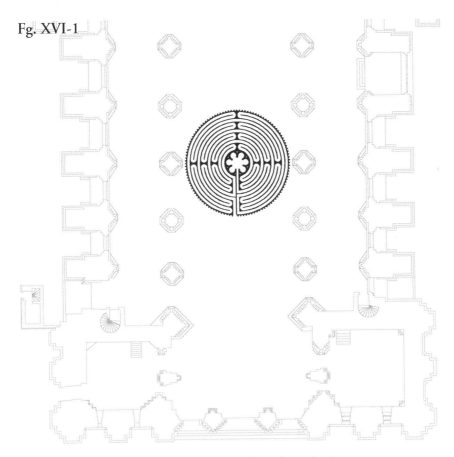

les mesures relativement pourtant précises des relevés sont exprimées en mètres ou millimètres qui n'étaient pas des mesures utilisées à l'époque. Elles ne peuvent donc pas guider les réflexions pour leur faire révéler les proportions voulues par les constructeurs. Une seconde est l'ignorance des « outils » géométriques qu'ils utilisaient, tels que ceux que la présente étude a retrouvés, tout particulièrement ce qui a été appelé la figure originelle, et qui les autorisaient de concrétiser très simplement des dessins aussi élaborés que, par exemple, des quadratures de cercle à la si haute signification symbolique.

Le labyrinthe comporte en son centre un cercle abritant ce qui ressemble à six pétales (6 étant, rappelons-le, le premier nombre dit « parfait » : 1+2+3 = 6 et 1 x 2 x 3 = 6) et dans lequel aboutit un « chemin » de pierres blanches bordées de pierres noires. Depuis l'entrée située à l'Est, ce che-

Fg. XVI-2

min se développe avec force retournements selon onze anneaux concentriques alors que la plupart des labyrinthes antérieurs en comptaient sept. En outre, le dessin fait apparaître quatre quartiers contigus englobés dans un cercle périphérique. Certains ont cru voir dans ce nombre, soit les quatre évangélistes, soit les quatre parties de la messe. À l'intérieur de chaque quartier, le chemin marque trois plus quatre retournements pouvant, d'après les mêmes ou d'autres, symboliser les sept arts libéraux (trivium et quadrivium) enseignés à l'Ecole de Chartres. Laissons leur ces convictions qui ne sont qu'hypothèses et remarquons simplement que 7 + 4 = 11, nombre identique à celui des anneaux. On ne connaît pas la signification symbolique de ce nombre 11. Peut-être pouvait-il représenter la notion de guide, ne serait-ce que par son expression graphique : deux barres parallèles. Par ailleurs, on s'aperçoit que le résultat de nombreux produits de binômes contenant φ est 11 ou 5 x 11, mais on ne peut encore en tirer aucune conclusion.

Dans un premier temps (figure **XVI-2**), l'examen du dessin met en évidence deux cercles principaux ici dénommés **B** et **C** et entre lesquels se trouvent les circonvolutions du labyrinthe. Il apparaît que le rayon du cercle **C** vaut quatre fois le rayon du cercle **B**. Il est lui-même entouré par une dentelure de petits cercles tronqués.

Il existe deux autres cercles **A** et **D** moins visibles, le premier reliant les bases des cercles interrompus des pétales et représentant le contour de l'ancienne plaque de cuivre évoquée plus haut. L'autre passe par le centre de ces pétales. Les mesures montrent que le rayon de **B** vaut le double de celui de **A** et 1,5 fois celui de **D**.

La conversion dans l'unité de mesure mc d'alors (qui égale 0,82 m) montre que toutes les longueurs des rayons de ces cercles sont des multiples de $1/\sqrt{10}$, 10 étant le symbole de la perfection si cher aux pythagoriciens. Ils ont les valeurs suivantes : $3/\sqrt{10}$ mc pour **A**, $4/\sqrt{10}$ mc pour **D**, $6/\sqrt{10}$ mc pour **B** et $24/\sqrt{10}$ mc pour **C**, soit respectivement 0,949 mc (0,778 m), 1,265 mc (1,038 m), 1,897 mc (1,557 m) et 7,589 mc (6,2273 m).

À la suite des mesures qu'ils ont effectuées, les deux auteurs précédents font état de la même valeur (c'est d'ailleurs leur seul cas) du diamètre de **C**, à savoir 12,455 m, à comparer aux 2 x 6,2273 = 12,4546 m trouvés ici. Mais ils n'en donnent aucune interprétation.

Nous allons examiner successivement le tracé très contourné du chemin compris entre **B** et **C**, puis le dessin contenu dans le cercle **D** et enfin la dentelure des 113 petits cercles entourant **C**.

Le chemin qui serpente entre les premiers cercles comporte une large piste blanche bordée par des pierres noires. Si l'on se réfère à ce qui précède, sa largeur totale est de $18 / (11\sqrt{10})$, soit 0,517 mc, ou 0,424 m. La largeur de la seule partie blanche s'en déduit par multiplication par φ/2 (0,809 et non 7/9 = 0,777 comme le suggère J. James). Elle est donc égale à 0,418 mc ou 0,3435 m, le couple Ketley-Laporte ayant trouvé qu'elle variait entre 0,3432 m et 0,344 m. Il en résulte que l'épaisseur de la séparation noire entre deux pistes blanches est de 0,9883 mc, soit 0,08109 m à comparer au 0,0811 m mesuré.

La longueur du cheminement n'est pas très facile à mesurer ou à calculer et nos deux auteurs trouvent 261,5 m pour J. James et entre 260,94 et 262,5 m pour l'autre. En fait, il semble bien que cette longueur soit de $1000/\pi = 318,31$ mc = 261,18 m. Comme le font remarquer les Ketley-Laporte, cette longueur représente 888 pieds romains ou 740 des « pes manuelis » de J. James. Le premier nombre symbolise évidemment le Christ et l'on note que la somme des chiffres composant le second nous

Fg. XVI-3

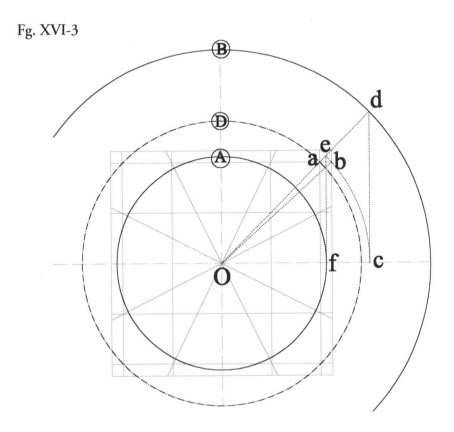

fait encore rencontrer 11.

Voyons ce que contient le cercle **B**. Les six pétales sont constitués par des cercles égaux, tangents entre eux et tangents au cercle **B**. Ils sont tronqués à leur jonction avec le cercle **A**. A l'Est, ils laissent la possibilité au chemin de s'immiscer entre eux pour aboutir au cercle **A**, comme s'il avait forcé le passage en les écartant. C'est l'hypothèse formulée par J. James, mais nous allons voir ce qu'il en est réellement.

Sur la figure **XVI-3** traçons, comme c'est presque devenu une habitude, la figure originelle dont le rayon du cercle initial mesure 1 mc. Elle apparaît en gris sur le dessin. Le cercle initial, lui, n'y est pas représenté car il ne sera pas utile ici. Il se trouve que le cercle de rayon **Oa** est celui qui passe par le centre des pétales et que nous avons nommé **D**. Il mesure effectivement $4/\sqrt{10}$ mc. De son côté, le cercle de rayon **Ob** coupe l'axe transversal en **c**. On multiplie **Oc** par $\sqrt{2}$ tout simplement en rappelant **c** en **d** sur la diagonale du carré initial. **Od** est le rayon du cercle **B** et me-

Le Labyrinthe

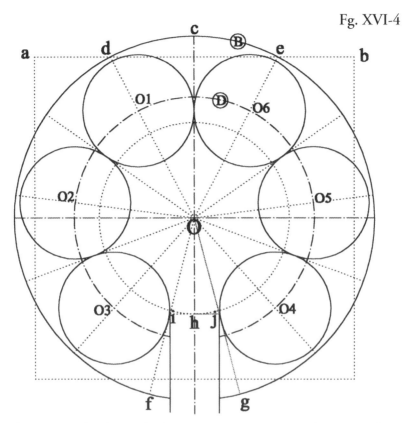

Fg. XVI-4

sure 6/√10 mc. Enfin, le cercle de rayon **Oc** rencontre **Od** en **e** qui donne le point **f** sur **Oc**. **Of** est le rayon du cercle **A** et sa longueur est de 3/√10 mc. On constate donc avec quelle facilité les trois cercles primordiaux de la partie centrale du labyrinthe ont pu être tracés. Par contre, le tracé de ce l'on a appelé les pétales (sans savoir ce qu'ils représentent exactement) est beaucoup plus élaboré.

Partons des cercles **B** et **D** sur la figure XVI-4. Le carré de même surface que le cercle **B** et dont un côté est **ab** coupe ce dernier en **d** et **e**. Les segments **Od** et **Oe** déterminent sur le cercle **D** les points **O1** et **O6** qui sont les centres des deux pétales correspondants. Les deux cercles centrés sur ces deux points et tangents à **0c** délimitent la partie blanche des pétales.

En reportant six fois les angles **cOd** et **cOe** de part et d'autre de **Oc**, on trouve les autres centres **O2**, **O3**, **O4** et **O5**. Les derniers reports donnent les rayons **Of** et **Og**. Ceux-ci coupent le cercle initial de rayon **1** de

Fg. XVI-5

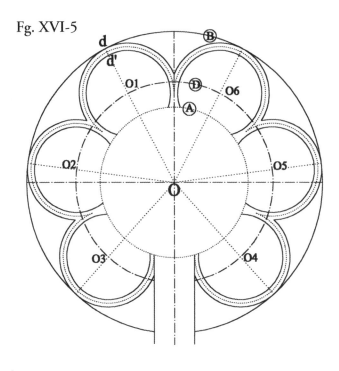

la figure originelle (représenté ici en pointillé) en **i** et **j**. Le segment **ij** correspond exactement à la largeur du chemin du labyrinthe.

Même si cette description des tracés est ici un peu laborieuse, on découvre une fois encore que le « secret » du centre du labyrinthe repose sur un développement du principe issu de la quadrature du cercle.

Il reste à aménager ce résultat de base. On voit que les cercles dont les centres sont $O_1,\ldots O_6$ ne sont pas tangents au cercle **B**. Dessinons donc (**figure XVI-5**) les cercles de rayon O_1d, etc. Ainsi que ceux de rayon O_1d', etc., **d'** étant le symétrique de **d** par rapport au premier cercle de centre O_1 de la figure précédente. Le dessin final est donné par la figure **XVI-6**.

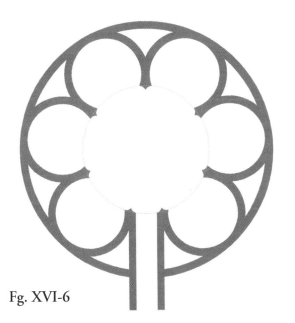

Fg. XVI-6

Comme il a déjà

240

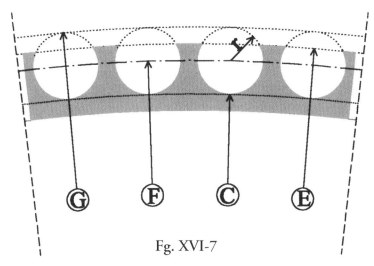

Fg. XVI-7

été précisé, la périphérie du labyrinthe comporte une dentelure composée de petits cercles incomplets mais identiques. Compte tenu des dimensions en jeu, on ne peut raisonner valablement que sur un « extrait » représenté sur la figure **XVI-7**.

On y distingue (là aussi) plusieurs cercles. Nous connaissons déjà le cercle **C** sur lequel repose la dentelure. Puis il y a le cercle **E** qui délimite toute la partie visible du labyrinthe. Il y en a deux autres qui ne sont pas matérialisés : le cercle **F** qui passe par le centre des petits cercles et enfin le cercle **G** qui engloberait ceux-ci s'ils étaient complets.

Il saute tout d'abord aux yeux que le rayon de **E** est égal à 2,5 fois π, soit 7,854 mc ou 6,444 m, ce qui donne 12,888 m pour son diamètre. Cela correspond bien à ce qu'a mesuré J. James : 12,886 m et un tout petit peu moins avec la mesure des Ketley-Laporte : 12,86 m. Mais ceux-ci précisent que l'ouvrage n'est pas rigoureusement circulaire et qu'il y a une différence de 5 mm entre deux diamètres perpendiculaires. Nous conserverons donc notre résultat à la si riche signification symbolique : la somme des longueurs de deux diamètres est égale à dix fois π.

De ce fait, on sent immédiatement comment ce pourtour a été tracé (**figure XVI-8**). Dessinons la figure originelle centrée en **O** et dans laquelle le rayon du cercle initial mesure 10 mc. (Ce faisant, on constate en passant que l'on retrouve en **aa'** le **od'** de la figure **XV-8** utilisé pour définir les dimensions du pilier). Le carré de même périmètre que le cercle

Fg. XVI-8

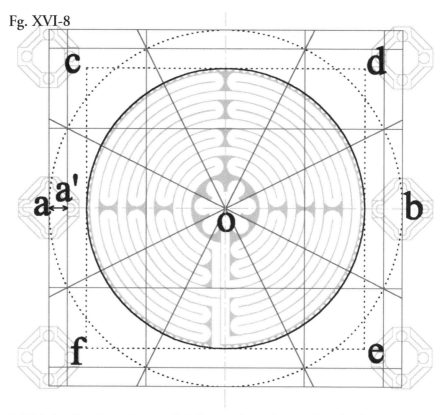

initial de diamètre **ab** est **cdef**. Le cercle qui y est inscrit n'est autre que celui qui contient la partie visible du labyrinthe.

Revenons à la figure **XVI-7**. Les mesures montrent que le rayon **r** des petits cercles mesure 0,1708 mc ($1/\varphi 2/\sqrt{5}$), soit un diamètre de 0,28 m. Connaissant le rayon du cercle **C**, on en conclut que celui de **F** a une longueur de 6,367 m, telle que l'ont mesurée nos auteurs de référence. Ainsi qu'il avait précédemment été remarqué, c'est une valeur très proche de celle de **Oa** ou **Ob** que l'on obtient (**fig. XVI-9**) en prolongeant l'assise des piliers contigus, à savoir : 6,37 m. Mais à quoi correspond vraiment cette longueur ? Tout simplement au millionième du rayon de la terre à Chartres ! Avec une précision de 5/10 000e et de 1/10 000e en référence aux mesures les plus récentes de notre planète, ce qui est tout bonnement effarant.

Les petits cercles de la dentelure ne sont pas à touche-touche. La distance qui les sépare est de 7 cm. Et la question se pose de savoir comment

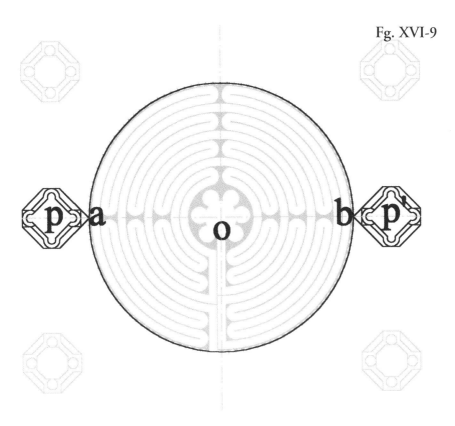

Fg. XVI-9

elle a été déterminée dans cet édifice où il s'avère qu'aucune part n'a été laissée à l'approximation et encore moins au hasard. La réponse, une fois de plus, est donnée par la quadrature du cercle, comme on peut le voir sur la figure **XVI-10** où les carrés de même surface que les petits cercles s'enchaînent de manière continue.

Enfin, en se reportant à nouveau à la figure **XVI-7**, il reste à étudier le

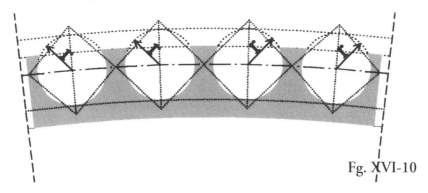

Fg. XVI-10

243

Fg. XVI-11

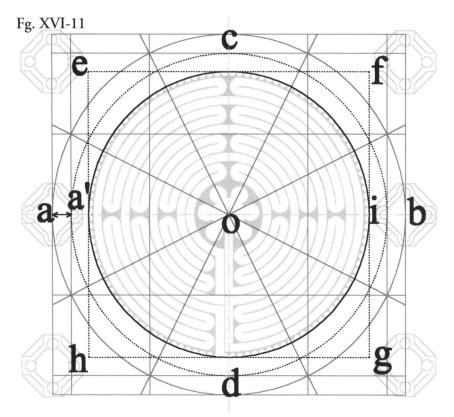

cercle **G** qui envelopperait la dentelure si les petits cercles qui la composent n'avaient pas été tronqués.

Dans un premier temps, on trouve immédiatement son rayon en ajoutant deux fois **r** à celui de **C**, ce qui donne 7,9311 mc, soit 13,015 m pour le diamètre, ce qui est rigoureusement égal à ce que proposent les Ketley-Laporte.

Mais il existe une autre solution, très séduisante de par le processus utilisé pour y parvenir. Considérons à nouveau (**figure XVI-11**) la figure originelle dont le cercle de rayon 10 mc a pour diamètre **ab**. Traçons le cercle de diamètre **cd** et construisons le carré **efgh** de même surface que lui. Le cercle qu'il contient a pour rayon **Oi** d'une longueur de 7,9266 mc, c'est-à-dire très proche de la précédente, la différence entre les diamètres n'étant que de 7 mm. Il est donc plus que probable que les deux derniers raisonnements ont été mis en application et que la différence très faible que l'on peut constater sur place n'est pas due à un manque de soin ou à une usure des pierres mais a bel et bien été voulue.

Fg. XVI-12

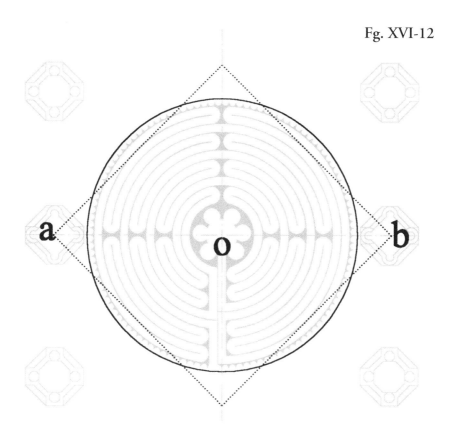

On pourrait mettre ici un terme a l'étude du labyrinthe qui s'est avérée riche et a apporté de nombreux éléments nouveaux que nul n'avait soupçonnés. Il existe pourtant encore une certaine frustration provenant du fait que le ou les cercles dont nous venons de parler, virtuels puisqu'ils ne bénéficient pas d'une représentation matérielle, n'aient pas de relation directe avec les deux piliers adjacents dont les centres sont distants de 2 x 10 mc. Il semble donc y avoir une sorte de manque. Pour en avoir le cœur net, prenons donc en quelque sorte le problème à l'envers et traçons sur la figure **XVI-12** le carré dont la diagonale horizontale est **aOb**, **a** et **b** étant précisément les centres de ces piliers. Le cercle de même surface que ce carré et figuré en noir a pour rayon 7,9788 mc (6,5466 m) et on découvre alors que ce cercle n'est autre que celui qui passe par les pointes des carrés quadraturant les petits cercles de la dentelure et que reproduit la figure **XVI-8**.

245

Il faut enfin signaler que les dimensions du labyrinthe sont en relation directe avec d'autres dimensions de la cathédrale. Cela ne sera pas développé ici afin d'éviter des exposés fastidieux. On se contentera donc de constater que le rayon du cercle de la croisée du transept vaut la largeur de la nef divisée par trois et est aussi égal à celui du cercle **C** multiplié par $\sqrt{3}$.

Ceci n'est qu'un exemple car, d'une manière générale, la cathédrale constitue un ensemble extrêmement cohérent dont les différentes parties, en apparence indépendantes, sont intimement liées.

Chapitre XVII

LE CHŒUR ET L'ABSIDE

C'est la partie la plus sacrée de la cathédrale. On peut donc penser qu'ont été concentrées là les conceptions les plus élaborées et les plus riches en symboles et donc les plus hermétiques (dans les deux sens du terme). Et en effet, cette partie s'est avéré être la plus difficile à déchiffrer. Peut-être pour cette raison. Mais surtout parce que c'est celle qui a connu le plus de reprises de projets entre le début de la conception, l'entreprise des travaux et la fin de ceux-ci, du fait aussi bien de Maîtres d'œuvre ayant pu changer en cours de route que des modifications voulues par le Chapitre lui-même. En témoignent, par exemple, des variations de largeurs internes dont le motif demeure inconnu ainsi que la pluralité des centres de construction qui s'avèrent difficiles à identifier précisément.

Force est néanmoins de constater que cette pluralité ne s'exprime qu'à l'intérieur de distances très faibles et qu'au demeurant elle respecte intégralement le maintien au même endroit de la zone sacrée telle qu'elle a probablement été définie dès l'origine. Le confirme la figure **XVII-1** où le plan des deux premières cathédrales, la paléochrétienne et la mérovingienne, est représenté en surimpression noire.

Fg. XVII-1

À partir du transept, on voit qu'il y a continuité des files des piliers de la nef. Par contre le chœur en comporte une supplémentaire de part et d'autre de l'axe longitudinal et on a vu dans le chapitre XIV comment ont été implantés ces piliers incorporés dans les maçonneries.

En poursuivant vers l'Est, on aboutit à l'arrondi du chœur et de l'abside. Ou plutôt aux arrondis car (voir la figure **XVII-2**) on peut distinguer trois demis cercles rencontrant l'axe longitudinal de la cathédrale en **n**, **A** et **l**. Le premier, le plus petit, entoure les six piliers disposés directement autour du chœur. Le plus grand est matérialisé par deux marches circulaires et marque la limite entre le déambulatoire et les chapelles absidiales. Enfin l'intermédiaire comporte également deux marches le long desquelles s'échelonnent six autres piliers.

Les deux espaces courbes **d**1 et **d**2 ainsi formés constituent le déam-

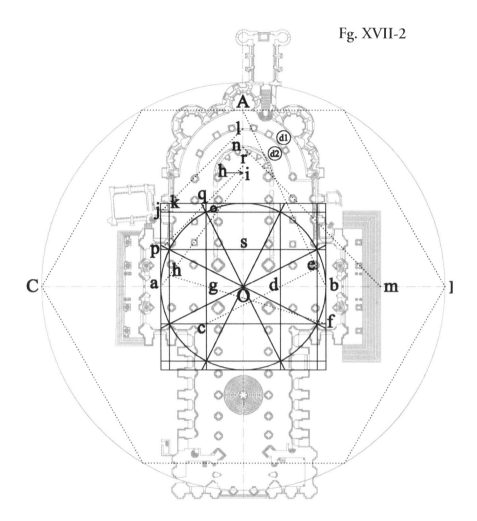

Fg. XVII-2

bulatoire. Ils ont une largeur sensiblement égale. En fait, comme il a été précisé plus haut, le projet initial n'avait prévu que l'espace **d**1 pour le déambulatoire, **d**2 contenant les maçonneries accolées des sept chapelles rayonnantes couronnant l'abside. Mais, alors que la construction avait déjà débuté, le Chapitre, prévoyant un flux de pèlerins beaucoup plus important qu'initialement escompté, en a demandé l'élargissement. Ne subsistèrent donc de ces maçonneries que les six piliers entre **d**1 et **d**2 et les chapelles furent écourtées, surtout les murs encadrant les trois principales telles qu'elles apparaissent aujourd'hui.

Le même dessin permet de localiser précisément les trois demi cercles à l'aide de la figure originelle que nous avons déjà utilisée pour le transept, à savoir celle attachée au cercle passant par le centre du puits.

Le prolongement du segment **cd** fournit le point **e** et la jonction de **b** et de **e** aboutit en **A**. Mais ce point situé au bord du déambulatoire peut très simplement être obtenu autrement. En effet, si l'on trace l'hexagone régulier inscrit dans le cercle circonscrit à la cathédrale, on constate qu'il passe par **A**. **OA** mesure **Oc**$\sqrt{3}/2$ = 70,06 mc ou 57,49 m.

L'extension de **jk** donne **l**, ancienne limite du déambulatoire. La longueur de **Ol** est de 62,66 mc (50$\varphi\sqrt{3}/\sqrt{5}$), soit 51,42 m. On peut aussi relever en passant que **Ol** est la demi-diagonale du carré de même surface que le cercle de centre **O** et de rayon 50 mc. Enfin **n** avait déjà été défini dans le chapitre XIV. **On** = **Om** = 55,27 mc (200/$\varphi\sqrt{5}$) ou 45,35 m.

A ce stade, on remarque que **An**, qui est le double de **Al**, est égal au rayon du cercle passant par le puits divisé par $\sqrt{5}$ et est donc aussi égal à **Od** ou **Og**.

Par ailleurs, avec le prolongement de **fg** en **h**, **ah** fournit le point **i**. Il s'agit de l'un des centres sacrés évoqué auparavant et situé à une distance de **O** de 25$\sqrt{3}$ = 43,3 mc, soit 35,53 m. Mais il existe un autre point baptisé **h** dont nous verrons qu'il est le centre de deux des trois demi cercles ci-dessus. Sa détermination graphique passe d'abord par celle du point **r** qui se trouve dans le prolongement de **pq**. La longueur de **rs** est égale à celle du rayon du cercle du puits. En traçant (ce qui n'est pas fait ici pour ne pas rendre le dessin illisible) le carré de même surface que le cercle de rayon **rs**, on trouve ce point **h**. La distance **Oh** est de 44,1 mc, ou 36,19 m.

Les dernières explications ou démonstrations semblent certainement touffues et vaguement obscures au lecteur. Qu'il nous en pardonne : pour qu'elles soient plus explicites, il faudrait avoir la possibilité de lui montrer des dessins à beaucoup plus grande échelle tels que ceux qu'ont certainement produits les Maîtres de l'époque. Poursuivons néanmoins en espérant que la suite sera plus claire.

Dans la figure **XVII-3**, le centre de la figure originelle propre au cercle du puits représenté en pointillé a été reporté de **O** en **l**, point trouvé plus haut et qui constituait la limite du déambulatoire dans sa version initiale. On retrouve les points **n** et **r**. Mais on constate que le cercle déplacé touche en **e** et **e'** les bases des deux tours de la chapelle Saint Piat.

On a dit que cette chapelle, à l'intérieur de laquelle est maintenant exposé le Voile de la Vierge, n'avait été construite que bien après la cathé-

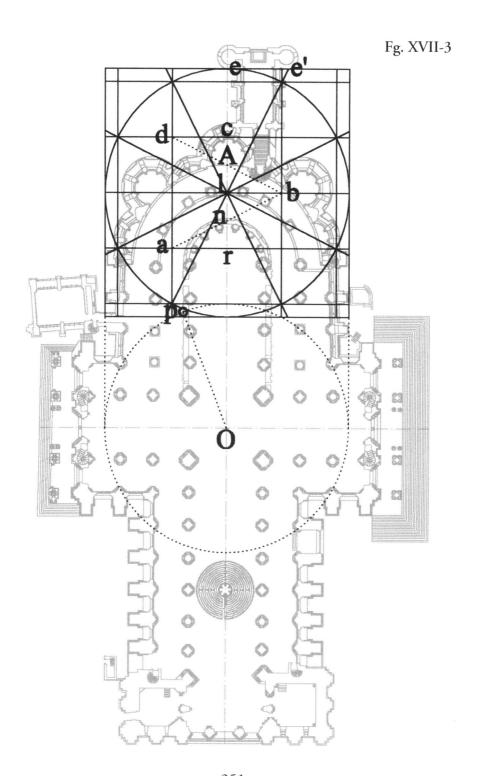

Fg. XVII-3

Fg. XVII-4

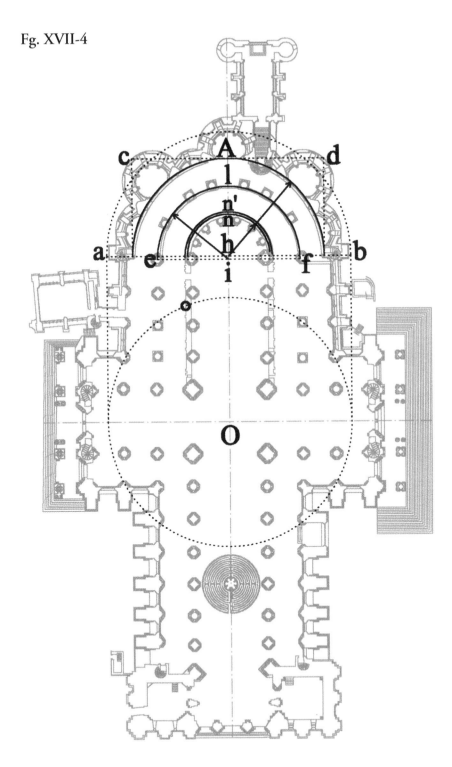

drale. Certains ont supposé que ces tours faisaient partie d'une ancienne ferme fortifiée et que celle située dans son axe longitudinal avait servi de base pour de nombreuses visées optiques destinées à l'implantation de différentes de ses parties. Sans vouloir extrapoler, les faits sont là qui montrent à l'évidence que, d'une manière ou d'une autre, cet ouvrage existait, quitte à ce qu'il n'ait été aménagé en chapelle que plus tard.

Les segments **ab** et **bd** coupent l'axe en **n** et **A**, points que nous avons rencontrés plus haut. En outre, le point **r** que nous avons trouvé autrement se situe exactement au niveau du point **a**.

Cette figure s'avère donc primordiale et, en explorant un peu plus avant les possibilités qu'elle procure, nul doute qu'elle serait beaucoup plus « parlante » en ce qui concerne d'autres secteurs de la cathédrale. Il y a donc une bonne probabilité pour qu'elle ait été effectivement mise en œuvre, d'autant que, les travaux de construction ayant plutôt débuté à l'Est, elle aurait ainsi permis d'approfondir l'élaboration de la conception du chœur, partie « stratégique » entre toutes.

Revenons (figure **XVII-4**) aux trois demi-cercles du chœur et de l'abside dont nous avons trouvé les points d'intersection avec l'axe : **A**, **l** et **n**.

Nous connaissons également les points **h** et **i**.

Déplaçons en **h** le centre du cercle du puits. Le nouveau cercle a pour diamètre **ab**. Le carré ayant un périmètre égal à celui de ce cercle a pour côté **cd** et il passe par **A**. Le demi-cercle de rayon **hA** n'est autre que celui limitant les chapelles absidiales.

Le second demi cercle passant par **l**, celui qui, dans une première conception, constituait la limite extérieure du déambulatoire, a pour centre **i**. Son rayon **ie** = **if** = **il** est égal à $Oi/\sqrt{5}$, c'est-à-dire à 19,365 mc, soit 15,89 m.

Venons-en à l'entourage circulaire du chœur. Il est on ne peut plus difficile à analyser car il a été ceint au XVIe siècle de bas-reliefs en marbre qui, pour magnifiques qu'ils soient, empêchent toute prise de mesure précise. Il semble bien néanmoins que le centre des cercles entourant, l'un cette décoration, l'autre les fûts des piliers soit à nouveau **h** et les rayons correspondants **hn'** et **hn** dont les valeurs respectives sont $50/\varphi 3 = 11.8$ mc ou 9,68 m et 5 = 11,18 mc ou 9,17 m.

Dernière d'étude : l'implantation et les dimensions des chapelles absidiales. Elle n'a pour l'instant pas pu être mené à son terme en raison de

Chartres ou les cathédrales du nombre

Fg. XVII-5

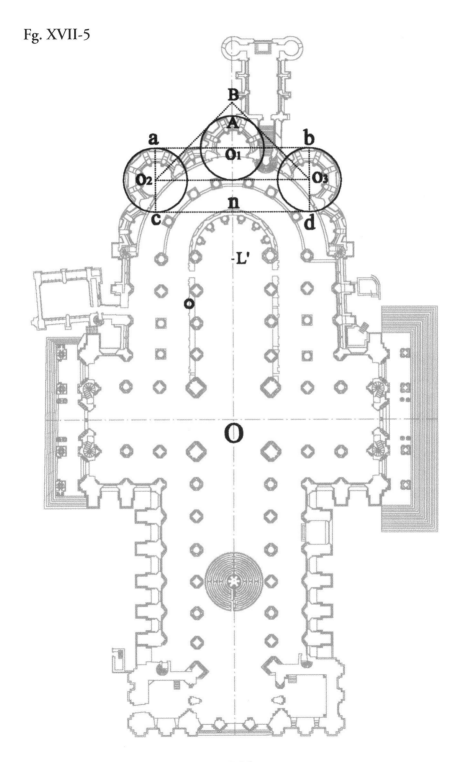

la trop grande absence de mesures à la fois fiables et précises. Néanmoins, en se limitant aux trois chapelles principales, il est possible d'exposer les faits suivants.

D'abord (figure **XVII-5**), parmi les différentes solutions envisagées par les Maîtres, la première conception de ces chapelles était certainement cohérente avec le parti choisi à l'origine puis abandonné pour la structure interne de la cathédrale. Il est représenté sur la figure **XII-9** où le centre **L'** se situe à 42,705 mc de **O**. Le rayon des cercles extérieurs aux chapelles s'en déduisait logiquement : 42,705/5 = 8,541 mc (50/φ^2/$\sqrt{5}$). À partir de **A**, l'extrémité Est de la cathédrale, on obtenait ainsi le centre **O1** de la chapelle axiale. Le carré qui lui était circonscrit et dont un sommet était **B** permettait de trouver facilement les deux autres centres **O2** et **O3**. En outre, le rectangle **abcd** bâti sur ces trois cercles fournissait le point **n**, l'extrémité du chœur. Celui-ci, qui, lui, n'a pas changé par la suite, se trouve à une distance du centre de la cathédrale égale à **On** = 55,28 mc (200/φ/$\sqrt{5}$), ou 45,35 m.

Mais la réalisation n'a pas été conforme à cela et l'étude, faute de relevés précis et complets, n'a pas pu dégager ni le cheminement intellectuel suivi pour définir la disposition des chapelles entre elles et par rapport à l'édifice ainsi que leur dimensionnement, ni le dessin d'ensemble dont ces éléments découleraient. Remarquons que c'est la seule fois dans cet ouvrage. Cela est peut-être dû, comme il l'a été évoqué plus haut, à l'application à cet endroit sacré entre tous de raisonnements encore plus élaborés que précédemment.

Certains éléments intéressants ont néanmoins pu être retrouvés et ils sont très brièvement rappelés ici, (figure **XVII-6**).

Le cercle passant par l'extrémité **A** de la cathédrale et par le puits **p** a pour centre **B**, la longueur de **OB** étant de 54,508 mc, soit 44,72 m. On pourrait le qualifier de complémentaire du « cercle du puits » si souvent utilisé. Son rayon est de 26,3932 mc (50$\sqrt{5}$/φ^3) ou 21,65 m. Il est intéressant de noter que la moitié de la diagonale du carré de même superficie que ce cercle donne précisément le rayon du cercle du puits.

Les deux chapelles absidiales latérales ont pour centres **O2** et **O3**. Ils ne sont pas situés à la même distance à la fois de l'axe longitudinal de la cathédrale et de son axe transversal.

Première constatation : si l'on trace le carré de même périmètre que le dernier cercle de rayon **BA**, on voit qu'il passe par **O3** (le dessin n'en re-

Fg. XVII-6

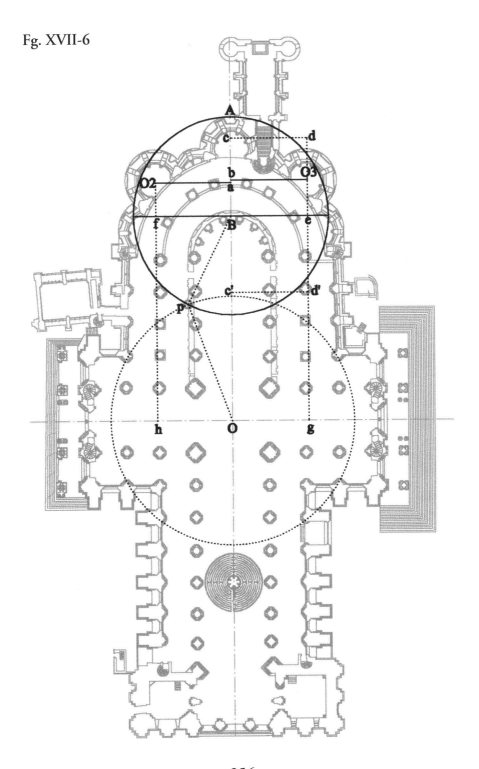

présente que la moitié droite). La distance **bO3** est égale à 20,729 mc (75/φ/√5) ou 17,01 m, ce qui est très proche des 17,02 m trouvés par J. James. La longueur de **eO3** est de 9,55 mc (25/φ²), soit 7,883 m. Celle de **gO3** est de 64,057 mc (75√5/φ2), soit 52,56 m à comparer aux 52,57 m de J. James [66].

La longueur de 20,729 mc a une propriété : si on la considère comme la demi-diagonale d'un carré, le cercle ayant la même surface que celui-ci a pour rayon la moitié de celui du cercle du puits.

Pour ce qui est de l'autre chapelle, la distance **aO2** est égale à 20,317 mc ou 16,67 m, exactement la longueur rapportée par J. James. Cette longueur possède également deux propriétés. Tout d'abord, en la multipliant par φ/2,5 on trouve 13,15 mc, c'est-à-dire rigoureusement le rayon du cercle de la croisée du transept. Ensuite, en la considérant comme le rayon d'un cercle, le demi-côté du carré de même périmètre vaut 15,957 mc, valeur exacte du diamètre le plus extérieur du labyrinthe.

Par ailleurs, **fO2** mesure 8,86227 mc, à savoir le demi-côté du côté de même surface qu'un cercle de 10 mc de rayon. Enfin, la distance **hO2** mesure 63,37 mc ou 51,99 m, alors que J. James a mesuré 52 m.

On voit que les données concernant cette partie d'ouvrage sont très riches mais qu'elles paraissent un peu disparates. L'étude qui devrait se poursuivre aura donc pour objet de trouver la figure initiale globale dont elles dérivent.

— 66/ Le rapport de ces deux distances est de φ/5.

CONCLUSION

Comme on va le constater, le mot conclusion n'est pas approprié car il est synonyme de fin. Or, si l'étude des tracés en plan de la cathédrale est bien avancée et marque la fin d'une première étape, la recherche entreprise, elle, est loin d'être achevée et se doit d'être poursuivie et étendue.

Au stade actuel, comment les principaux résultats de cette étude peuvent-ils le mieux être caractérisé? Par les termes permanence, cohérence de l'évolution et continuité des processus de conception.

En premier lieu, la figure **XVIII-1**, sur laquelle sont superposées les cathédrales successives dont la construction s'est échelonnée sur sept ou huit siècles, montre la permanence au cours du temps de l'emplacement du centre sacré du chœur. Il est fort probable que les églises ayant existé avant la cathédrale paléochrétienne et dont on ne trouve pas trace parce qu'elles étaient certainement en bois avaient été bâties sur le même site.

En outre, on voit que l'axe longitudinal Est-Ouest n'a subi aucune autre déviation qu'une légère brisure au niveau du chœur. La présente étude ne l'a pas prise en compte mais elle mériterait une approche particulière.

Enfin, on a constaté l'immuabilité de l'unité de longueur utilisée pour tous les ouvrages. Cela n'est pas pour surprendre car, à Chartres, comme

Fg. XVIII-1

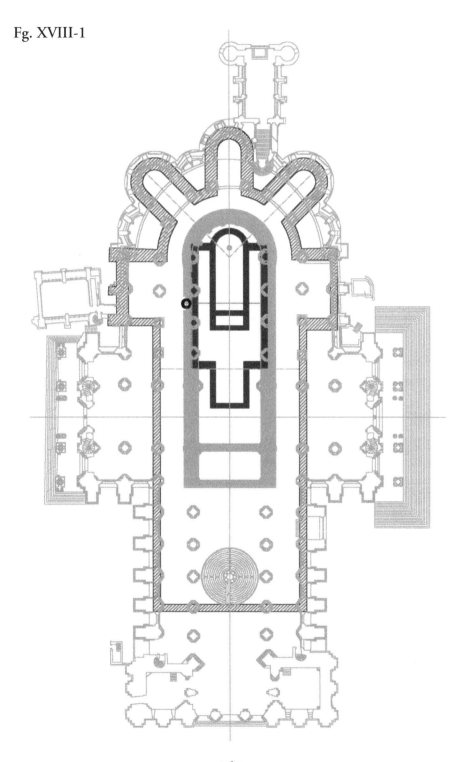

CONCLUSION

ailleurs, il a été voulu que cette unité soit en relation directe avec les dimensions de la Terre (cf. Chapitre III) et il n'aurait pu être question d'en
changer à aucun moment. Chaque exécutant embauché pour la construction devait donc conformer le pied qu'il utilisait à cette unité intangible.

En deuxième lieu, ce qui saute aux yeux aussi bien sur ce dessin d'ensemble que dans le détail, c'est la cohérence de l'évolution d'une cathédrale à l'autre. Comment, en effet, ne pas être impressionné par le maintien sur une aussi longue période d'une unité de conception profonde
marquant chacune d'elles et les passages de l'une à l'autre ? Aussi différentes d'aspect qu'elles aient pu être, toutes ont été tributaires des mêmes
principes pour l'établissement de leurs tracés. Ce qui, en outre, ne signifie pas, bien au contraire, que ceux-ci n'aient pas tenu compte du progrès
des connaissances et des nouvelles acquisitions culturelles. L'application
de plus en plus fréquente au fil du temps des deux formes de quadratures
du cercle en témoigne.

On l'a vu, cette cohérence prend son origine dans le puits actuellement
dit des Saints-Forts (quoi de plus symbolique ?). C'est lui qui a incontestablement influencé, voire régenté, la détermination des différentes mensurations des édifices. Et ce, dès les premiers temps lorsqu'il a fallu définir l'orientation commune des ouvrages. En outre, on retrouve ses
propres dimensions ou leurs multiples dans la plupart des épaisseurs des
maçonneries.

En troisième lieu enfin, il faut souligner la remarquable continuité des
processus de conception. Elle provient pour une très grande part de la mise au point et de l'utilisation systématique de ce qui a été appelé ici la figure originelle dont la simplicité extrême contraste avec la richesse in-
soupçonnable des proportions qu'elle recèle.

Avant sa découverte à l'occasion de la présente étude, nul ne la
connaissait, en tout cas personne n'en a jamais fait mention, ne serait-ce
que sous forme d'allusion. Les divers exposés précédents démontrent
pourtant que c'est effectivement elle qui a constitué l'instrument non seulement géométrique mais aussi mathématique dont se servaient constamment les Maîtres.

La totale ignorance manifestée à l'égard de ce véritable outil, pourtant
aussi important que la règle et le compas, a été ici même mise sur le compte de l'un de ces secrets qu'ils conservaient. Et l'on se rappelle à ce sujet

CHARTRES OU LES CATHÉDRALES DU NOMBRE

l'interdiction absolue de communication qu'avaient énoncée les Pythagoriciens lorsqu'ils avaient découvert l'existence des nombres irrationnels. Mais, en y réfléchissant, il y a secret et secret.

Au plan culturel, on peut dire que les Maîtres occupaient la même position que celles des savants d'aujourd'hui. Comme eux, ils voulaient retrouver les secrets de l'Univers. Héritiers comme eux de cultures antérieures enrichies de génération en génération, ils s'employaient à poursuivre leur déploiement. Comme eux, ils étaient les fers de lance de la progression de la culture de leur époque. Or, nos savants communiquent à la fois entre eux et avec nous par l'intermédiaire de revues. Mais convenons que ce qu'ils expriment s'avère parfaitement incompréhensible pour la grande majorité. On ne peut pas pour autant les accuser de cultiver le secret. Il en allait certainement un peu de même pour les Maîtres. Par ailleurs, il faut bien constater que, sans remonter aux médecins dont Molière pensait qu'ils cachaient leur ignorance derrière un charabia hermétique, chaque profession a son propre vocabulaire difficilement compréhensible par un néophyte [67], mais ce n'est pas non plus pour cacher un secret.

Pour en revenir à la figure originelle, disons simplement que le fait qu'elle n'ait pas été divulguée n'a pas encore trouvé d'explication.

Cette première étape de l'étude, teneur du présent livre, ouvre un champ d'investigation nouveau qui jamais n'a été exploré jusqu'à maintenant. Il y a donc lieu d'envisager d'autres étapes. D'abord, l'élévation de la cathédrale de Chartres doit, bien évidemment, être examinée. Mais simultanément, il faut bien prendre conscience que tout ce dont il a été fait état dans ce petit ouvrage devrait être comparé et probablement enrichi par l'analyse d'autres cathédrales, édifices religieux chrétiens, musulmans, juifs, bouddhiques ou autres. Car il ne faut pas oublier, par exemple, les nombreux échanges entre les « civilisations » chrétienne et islamique aux alentours des XI, XII et XIIIᵉ siècles.

Cela constitue une tâche importante qui relèvera logiquement d'un véritable travail d'équipe destiné à reconstituer toute une partie du patrimoine intellectuel mondial.

— 67/ Au reste, c'est l'un des défauts majeurs de ce livre écrit par un soi-disant scientifique qui, en dépit de nombreux essais, n'a vraisemblablement que peu réussi à rendre ses descriptions et démonstrations accessibles par tous.

POSTFACE

L'intérêt de l'ouvrage de Jean-François Bougard se trouve dans la clarté avec laquelle il ramène toutes les proportions et détails architecturaux à des principes géométriques simples.

Cette méthode se rapproche de très près des réalités médiévales où les bâtisseurs, ne disposant comme outils que de la corde, de la règle et du compas, ne pouvaient qu'utiliser la géométrie la plus simple. JF Bougard parvient ainsi à expliquer les différents stades de la création d'un plan d'église.

Son approche présente un autre avantage. En décomposant la complexité du bâtiment observé en éléments géométriques élémentaires, il a trouvé une « figure clef ». Il semble avoir proposé cette figure comme étant à l'origine de la majorité des dessins élaborés par les bâtisseurs. Que ceux-ci aient mis, comme cela paraît vraisemblable, cette figure en pratique ou non importe moins, d'après moi, que le fait qu'avec elle ils pouvaient déterminer géométriquement avec une précision étonnante les valeurs des nombres π et ϕ, ainsi que les relations entre eux. Ceci va à l'encontre de l'opinion souvent partagée selon laquelle la mise en application de la valeur π n'a n'a pas eu lieu avant l'apparition de l'architecture dite gothique.

De ce fait, π et ϕ se trouvent dorénavant placés parmi les nombres irrationnels que l'on ne savait pas calculer mais que l'on pouvait dessiner.

Je suis personnellement ravi de lire que les raisonnements de Jean-François Bougard confortent le plus souvent les hypothèses que j'ai avancées au sujet des cathédrales de Chartres dont l'existence est supposée antérieure à celle de l'époque romane. Je lui suis reconnaissant pour cet encouragement intellectuel.

Souvent, les ouvrages qui traitent de la construction des cathédrales s'adressent à un cercle restreint d'experts ou qui se qualifient comme tels. La clarté des exposés du présent livre rendra accessibles à tous les procédés et techniques qu'ont mis en œuvre les bâtisseurs des temps anciens.

Charles Stegeman
Professor Emeritus de l'Université d'Haverford, Pennsylvanie, USA.

Bibliographie

— Dominique BARTHÉLÉMY, *Nouvelle histoire de la France médiévale.* Éditions du Seuil 1990.

— Roland BECHMAN, *Les racines des cathédrales, l'architecture gothique, expression des conditions du milieu.* Éditions Payot 1984.

— Jacques BONVIN, *Vierges Noires la réponse vient de la terre.* Dervy 1988.

— Jacques BONVIN, Raymond MONTERCY, *Église romane, chemin de lumière.* Éditions Mosaïque 2001.

— Michel BUR, *Suger.* Éditions Perrin 1991.

— Michael CAMILLE, *Le monde gothique.* Fammarion 1996. *Aux origines de la philosophie.* Éditions Le Pommier-Fayard 1999.

— Marie-Madeleine DAVY, *Initiation à la symbolique romane.* Flammarion 1997.

— Alain DE LIBERA, *La philosophie médiévale.* P.U.F. 1998.

— Georges DUBY, *Le temps des cathédrales.* Gallimard 1976. *Saint Bernard, l'art cistercien.* Flammarion 1977. *Le Moyen Âge*, Le Seuil 1982.

— Pierre DU COLOMBIER, *Les chantiers des cathédrales.* Éditions Picard, 1992.

— Alain ERLANDE BRANDEBOURG, *L'Art gothique.* Mazenod 1983.

— Mary FREEMAN, *Sacred Waters, Holly wells.* Parabola, the magazine of Myth and Tradition. New-York 1995.

— Lucine GÉRARDIN, *Le mystère des nombres.* Éditions Dangles 1985.

— Matila GHYKA, *Le nombre d'or.* Éditions Gallimard 1959.

— Guy GRUAY, *Le grand secret des Pyramides de Guizeh*, Éditions du Rocher 1992.

— Maurice GUINGAND, *Mystérieuses cathédrales*. Robert Laffont 1978. *Chartres, les templiers architectes*. Éditions Henry Veyrier 1991.

— John JAMES, *Chartres. Les constructeurs*. Société Archéologique d'Eure -et -Loir, 1982.

— Edouard JEAUNEAU, *L'âge d'or des Écoles de Chartres*. Éditions Houvet 1995.

— Roger JOLY, *La cathédrale de Chartres avant Fulbert*. Éditions Houvet 1999.

— Georges JOUVEN, *La forme initiale*. Dervy-Livres 1985. *L'architecture cachée*. Dervy-Livres 1986.

— John et Odette KETTLEY-LAPORTE, *Chartres, le labyrinthe déchiffré*. Éditions Jean-Michel Garnier 1997.

— Théo KOELLIKER, *Symbolisme et nombre d'or*. Éditions Arma Artis 1984.

— Peter KURMANN, *Chartres, la cathédrale*. Éditions Zodiaque 2001.

— Jacques LANGELLIER, *Les héros de l'an Mil*. Éditions du Seuil 2000.

— Jacques LE GOFF, *La civilisation de l'occident médiéval*. Arthaud 1972. *Les intellectuels au Moyen Age*. Paris 1985.

— Jean-Pierre LETORT-TRÉGARO, *Pierre Abélard*. Éditions Payot et Rivages 1997.

— Sig LONEGREN, *Les labyrinthes, mythes traditionnels et applications modernes*. Éditions Dangles 1993.

— Émile MALE, *L'art religieux du XIIe siècle en France*. Livre de Poche, série Arts, 1968.

— Michel NELLO, *Le Symphoneie symbolique ou les merveilles de la cathédrale de Chartres*. Éditions du Chariot, 1989.

— Don NÉROMAN, *Le nombre d'or, clef du monde vivant*. Dervy-Livres 1984.

— Jacques PAUL, *Histoire intellectuel de l'occident médiéval*. Éditions Armand Colin 1998.

— Anne PRACHE, *Notre-Dame de Chartres, Image de la Jérusalem céleste*. CNRS Éditions 2001.

— Paolo ROSSI, *La naissance de la science moderne en Europe*. Éditions du Seuil 1999.

— Simone ROUX, *Le monde des villes au Moyen Age*. Hachette 1994.

— Lon SHELBY, *The geometrical knowledge of mediæval master masons in the engineering of cathedrals.* Ashgate Pubishing Ltd 1997.

— Charles STEGEMAN, *Les cryptes de la cathédrale de Chartres.* Société Archéologique d'Eure-et-Loir 2001.

— Florence TRISTRAN*, Histoire de Gerber, le pape de l'an Mi*l. Le Regain Éditeur 2000.

— Jan VAN DER MEULEN, *Chartres, Biographie der Kathedrale.* Berlin 1975.

— Jacques VERGER, *La renaissance du XIIᵉ siècle.* Éditions du Cerf 1996.

— VILLARD DE HONNECOURT, *Album.* Léonce Laget Éditeur 1976.

— Guy VILLETTE, *La cathédrale de Chartres.* Éditions Jean-Michel Garnier 1994.

— Jean VILLETTE, *Le plan de la cathédrale de Chartres, hasard ou stricte géométrie.* Éditions Jean-Michel Garnier 1991.

— Catherine VINCENT, *Introduction à l'histoire de l'occident médiéval.* Livre de Poche, 1995.

IMPRESSION, BROCHAGE
IMPRIMERIE CHIRAT
42540 ST-JUST-LA-PENDUE
AVRIL 2003
DÉPÔT LÉGAL 2003 N° 7973

IMPRIMÉ EN FRANCE